BO WU GUAN WEN WU BAO HU JI
ZHAN CHEN FU WU GONG ZUO YAN JIU

博物馆文物保护及展陈服务工作研究

娄景莉　桑霖／著

吉林科学技术出版社

图书在版编目（ＣＩＰ）数据

博物馆文物保护及展陈服务工作研究 / 娄景莉，桑霖著. -- 长春：吉林科学技术出版社，2023.7
ISBN 978-7-5744-0783-1

Ⅰ．①博… Ⅱ．①娄… ②桑… Ⅲ．①博物馆－文物保护－研究②博物馆－陈列设计－研究 Ⅳ．①G26

中国国家版本馆 CIP 数据核字(2023)第 157598 号

博物馆文物保护及展陈服务工作研究

BOWUGUAN WENWU BAOHU JI ZHANCHEN FUWU GONGZUO YANJIU

著	娄景莉　桑　霖
出 版 人	宛　霞
责任编辑	张伟泽
封面设计	皓麒图书
制　　版	皓麒图书
幅面尺寸	185mm×260mm
开　　本	16
字　　数	250 千字
印　　张	17.5
印　　数	1-1500 册
版　　次	2023 年 7 月第 1 版
印　　次	2024 年 2 月第 1 次印刷

出　　版　吉林科学技术出版社
发　　行　吉林科学技术出版社
地　　址　长春市南关区福祉大路 5788 号出版大厦 A 座
邮　　编　130118
发行部电话/传真　0431—81629529　　81629530　　81629531
　　　　　　　　　　81629532　　81629533　　81629534
储运部电话　0431-86059116
编辑部电话　0431-81629510
印　　刷　三河市嵩川印刷有限公司

书　　号　ISBN 978-7-5744-0783-1
定　　价　87.00 元

前　言

　　本书以博物馆藏品保护与展陈服务为主题，介绍了博物馆与博物馆藏品开发、博物馆藏品保护工作新进展、博物馆的媒介及其文化传播、博物馆的宣教讲解体系与活动规划、博物馆的社教项目策划实施、博物馆文创产品创新设计与创意产业新趋势等内容。本书以发展的眼光看待问题，讲解了博物馆的概述、发展思路、博物馆藏品开发的意义；博物馆藏品创新保护思路、博物馆藏品的数字化保护、博物馆藏品信息资源开发与动态管理；用科学技术保护藏品的同时，推动文化的进一步传播。娄景莉 9 到 13 章节共计 13 万字，桑霖 1 到 8 章节共计 12 万字，两人均为本书的顺利出版做出较大的贡献。

娄景莉，女，汉族，1976 年 11 月出生，栖霞人，栖霞市牟氏庄园管理服务中心工作山东省委党校本科毕业，公开发表论文 4 篇，曾获"烟台文化和旅游惠民消费季先进个人""栖霞市精神文明先进工作者""栖霞市三八红旗手""栖霞最美职工"候选人等称号，2019 年度烟台市委组织部和烟台市人力资源和社会保障局给予记功奖励。

桑霖，女，汉族，1986 年 9 月出生，山东淄博人，毕业于山东财经大学，现就职于山东省淄博市临淄区文物保护中心博物馆科。

目录

第一章 我国博物馆建设的思考

博物馆被称为城市文明的"灵魂"，承载着传播文化和传承历史文脉等功能。它是历史、科学、文化与审美知识的传播教育机构，它通过自己的藏品、展览和各种服务给公众提供使用和互动，塑造社会记忆并激发创造力，促进科学、文化发展和社会进步。纵观博物馆的发展历史，博物馆的功能也随着时代的变迁而变化，使自己不断地融入社会发展之中。

第一节 我国博物馆建设发展的普遍性原因

一、经济发展

中华人民共和国成立后通过一系列经济计划，开展基本建设，出土文物随之增多，作为文物收藏和保存机构，博物馆建设很有必要，改革开放以后，我国经济发展进入了新的阶段，经济体制改革、产业结构调整，国民经济蓬勃发展、经济总量连上新台阶，财政收入连年大幅增长，国家和各省市有了加大博物馆基本建设投入力度的能力，新建、改建或扩建博物馆屡见不鲜，博物馆数量和种类不断增多。

随着经济的发展，我国财政收入不断增加，国内生产总值每几年翻一番，财政收入也成倍增加，用于文物事业基本建设的投入也成倍增长，增长率高于国家财政收入和国内生产总值（CDP）收入，为我国博物馆建设提供了资金支持，政府加大博物馆事业基本建设投资力度的趋势也有所增强。另外，国家经济发展也带动了居民个人收入水平的提高，尤其是改革开放以来，人民的收入提升幅度较大。

二、政策扶持

中华人民共和国成立后，国家持续关注文博事业的发展，采取众多措施促进文化建设及博物馆事业的繁荣和发展，重视博物馆建设，明确博物馆的发展目标和任务，在加大财政投入力度的基础上，完善扶持政策，为博物馆建设提供良好的环境。

第一，颁布一些法律法规，完善文物保护的法律体系，健全博物馆管理体制，规范博物馆建设及设计标准，加强对博物馆的管理和监督，为博物馆建设提供良好的发展环境。

第二，将博物馆建设纳入经济、社会发展总体规划及城市基本建设规划中，加大财政对博物馆基本建设和日常维护、管理经营的支持力度，为博物馆建设及发展提供资金保障。

第三，将博物馆与精神文明建设联系起来，将其作为事业的一部分纳入国民教育中，提高博物馆的地位，促进博物馆加速融入社会。

第四，实施博物馆免费开放政策，鼓励民办博物馆和其他行业类及专题类博物馆的发展，推进博物馆改革。从提供法律政策及财政支持、健全博物馆建设环境、提高博物馆地位、提升博物馆社会服务水平等方面着手，用政策及法规引导、规范、支持博物馆建设和博物馆日常工作，为博物馆建设提供方便。

我国要形成布局合理、结构优化、特色鲜明、体制完善、功能完备的博物馆事业发展格局，博物馆发展质量显著提升，在弘扬中华优秀传统文化、革命文化先进文化，构建公共文化服务体系、服务人民美好生活，推动经济社会发展、促进人类文明交流互鉴中的作用更加彰显。国家政策对博物馆的发展具有极大的推动作用。

三、社会地位的变化

随着经济计划的实施，我国城市化进程加快，尤其是改革开放后国家政策的调整，城市化水平大幅度提高，城市建设快速发展。城市建设在重视经济建设的同时也把注意力转向文化建设，博物馆社会地位的变化体现在它对城市发展的作用上，博物馆作为有中国特色文化建设的一部分，为经济发展和社会全面进步提供强大的精神动力和智力支持。作为文化基础设施，博物馆建设能够创造良好的文化环境，提高社会文明程度，是衡量城市文化建设水平的标尺，其地位不断变化，主要体现在以下几个方面。

（一）推动城市文化建设

文化是一个城市的内涵与坐标，体现一个城市的品质和形象，社会发展的原动力是文化，文化将在国家尤其是城市发展中扮演越来越重要的角色。随着社会的发展，博物馆的角色已经不再局限于保护文物、彰显历史，其逐渐担负起输出城市及地区文化及打造精品文化的重任。作为基础文化设施，博物馆集历史、艺术、文化于一身，是城市文化建设的关键环节。

中央美术学院美术馆馆长王磺曾说"博物馆是文化生产机制"，它是城市的文化资产。博物馆通过"收藏、保管、研究、陈列、教育"等功能，能加快历史文化传承，保护非物质文化遗产，弘扬传统民族文化；通过博物馆教育功能，可以推动城市教育，加速科学文化知识的传播，提升城市教育水平；作为公众的第二课堂，能够提高居民的文化素质，陶冶居民的性情，提高居民文化修养，使其增长见识，丰富人民群众的文化生活；作为爱国主义传统教育基地，博物馆是开展爱国主义、集体主义、优秀文化和革命传统教育的公共场所，在全社会能够形成强大的精神凝聚力和共同的精神支柱，推动城市精神文明建设；建设具有城市或者地域特点的博物馆，可以保护和展示地方传统文化，展示地域文化事业成果，提升城市文化品质，打造良好的城市文化形象，从而促进城市发展；作为公共文化服务体系的一部分，博物馆建设能够完善公共文化服务体系，推动文化产业的发展，为城市文化提供新的发展方式，提高城市文化的创造力及软实力。

（二）提高城市竞争力

城市之间的竞争依赖于文化的竞争，文化被视为经济增长的催化剂，文化越来越成为民族凝聚力和创造力的重要源泉，越来越成为综合国力竞争的重要因素，丰富精神文化生活越来越成为我国人民的热切愿望，一座城市不仅需要旺盛的经济实力，更需要深厚的文化底蕴和高度的文明成果，我国各个城市纷纷加大文化建设力度，文化建设已经成为城市发展的一个重要领域，在城市的发展中占据重要的地位，对城市综合竞争力的形成和提高具有重要的作用，文化发展水平的提高是城市发展的最终任务。博物馆是一座城市既珍贵又独特的文化资源，是文化建设的关键环节，它能够延续城市历史文脉，保存城市记忆，在城市竞争中形成城市品牌，它可以通过丰富人们的精神文化生活，通过具有代表性的藏品包装，通过富有地方特色的博物馆，作为地标性建设等成为城市的形象代言，改善"千城一面"的状况，继而成为一个城市的名片，发挥品牌的创造力，增加城市的吸引力，宣传城市文化，改善城市环境，带动城市的旅游、观光、休闲娱乐及其他行业的发展，助力城市经济建设，给城市发展带来财富，提升城市竞争力。

第二节 博物馆在城市建设发展中的功能与作用

博物馆是人类社会发展到一定阶段的必然产物，是人类社会文明发展进步程度的重要标志。博物馆为了实现其服务公众、促进社会文明发展进步的功能与作用，必须建设于人口集中的城市环境之中。博物馆在发源的初始阶段便与城市形成了紧密相关、相互影响、相互促进、共同提升的互动关系。本书尝试从博物馆社会功能与作用的角度，论述博物馆在城市发展建设中的特殊积极作用，以期引起大家对博物馆发展建设事业的关心与重视。

一、博物馆是重要的人文载体

博物馆是增强城市文化内涵、提升城市文化品位、彰显城市文化格调、体现城市独特文化魅力的重要人文载体。

最早的一批博物馆出现在当时人类文明进步发达程度最高的欧洲西部地区，这批博物馆以及后来不断涌现出来的更多博物馆，在城市中形成了一种全新的文化形态。这种由博物馆构成的新文化形态，不仅极大地扩宽了城市文化建设发展的领域，更在增强城市文化内涵、提升城市文化品位、塑造城市文化形象、构筑城市文化氛围等诸多方面发挥了巨大的功能作用。

英国的首都伦敦世界上较为发达的国际大都市，也是世界上较早出现博物馆的城市之一。以著名的不列颠博物馆为代表的各型各类博物馆遍布城市各处，根据数据统计，伦敦的博物馆数量一直居于世界前列。

它们从不同的视角、不同的侧面，构筑了这座国际大都市的文化特色。既彰显了曾经改变人类命运的资产阶级革命和工业革命的不朽辉煌成就，也记录了大英帝国在侵略殖民过程中的血腥残暴与贪婪无耻。人们正是通过这些博物馆所展示的丰富内容来深刻地认识和理解那段由大英帝国主宰和改变的世界历史，领略伦敦这座国际大都市对世界近现代历史的重大深刻影响，感受伦敦这座城市多层次的文化气息和多重的文化内涵。

美国华盛顿作为全美的文化中心，拥有一大批具有重要影响力的博物馆，其中最为重要的就是享誉世界的史密斯学院博物馆群，它包括 14 个博物馆、17 个研究中心。这其中包括美国国家历史博物馆、美国国家自然历史博物馆、美国国家艺术博物馆、美国国家美术博物馆、美国航天博物馆等著名博物馆。这些博物馆规模宏大，类型多样，展览制作精良，展览形式新颖，体现了现代博物馆陈列的先进水平。这些形式、内容不同的博物馆，真实、生动地反映了美国作为移民国家与欧洲发达国家密切相关的历史渊源。当然，人们也能从华盛顿众多的博物馆中，感受到这座城市良好的公共教育环境与文化氛围。

中国首都北京是世界闻名的历史文化名城，但北京的博物馆建设事业起步很晚。北京开始出现博物馆，中华人民共和国成立之前，也只有寥寥，几座博物馆。特别是进入改革开放的新时代以来，北京的博物馆建设事业开始高速发展。北京的博物馆总量已经达到 179 家，而且目前仍在以极快的速度增长。北京的博物馆不但数量多，而且类型齐全，特别是自然科技类博物馆的快速增加，迅速弥补了以往类型不平衡的先天性缺憾，充分彰显了北京正在向现代化创新城市转型发展的时代新趋势。北京这座伟大的历史文化名城具有几十万年的人类生活史、几千多年的建城史、几百多年的建都史，历史文化积淀无比丰厚。北京的博物馆正是植根于如此博大精深的人文沃土之中。游览北京的博物馆，就如同在阅读一部生动鲜活的历史巨著，让人获得丰富知识的同时，也感受到北京绝不同于其他任何一座城市的深沉厚重、浓郁久远而又让人奋进勃发的独特文化魅力。

中国的深圳几十年前还是一个与香港守望相邻、不为人知的普通小渔村。被选定为中国改革开放的第一个经济试验特区。短短几十年后，这座昔日的小渔村，奇迹般地变成了令全世界为之瞩目的现代化大都市。一时间，前往学习取经的人络绎不绝。但去过深圳的人们很快就发现了一个问题，深圳这座城市确实建设得好、建设得快，可就是文化味道不够浓，连一座像样的博物馆都没有。这种议论立即引起了深圳市委、市政府的高度关注，一个加强城市文化建设的规划方案很快就落地实施了。到改革开放几十年的时候，深圳已有注册博物馆48家，初步形成了以国有博物馆为主体、非国有博物馆为补充的类型多样的博物馆体系。这些博物馆不但彻底改变了人们对深圳缺少文化气息的旧印象，更以博物馆自身所独有的鲜活、生动的表现手法，向世人全面展示了深圳这座中国最年轻的现代化城市，以全新理念开启中国改革开放历史新篇章的光辉历程。由博物馆勾画出来的永不停息的创新精神，正是深圳最具特色的城市文化风光。

以上列举的世界不同国家、不同城市的博物馆状况，充分说明了博物馆对于构筑城市文化总体格调，形成城市自身文化特色风格所具有的极其重要的作用。实际上，博物馆就是一座城市文化风采魅力的展示窗口，就是一张动感、鲜活的城市名片。

二、博物馆是引导人们认识城市的课堂

博物馆在城市建设中肩负着回望历史、反映当代、展望未来、传承优秀文化的重要社会职责，是帮助、引导人们认识和了解城市的生动而又直观的百科学校和终身课堂。

每一座城市都有自己难以忘怀的珍贵历史，都有值得颂扬的今日荣光，也都会有让人期盼的美好明天。能够把城市的昨天、今天、明天以陈列的方式，巧妙、有机地联系在一起，使人们能够生动、直观地看到和了解自己的城市，从而激发人们的家国情怀，并努力为城市的建设发展添砖加瓦，正是博物馆的使命与义务。

北京的博物馆在回望历史、反映当代、展望未来的使命担当中具有典型意义。周口店北京人遗址博物馆是保存几十万年前北京地区人类活动遗迹的世界著名博物馆，就建在当年考古发掘的施工现场，如今已经成为开展人类学的教育基地。它利用现代科技形象、逼真地再现了古人类奋

斗拼搏、顽强不屈、繁衍生息的生动场景。用大量珍贵的文物展示了人类不断发展进化的艰难历程，提供了北京地区最早的人类活动的真实例证，确定了北京这座城市遥远的发源起点。

北京市西周燕都遗址博物馆是揭示北京城市建设历史的重要博物馆。文物工作者在北京房山琉璃河进行考古发掘时发现了这处重要的古代城垣遗址。为了保护这处珍贵的历史遗址，文物主管部门在这里设立了北京市西周燕都遗址博物馆。该馆以考古发掘的成果为基础，以展陈的方式再现了古燕都城垣的整体布局、功能结构、修建方法、工具使用等。以文献资料与考古成果对照的方法，确认了该城垣修建的年代最迟不应晚于西周初期的史实。遗址内出土的大量青铜礼器上的铭文，更是清晰地记载了周王室分封燕侯的史实，解决了史学界对周初某些历史问题的疑惑。可以说，北京市西周燕都遗址博物馆为北京几千多年的建城历史提供了珍贵而又翔实、可靠的历史佐证。

北京从辽金时期就开启了作为都城的历史，至元代更成为大一统封建王朝的最高统治中心。北京现存的紫禁城，至今已有几百多年的历史。紫禁城被改为故宫博物院，占地72万平方米，是世界现存规模最大、最完整的木结构建筑群，也是世界最大的以古代皇宫为馆址的博物馆。馆内珍藏中国历朝珍贵文物180余万件，是中国古代优秀文化最为灿烂的瑰宝。故宫博物院以最为完整的原状复原陈列的方式，向观众展示了中华民族建筑艺术巅峰佳作的宏伟气势与内部结构布局装饰的严整华美，完整地保留了北京作为中国古代最后一个封建王朝皇城的历史原貌，使之成为人们了解中国封建社会和北京历史的绝佳课堂。

北京的近200座博物馆每年要举办多达几百项的各种题材内容的展览，有很多展览都是反映当代社会的。例如，中国国家博物馆举办的大型展览"复兴之路"，中国人民努力拼搏，为实现中华民族伟大复兴而不断取得伟大胜利成果的纪实性展览。展览吸引了包括国家领导人在内的几百万人前往参观，充分体现了展览反映当代社会重大题材，引领时代前进潮流，呼应人民伟大心声，促进社会发展进步的积极作用。

以大量珍贵的实物、资料、图片，全景式地再现了几十年前抗美援朝战争的全貌，总结了永载史册的伟大的抗美援朝精神，更为中国人民应对当前百年未见之大变局提供了可借鉴的宝贵经验。这是博物馆以展览手段为城市文化发展建设服务的努力实践。

博物馆在普及科学文化知识的同时，也会经常以展览的方式为观众描绘社会发展进步的前景。北京市规划展览馆正是这样一座将过去、现在与未来有机联系在一起，全景式反映北京城市发展建设全貌的博物馆。该馆以珍贵、独特的历史文献资料展示了北京城市建设的宏伟历史画卷，也真实地记录了当代人在现代城市发展建设与古城历史风貌保护问题上的不断探索，最终形成科学理念的漫长过程。展览中最吸引观众的亮点是北京城市建设的远景规划。规划与中央对北京的城市功能定位、北京广大人民群众对生活质量不断提升的需求紧密结合，为北京城市发展建设的未来绘制了一幅大美蓝图。

北京的博物馆由于数量、质量、类型等诸多方面的明显优势，为履行牢记历史、推动当代、憧憬未来的社会职责义务创造了得天独厚的条件，形成了完整、齐全的知识链条。

三、博物馆拓展深化了传统学习教育、科研机构社会功能

博物馆的科普教育、知识传播、学术研究等综合性社会文化服务功能是对传统学习教育、科研机构社会功能作用的进一步拓展深化和完善。

学校是启发学生心智、教授学生文化知识、培养学生道德情怀的专门机构。学校根据学生的不同年龄，制定相对应的科学的教授内容和教学方法，形成了完备的层次体系。由此，可以清晰地看到，学校的教育特点是它的基础性、系统性、连续性、全面性。而要学习更细、更深、更多学校课本以外的知识，则必须借助其他学习渠道和方式。人类社会在发展进步的进程中，所创办的图书馆和博物馆为人类文化知识的传授学习提供了新的方式和渠道。图书馆提供了无限广博的天地，博物馆提供了更加专业、更加鲜活、更加直观的课堂。

秦始皇是中国历史上第一个实现大一统的皇帝，教科书对其统一中国的雄才大略和历史功绩有许多记载和描述。在西安秦始皇陵东侧发现了埋藏在地下的秦始皇陵陪葬坑，在考古发掘原址建设了一座秦始皇兵马俑博物馆（现秦始皇帝陵博物院）。博物馆的基本陈列就是陪葬坑出土的与真人一般大小的兵马俑。数千平方米的展览大厅内，8000多尊神情肃穆、仪表威严的兵马陶俑按照当时的战斗队形排列成威武形象、逼真地再现了秦王扫六合，威武震天下的非凡气势。任何一位观众都会十分震撼。这种视觉和精神的强烈冲击，是所有教科书上的文字描述都不可比拟的。由此可见，博物馆生动、直观的教育形式与学校的课本知识传授相辅相成，能更有效地促进学生对课本知识的学习和掌握。

进入现代社会以后，人类为了更加全面和深入地学习、探讨和掌握有助于人类进步发展的科学知识，不断地创办和组建各种领域、各种学科的专业研究机构。大力开展相应的科学研究工作，以增强认识自然、利用自然和改造自然的能力，从而推动和促进人类社会的全面发展和进步。博物馆的学术研究工作由于博物馆的类别不同而涉及众多的科学研究领域，是整个社会科学研究工作的重要力量。

博物馆保存有大量珍贵的馆藏文物，对这些珍贵文物开展科学研究是博物馆重要的日常性工作。博物馆的馆藏研究涉及材料、工艺、用途、年代等众多的学科门类，其研究成果不但对提升馆藏文物的科学艺术价值具有巨大的作用，还会产生广泛的社会效益，有助于推动相关学科科研工作的进展。

首都博物馆馆藏的西周燕国堇鼎重达 41.5 千克，是北京地区至今发现的最大的青铜礼器。鼎的内壁铸有铭文 26 个字，记载了堇奉燕侯之命前往宗周向太保敬献食物而受到太保赏赐的事情。另一件漆器叠通高 50 厘米，色彩鲜艳、造型精美，是古燕国遗址出土的漆制品精品。对这件文物的考证研究，不但使人们进一步加深和丰富对我国西周时期漆器工艺技术的认识和了解，更把我国出现螺钿漆器的历史从南北朝提早到了西周，从而把我国螺钿工艺的发明时间提前了几千年。

湖北省博物馆馆藏的越王勾践剑是国家一级文物。青铜材质，长 55.6 厘米、宽 4.6 厘米。剑身布满菱形暗纹，剑格嵌有蓝色琉璃及绿松石，剑身近格处有"越王勾践自作用剑"的铭文。春秋晚期，吴越之剑闻名天下，此剑堪称吴越名剑的代表作。而且，它至今毫无锈蚀，依然剑锋光亮、锋利无比。越王勾践剑何以能历经几千年不锈蚀？经博物馆及相关学科专家学者共同研究，终于破解了这一迷局。此剑采用金属铬盐处理技术，经硫化处理后，剑的表面蒙上了一层黑色的硫化物保护膜以防止氧化。这说明中国人早在几千多年前就已经掌握了金属铬盐处理技术。

实践证明，博物馆文物藏品科学研究对社科研究有重大意义。文物藏品研究可以弥补文献记载的不足，特别是在文献记述出于某种原因而让人难以确信的时候，文物藏品有可能提供真实的凭证。运用现代科技手段分析博物馆藏品，则往往能够揭示出更多的科学奥秘。博物馆建设速度的进一步加快，将使博物馆在传统教育和科研领域中发挥的作用更加凸显。双方相互补充、相互协调、相互融合必将形成共同推动城市文化建设的新态势和新格局。

四、博物馆是促进城市经济繁荣发展的重要资源

博物馆是促进城市旅游观光事业发展，增强城市活力，推动城市经济繁荣发展的重要资源。

随着汽车、火车、轮船、飞机等交通运输工具的出现和普及，旅游业也逐步兴起和发展。这不但加强了不同国家、不同地区之间的沟通与联系，而且还极大地促进了不同国家、不同地区之间经济文化的融合发展。旅游产业逐步成熟与完善，已经成为很多地区和城市的重要收入来源，甚至是支撑城市经济的核心产业。

欧美地区是世界上最早进入现代化发展阶段的发达地区，这些地区有许多著名城市都是吸引

大量游客的旅游胜地。这些城市也大都拥有令世人瞩目的世界级博物馆。这些博物馆不但是城市文明程度的显著标志，更为这些城市不断创造社会效益和经济效益，从而极大地增强了城市活力。例如，英国伦敦的不列颠博物馆、法国巴黎的卢浮宫、美国纽约的大都会艺术博物馆、俄罗斯莫斯科的国家历史博物馆等，每年都会吸引成千上万的游客前往参观游览。这些博物馆在展示人类文明成果，传播、普及科学文化知识的同时，也为所在城市带来了巨大的经济效益，从而极大地增强了这些城市发展建设的活力和动力。

中国的博物馆事业起步比欧美发达国家晚了几百年，直到创建了第一座博物馆—南通博物苑。此后，由于多年的外敌入侵、社会动荡，中国的博物馆建设基本处于停摆的状态。中华人民共和国成立前夕，这个拥有世界上最多人口的国家，竟然只有区区21座博物馆（文化系统）。中华人民共和国成立后，政府大力支持和推动博物馆建设事业的发展。

中国的博物馆总量达到了5788座，而且还在以每年百余座的数量快速增长。博物馆的高速发展，极大地丰富了城市的旅游文化资源，提升了文化品位和文化格调，增强了旅游市场竞争力，带来了可观的社会效益和经济效益，提高了城市的活力。

以北京故宫博物院为例，据不完全统计，北京博物馆全年接待观众总量约为6000万人次。如此巨大的参观人流为实现良好社会宣传教育效果的同时，也为北京创造了极为可观的经济效益，为北京的城市发展建设注入了强大的生机和活力。

为了进一步发挥博物馆在城市经济文化建设中的促进作用，国家相关部委联合发布《关于全国博物馆、纪念馆免费开放的通知》要求全国的公共博物馆、纪念馆陆续对公众免费开放。全国免费开放的博物馆5000余家。博物馆观众流量成倍增加，社会效益大幅提升。

在机构改革中，将文化与旅游两大机构合并，组建了新的文化和旅游部。此举必将进一步推动博物馆与旅游业的紧密融合，推动博物馆在促进旅游事业发展进程中发挥更加强劲的作用。

第三节 新时代博物馆建设与发展的多维探究

博物馆是集收藏、保护、研究、展示、教育为一体的公共文化服务机构，是传承优秀文化的重要场所。在新时代高速发展的背景下，博物馆正在转换新思维，努力提高其自身的功能定位，更好地为社会、公众服务；积极应用新技术和融媒体，提升观众参观的积极性、互动性；充分利用博物馆的资源优势，全面发挥博物馆的文化、教育功能，以期在新的时代实现博物馆的高质量发展。

一、新时代博物馆高质量发展要有高定位

（一）树立社区思维，定位发展业态

博物馆在保持其原有使命一收藏、保护、研究和展览的同时，正在逐步增加新的功能，与所在社区保持更加紧密的联系，博物馆社区化是博物馆的一种新业态，表明博物馆的功能已超出了现有博物馆定义的基本职能。这就要从更宏观的视角去认识、理解博物馆，当代博物馆既是建筑景观、环境景观，也是文化景观和城市会客厅。

（二）以国际化视野，定位发展格局

世界文明是多元的，在全球化视野下，博物馆发展格局发生着巨大的变化。博物馆需要有包容的胸怀、开放的视野，把世界不同地域的文明引进来，互学互鉴。学习国外先进的文化遗产保护利用理念，展示宣传不同国家、不同历史时期所创造的多元文明成果；走出国门，让世界了解中国历史文化和人民创造的文明成果。文化的多样性促进了国际的文明交流互鉴，也促进了博物馆这一文化载体之间的互动合作。

二、新技术助力博物馆新时代高质量发展

信息引领未来，科技带来变革。信息技术的快速发展与广泛应用，使人们的生活方式、工作方式、学习方式等都发生了巨大变化，博物馆传统的、静态的、简单的数据采集展示模式已经不能满足观众日益增长的文化新需求，应用科技创新促进博物馆的高质量发展成为新时代文博工作者面临的最为迫切的任务。随着物联网、移动通信、互联网、云计算、大数据、人工智能等高新技术的快速发展，构建博物馆大数据中心，打造博物馆智慧化生态体系，实现博物馆全业务信息化，进而实现博物馆的精细化管理，提升公共文化服务能力和水平成为可能。

（一）智慧博物馆建设发展战略推进新技术在博物馆的应用

1.智慧博物馆建设概述

博物馆是社会历史文化传承的重要载体，是理解过去、思考当下、启示未来的重要公共文化

场所。同时，作为公共文化服务资源的核心力量与平台，博物馆也是传播历史知识、陶冶公众社会情操的重要场所。博物馆领域的新兴技术应用越来越普遍，数字博物馆、虚拟博物馆、网络博物馆、掌上博物馆、智慧博物馆等新概念层出不穷，尤其是在技术上具备全面透彻的感知、宽带泛在的互联、智能融合的应用三大特点的智慧博物馆快速发展，通过创新博物馆服务、保护和管理理念，对于提升博物馆的业务水平和公共文化综合服务能力，满足人们日益增长的个性化、多元化文化消费需求意义重大。智慧博物馆是继数字博物馆概念之后，在物联网、云计算、大数据、人工智能等信息技术的发展基础上逐步建立起来的博物馆新型形态。

近年来，国家文物局高度重视科技创新支撑作用，牢牢把握时代发展脉搏，推动文物与科技深度融合，积极探索智慧博物馆建设路径，开展智慧博物馆项目试点工作。确定了首批全国智慧博物馆试点单位，山西博物院与成都金沙遗址博物馆、甘肃省博物馆等 7 家博物馆成为试点单位。在国家文物局的科学指导和大力支持下，根据各自的馆藏特点及所处地域的观众需求，按照轻重缓急分步实施，逐步推进，各有侧重地进行了卓有成效的智慧博物馆建设的探索和实践，取得了令人瞩目的成果，为我国智慧博物馆的建设积累了一定经验。成都金沙遗址博物馆侧重于"分众智慧化传播"，针对观众设计了多种文化活动；甘肃省博物馆设计了特殊的展示方案，综合利用 3D 显示、虚拟和增强现实、互动投影等技术；苏州博物馆推出了无线网络及移动智能终端服务；内蒙古博物院结合区域特点打造了一个移动的数字博物馆，其展览车巡回全区，把文物所承载的历史文化送到基层百姓家门口；四川博物院开发了基于 iPad 的多媒体导教可视化系统；广东省博物馆实行全方位的智能化管理，包括安全防范、设备管理、信息通信、网络应用和音视频等智能化系统。

2.智慧博物馆建设发展的规律

我国智慧博物馆近年来的飞速发展得益于蓬勃的行业发展、利好的政策引导、鼎盛的需求导向等多效催化，从对调研信息的归纳整理和深入分析发现，智慧博物馆的建设发展总体呈现出一定规律。

（1）政策利好成为智慧博物馆加速发展的重要推手

近年来，除经济发展催生的人们日益增长的精神文化需求外，国家大力营造的创新发展大环境和行业发展大繁荣，成为我国智慧博物馆飞速发展的主要原因。一方面，国家对文博事业的发展呈现出前所未有的关注和重视。一系列的政策文件和规划报告都明确指出，文物博物馆事业的战略意义和社会影响日趋上升。政府的高度重视促使全社会参与文博事业建设的热情日益高涨，进而推动智慧博物馆的建设发展呈雨后春笋之势。另一方面，文博行业创新应用的层出不穷再上台阶。随着物联网、云计算、人工智能、大数据等技术的不断成熟，其行业创新应用成为信息技术领域和文博界争相研究的热点，这为智慧博物馆建设提供了强有力的技术支撑和"发展加速器"。这些有利于智慧博物馆乃至整个文博事业科学发展的良好态势将得以保持和持续增强。

（2）CDP发达省份，智慧博物馆建设起步较早、进度较快

根据调研数据分析发现，博物馆信息化建设基础较强、智慧博物馆建设成果较显著的博物馆有一半左右位于经济发达和人口稠密的华东、华北地区，其后是文物资源基础较好的西南、西北地区。经济大省集中了较多的文化资源，也为文化资源的合理利用提供了充足的财力支撑。例如，广东省博物馆因经济实力较强、基础较好，才有能力支撑智慧服务建设项目较高的成本投入。同时，这些省份相对较多的人口聚集，形成增长更快、要求更高的文化需求，从而促进文化资源聚集地博物馆更高速、更有创新性地发展。由此可以看出，经济基础强、人口密集的区域，博物馆实力相对较强的GDP发达省份，智慧博物馆建设成果较多，智慧博物馆发展步伐更快。

（3）建设侧重点与博物馆特色或当地优势资源关联密切

博物馆所处地域不同带来的地理环境、人文因素差异，以及自身藏品特色和管理理念的不同，导致其智慧化建设侧重点不同。首先，现阶段智慧服务建设占比最大，受关注程度最高。课题组此次调研的诸多案例中，有一半以上的案例为智慧服务体系建设，其中又以展示与体验案例最多。由此可见，可视化程度高、交互体验形式多样、直接面向公众的创新智慧服务建设更容易得到大众认可。特别是像北京、上海等一线城市，新事物、新技术的更新速度快，人们对新体验、新领域的探求欲望更高，更侧重智慧服务建设。其次，智慧管理建设大多基于博物馆自身业务需求，取决于博物馆管理理念。例如，对新技术、新理念接受度较快的秦始皇帝陵博物院在智慧管理方面建设成果更加显著。最后，智慧保护因其服务受众较少，多为科研工作者和专业从业者，其建设成果占比最小。往往位于温湿度气候变化频繁的地域或藏品保存条件要求较高、科研实力较强的博物馆相对投入较多，如上海博物馆。

3.未来工作的重点、难点

目前，智慧博物馆工作正在稳步进行中，前期建设取得了一定成果。但由于建设时间较短，建设现状参差不齐，发展进度不一。为更好、更快地推进后期可持续的建设发展，本书对建设过程中存在的主要问题和不足梳理如下。

第一，智慧博物馆整体应用受限。如何将博物馆大量数字资源整合为知识，并通过互联网、物联网、数据分析、虚拟现实等多种技术展现在公众面前，让文物真正"活起来"，仍是困扰博物馆智慧化建设规划制订的问题。

第二，智慧博物馆建设管理工作难度大。由于智慧博物馆建设涉及行政管理体制的创新与部门间的交叉管理，建设实施过程中的内部组织协调工作有一定难度，需加强博物馆领导对主管部门建设工作的组织。

第三，智慧博物馆标准规范制定需完善。面对"五光十色、日新月异"的新技术，需要有一套完整、翔实的智慧博物馆行业信息技术标准规范体系和具体的技术操作规程，才能有的放矢地高效推广新技术、新方法在博物馆创新发展和资源开放共享中的应用。

第四，智慧博物馆配套人员业务素质需提升。智慧博物馆所涉及新兴技术与博物馆行业传统理念跨度较大，目前仍缺乏该类交叉学科专业人才。加强高素质文博专业技术人才和复合型管理人才的培养，成为智慧博物馆后续发展不可逾越的保障条件。

博物馆的智慧化不是一朝一夕能够实现的，它是一种可持续发展的博物馆新形态。山西博物院智慧博物馆建设在前行道路上将不断探索和实践，创新形式、提升服务能力，实现博物馆新时代高质量发展。

（二）文物知识图谱助力博物馆数据融合与文化传播

文物领域是一个内涵广泛、信息丰富的庞大领域，包含着很多子领域，如文物描述涉及文物本体、艺术、考古、自然、历史以及与其相关的各类信息，各个方面的信息都在以其独特的方法、形式进行交流，而不同的应用场景所关注的文物知识的角度又各不相同。然而这些信息不能用一个范式进行表达，需要通过互相建立有效的联系才能被理解，因此，数据重叠现象严重，文物领域的知识表达就出现了复杂的文物领域和信息技术领域的交叉问题。此外，还存在知识生产方法和工具匮乏、文物知识组织缺少规范、知识创新服务应用很少等问题。这需要博物馆行业去创新文物知识生产和服务模式，其关键是借助现代人工智能技术，为博物馆安装一个智慧的大脑，而作为人工智能基石的知识图谱，理所当然地成为"大脑"的最佳选择。文物知识图谱也是实现文物知识互联的最高效组织方式。

知识图谱可以将丰富的知识融合起来，实现展览的数字化、科学化和艺术化，解决布展主题不鲜明、重点不突出、文物展品内涵挖掘不够的问题，从而实现博物馆与观众的真性交流。通过知识图谱这个博物馆智慧化中的基础和核心，可以全面驱动支撑文物知识生产到应用的全生命周期，并以此全面提升现有博物馆业务水平，为文物收藏、研究、保护及教育传播、展览展示提供更为丰富的内容、更高效的知识生产、更智能的知识服务，带动文博业务工作模式转变。

文物知识图谱将海量、多源、异构的文物领域数据，包括文物本体、环境、历史文献、考古资料、研究成果、网络数据等，利用自然语言处理、大数据分析、文献计量学、软件科学等组织起来，能够更为全面地汇聚文博领域的海量知识，构建丰富的知识体系，还能够通过更丰富的知识表达、更精准的知识呈现，支撑文物和博物馆多种知识业务需求和文物展示需求。

1.文物知识图谱构建

鉴于文物领域专业性强，文物数据具有多源、异构、稀疏等特点，不能简单照搬通用知识图谱或者其他行业成熟的知识图谱技术。需要针对文物行业的需求和特点，量身定制文物知识图谱的模型、构建技术、应用支撑技术、公共服务平台及创新应用，形成文物知识组织、生产、应用的全技术链条。

2.文物知识图谱典型应用

文物知识图谱为文物研究提供更为科学的知识组织方式。它能够支持海量馆藏信息档案，涵盖文物本体信息（如名称、年代、尺寸、意义等）、相关历史人物、相关历史背景、考古信息、馆藏信息、展出信息等多层次、多维度信息；根据文物的出库、入库状态信息，支持文物修复记录、展出记录、事故记录、研究记录等业务信息；提供博物馆文献资料数据库访问接口；以馆藏文物为线索对相关文献进行分类、检索；更为智慧的知识共享，把博物馆的研究成果、图书资料共享到网络存储，让博物馆工作人员都能找到相应的资料文档。

文物知识图谱为博物馆展陈提供更加优化的方案。文物知识图谱可以提供更加多元的信息展示、更加丰富的交互性，采取多视图关联技术、虚拟技术等，使静态的文物及说明，讲解（音频）和视频融合起来，实现布展的科学化和艺术化，解决布展主题不鲜明、重点不突出、文物展品内涵不清的问题，实现博物馆和观众的真性交流。

文物知识图谱：为博物馆藏品研究和藏品管理工作起到重要的支撑作用，有了文物知识图谱，可以更为高效地进行社会文物的建档、跟踪，实现更为有效的获取文物流转和拍卖信息，从而实现更为有效的征集和购买；文物知识图谱可以有效构建文物出入库的相关信息，为管理者提供更为有效的出入库管理决策支持。

文物知识图谱使博物馆观众服务更加智慧化。文物知识图谱能够汇集多源观众属性数据和行为数据，构建观众数字化管理中心，促进线上与线下的服务深度融合，观众数据采集、观众行为分析、观众服务提升于一体的服务模式，真正将博物馆对外服务与观众需求紧密联系起来，最大限度地发挥观众数据的价值，为博物馆的展陈策划、活动开展和服务质量提升提供数据支持；能够更加准确地掌握观众基本信息和行为偏好，及时开展活动效果评估和处理咨询反馈信息，更有针对性地开展文物保护教育数字化宣传。

文物知识图谱还将成为博物馆智慧管理的有效支撑，其可视化的形式将文献研究与文物领域相关知识关联起来，其便捷化的内容编辑、智慧的内容发布、高效的素材管理和观众信息集中收集，能够进一步提升博物馆新媒体传播的能力。

发展"智慧展览与教育传播"是文物知识图谱构建的一个重要目的。基于大数据应用的藏品研究、观众分析系统，基于云计算功能的知识图谱和信息推送，基于人工智能的创造性整合思维，使得文物知识图谱实现感知、分析观众（公众）的需求，共享资源和创意，整合相关信息和知识，以最佳形式地表达，更加智能地推送或获取，使得博物馆的馆藏资源得到进一步挖掘，博物馆文化永不落幕。文物知识问答系统和知识众包就是基于文物知识图谱应用的创新之举。

总之，充分应用新技术，以文物知识图谱为博物馆智慧化的基础和核心，通过构建文物知识图谱，将全面提升现有博物馆业务水平。

三、 新时代博物馆的高质量发展要善用融媒体

随着社会的发展，博物馆的职能也在发生变化。教育成为新时代博物馆设立的首要目的，而传播则成为新时代博物馆的重要职能。特别是博物馆实施免费开放以来，伴随着公众对博物馆的青睐，博物馆硬件和软件方面有了较大幅度的提升，但要真正实现让公众成为社会文明进步的参与者和推动者，博物馆的文化传播就显得更为重要。

（一）博物馆自身要不断提升自我宣传推广的能力

在练好"内功"的基础上，博物馆需要有专业的宣传推广团队，有科学、系统的宣传计划，搭建常规化的宣传平台，有针对不同受众群体的宣传方案。要善于自我宣传，让针对博物馆展览、社会教育活动、文化创意等工作的宣传推广具有规律性，同时也要发挥好博物馆宣传教育阵地的作用，围绕博物馆自身的文化内涵和文物知识开展普及与传播，讲好文物背后的故事，通过宣传推广工作把博物馆与公众连接起来，与公众开展对话与交流，及时展示博物馆的最新动态和重要成果。

（二）让"融媒体"传播成为新时代博物馆知识传播的有效途径

1.融媒体的定义

融媒体是近年来新兴的媒体传播形式，以发展为基础和前提，以扬优为主要手段，它能充分利用广播、报纸、电视、微博、微信、论坛传媒等媒介载体，将彼此之间具有共同性又存在互补性的特点进行全面整合，在人力、内容、宣传等方面达成资源、内容、宣传、利益的融合状态，使得服务对象达到功能、手段、价值的全面提升，是近年来新兴的一种媒体形式。

2.博物馆宣传工作中运用融媒体的重要性

博物馆宣传工作既是向大众推荐博物馆自身，又是传播历史文化的助力器。新时代"互联网+"模式下的博物馆，参与群体变得更多元化。"两微一端"及博物馆官网的浏览者、参与互动者日益增多，成为博物馆的重要用户和参与者。在这一背景下，"传统媒体+新媒体"的传播矩阵凸显出其重要性。

这种相互补充、相互结合的新型传播矩阵更加便捷、完善、多元，进一步拓展了博物馆文化传播的方式，让更多的公众走进博物馆，了解博物馆，爱上博物馆，是博物馆文化传播可以借助的强大力量。

第二章　文物的材质

文物都是由一定的物质材料制作而成的。用某种材料制作文物，该种材料便被称为此类文物的质地，如用蚕丝材料制作的器物，即为丝绸；用金属材料制作的古器物，分别为金器、银器、铜器、铁器等。不同质地的古器物，所用的材料不同；同一质地的古器物，所用的具体材料的物理性能和化学成分也不尽相同。以石器为例，有的使用硬度极大的矿物，如火石、石英、玛瑙；也有的使用硬度较大的火成岩，如玄武岩、辉长岩等；还有使用质地稍软的水成岩，如页岩、砂岩。有些情况也与材料的来源有关。又如纺织品，可采用麻、丝、毛、棉等不同纤维制作而成。因此，根据出土或传世器物的材质，可将古代器物所使用的主要材料分为以下几类。

第一节　金属类文物

金属类文物包括青铜器、铁器、金银器、锡器、铅器等，一般是经过矿物冶炼、铸造或锻造成一定形状而制得的器物。

一、金属类文物简介

青铜器：它是由铜与锡或铅按一定比例熔铸而成的合金。比例不同，形成的器物的机械性能也有所不同。

铁器：它所使用的铁并不是纯净物，而是铁碳合金。自然界的铁一般以氧化物形式存在（陨铁除外）。铁的冶炼是利用碳的还原能力，将铁的氧化物还原成金属铁：

$$2Fe_2O_3+3C \rightarrow 4Fe+3CO_2$$

$$Fe_3O_4+2C \rightarrow 3Fe+2CO_2$$

这些反应一般是将矿石与木炭或煤饼混合。在高温炉中，当铁矿石因高温加热呈熔融状态时，没烧完的碳与氧化铁反应，还原出铁熔融体。继续吹入氧气，烧完多余的炭，便可制成铁水，或直接浇铸成铁器，或待铁水冷固后，再锻造，铁器。

金银器：以贵重金属为材料，利用熔炼，范铸、锤揲、焊接、鎏金、錾花、掐丝、镶嵌、炸珠、收挑、点翠、烧蓝等技法而制得。

锡器：以锡为原料加工而成的金属工艺品。锡器是一种手工艺品，主要产自云南、广东、山东、福建等地，以云南出产的最为著名。

铅器：大约在铜器制作的初期，铅作为一种合金与铜结合，用于制作铅青铜器，故铅的提炼和使用历史非常悠久。在青铜时代晚期，由于铅自身的缺陷，铅器的制作仅限于浇铸小件饰物，供祭祀使用。我国考古发现的夏、商、周时期的铅器，也大多属于随葬、祭祀的冥器。

二、金属类文物的制作工艺

古代金属类文物的制作工艺主要包括以下几类：

1.范铸法

范铸法又称模铸法，是先以泥制模，在上雕刻各种图案、铭文，阴干后再经烧制，使其成为母模，然后以母模制泥范，同样阴干烧制成陶范，熔化合金，将合金浇注入陶范范腔内成器，脱范之后，经清理和打磨加工，即可形成青铜器成品。不同时期，不同国家的范铸工艺也不尽相同，所使用的工艺包括砂范、陶范、石范、金属范等。

2.失蜡法

此法源于青铜的铸造工艺，是以蜡制成器物模型，并用泥对内外进行填充加固，待泥干结后加热，将蜡熔化，并使蜡从事先预留好的蜡口流出。然后封好蜡口，将金属溶液灌入，待冷却后除去封泥，便可铸造出与蜡模形状一致的金属器物。

3.焊接工艺

焊接工艺也源于青铜器制作工艺，其历史可追溯到商代，是金银器成型的重要工艺之一。焊接需要使用到焊药，其主要成分通常与被焊物相同，并加入少量硼砂混合，也有以银、铜或锡、铅、铜为主合成的焊药。焊接完成后，须对焊痕进行打磨、抛光。

4.锤揲工艺

锤揲工艺又称"打作法""槌揲法"或"打胎法"，多用于金锭、银锭、板或厚片材，制作工具主要为锤子和砧垫。在制作过程中，主要使用锤子将金锭、银锭或片打锤成胎型。

5.錾刻工艺

錾刻工艺始于春秋晚期，盛行于战国，并被沿用至今。通常是采用各种形状的钢錾，在器物表面刻出凹凸不一、深浅有致的錾痕，以形成不同的图案和纹理。

6.鎏金工艺

鎏金是一种金属加工工艺，亦称"涂金""镀金""渡金""流金"制作流程是把金和水银合成的金汞剂，将其涂在铜器表层，加热，使水银蒸发，使金牢固地附着于铜器表面而不脱落的技术。我国的鎏金技术始于战国，我国也是世界上最早使用这一技术的国家。

7.错金银

错金银又称"金银错"，最初被用于制作青铜饰件，始于春秋中期，盛行于战国，西汉以后逐渐衰落。采用"错金银"装饰的器物表面，金、银与青铜的不同光泽相互映衬，使图案与铭文显得格外华美、典雅。

8.花丝工艺

花丝工艺是将金或银加工成粗细不同的丝，再根据装饰部位的不同，采用盘曲、掐花、填丝、堆垒等操作，制成不同纹样的花丝，如拱丝、竹节丝、麦穗丝等，可以焊接到金银器物上，也可独立成器。

9.焊缀金珠工艺

该工艺是将金片剪成线切成段，经加热后熔聚成粒，金珠颗粒较小时，自然浑圆；颗粒较大时，需要在两块木板间碾研。也可采用熔金为珠的独特技法，即所谓的"熔珠""炸珠"或"吹珠"，将黄金溶液滴入温水中，使之凝结成大小不等的金珠，制成的金珠可焊可粘，利用价值很高。

第二节 纸质文物

纸质文物由纸、书写的墨迹、印刷的油墨、绘画的颜料以及黏合剂等材料所构成。这些材料质量的好坏，是直接关系着纸质文物能否长期保存的内在因素。

一、造纸的主要材料

纸是纸质文物的主要构成材料，纸的种类可分为手工纸和机械纸。手工纸有麻纸、皮纸、藤纸、竹纸、棉纸、宣纸、毛边纸、连史纸等。机器纸逐渐代替了手工纸，常用的有新闻纸、印刷纸、打字纸、有光纸、图画纸、牛皮纸等。造纸的主要原料是植物纤维，而植物纤维的种类很多，主要可分为：韧皮纤维、茎纤维和种毛纤维。

1.韧皮纤维

韧皮纤维是古代造纸的主要原料，其含纤维素较多，一般为60%-83%。纤维长度可达120-180 mm，比宽度大950-1 230倍。由于纤维较长，因而造出的纸也较为坚韧。

2.茎纤维

茎纤维常见于竹、稻草中。其纤维素含量为24%-60%，长度比宽度大100-200倍。不同时期的纸张，所选用的材料和制作工艺也不相同，因而纸张的成分、性能也有所不同。

3.种毛纤维

种毛纤维常见于棉花中，棉花的纤维素含量最多，也最为纯净，一般可达90%以上。纤维长度比宽度约大1250倍。由于纤维特别细长、交结力好、质地强韧、组织细致而柔腻，故制造出来的纸张耐磨性和耐久性均较好。

二、古代的造纸

造纸术是中国的四大发明之一。在其发展初期，造纸的主要原料是树皮和破布，由于工艺简陋，所造出的纸张通常质地粗糙，且夹带较多未分散的纤维束，表面不平滑，不适宜书写。到了东汉和帝时期，经过了蔡伦的改进，造纸工艺有了一套较为完整的流程，其流程大致可分为四个步骤：

第一步是原料的分离，即采用沤浸或蒸煮的方法让原料在碱液中脱胶，并分散成纤维状；

第二步是打浆，即用切割和捶捣的方法切断纤维，并使其分丝帚化，从而成为纸浆；

第三步是抄造，即把纸浆掺水制成浆液，然后用纸帘捞浆，使纸浆在纸帘上交织成薄片状的湿纸；

第四步是干燥，即把湿纸晒干或晾干，揭下就可得到纸张。

汉代以后，虽然造纸工艺在不断地完善和成熟，但这四个步骤基本上没有变化。即使在现代的湿法造纸生产中，其制作工艺与古代造纸法仍没有根本区别。

三、古代纸张品种

纸的种类主要是以纤维原料来区分，大致可以分为：麻纸、皮纸、藤纸、竹纸、棉纸、穰纸、海苔纸、蜜香纸（以蜜香树皮和树叶造的纸）、草纸（如安徽之龙须草、蜀之蘘衣草所造的纸）等。

根据纸的加工工艺来区分，大致可以分为：生纸、熟纸、本色纸、染色纸、洒金纸、泥金纸、蜡笺、粉笺、粉蜡笺、砑花纸、描金纸、油纸、贴落、单宣、夹宣、砑光纸等。

根据纸的产地来区分，大致可以分为：宣纸、蜀纸、浙江剡纸、温州皮纸、临安纸、宣阳纸、广西都安纸、河北迁安纸、江西纸、河南纸、贵州纸、福建纸、和纸（日本产）、高丽纸等。

根据纸的规格来区分，大致可以分为：四尺、五尺、六尺、八尺、丈四、丈二、丈六、对联纸、八尺屏、扇面纸、信笺纸。古者横卷高度约一尺余，宽度有限，至南唐时才有大幅度增长，澄心堂纸最长的可达五十尺一幅；至宋代曾有长至六十尺者（赵佶书《大草千字文卷》）；至明清高度超过五尺、六尺、八尺，宽度为二尺、三尺的纸开始普及。

1.麻纸

麻纸就是以麻类纤维（苎麻和大麻）制作的纸张。常见的有白麻纸、黄麻纸、麻沙纸、旱滩坡纸等。

2.藤纸

藤纸早在晋代已有制作，到了唐代，在浙江、江西两省大量生产，其纸张是用藤树皮的纤维制造，当时有白藤纸、青藤纸、黄藤纸之分。

3.宣纸

宣纸是以檀树皮、稻草为原料制成的手工纸，因出产于安徽宣州而得名。此纸张质地柔韧、洁白平滑、细致匀整、色泽经久不变，具有"滑如春冰密如蚕"的美称。宣纸属皮棉纸类，因品种规格繁多，此外不一详述，常见的有：罗纹纸、棉连纸、玉版宣、单宣、十刀头、夹连纸等，是我国唐、宋以来古代书画常使用的纸。

4.棉纸

棉纸又称皮纸，以楮树皮为原料制作而成，质地细柔、富有韧性。从纸的纵面撕去，其断裂处呈现丝棉状，因而得名。棉纸的品种因产地而异，常见的有河南棉纸、贵州棉纸、上海棉纸、迁安棉纸、蚕茧纸、藏经纸、高丽纸、册子纸、美浓纸、开化纸、太史连纸等20余种。

5.竹纸

竹纸采用经石灰处理过的嫩竹为原料制作而成，因颜色略呈黄色，又称黄纸，主要有：毛边纸、毛太纸、川连纸、元书纸、梗棒纸、连史纸等十余种。

6.其他纸

自古以来，中国产古纸有200余种，除了上面介绍的几种纸以外，常见的还有牛皮纸、磁青纸、虎皮宣、蜡笺纸、发笺纸、金纸等。较为出名的有以下几种。

砑花纸：将纸逐幅在刻有字画的纹版上进行磨压，使纸面隐起各种花纹，又称花帘纸或纹纸。

发笺：是一种有独特风格的艺术加工纸，有手工制作和机器生产两种。其制造原理是，在捞纸前，向纸浆中添加少量有色的纤维状物质，再打槽捞纸，完成后，纸面呈纵横交织的有色纹理。这种纸是在西晋时被发明出的，多用于书写。从现存古代实物来看，添加物常使用绿色的水苔或黑色的发菜。水苔又名石发，因此用它来装饰的纸称"发笺"或"苔纸"。

狼毒纸：产于西藏，得名于其造纸原料-狼毒草，常用于书写经书。狼毒草在西藏是一种分布极为广泛的草本植物，将其发达的根部用于造纸后，因其毒性较大，使得狼毒纸成为身怀绝技的经书保镖，使经书在历经几百年的岁月沧桑后，仍不被虫蛀、鼠咬。

第三节 纺织品文物

纺织品文物的组成主要包括织物纤维、植物染料（或颜料）、媒染剂、装饰物（如纸张、金、银和铜饰件）、胶粘剂。

古代纺织品的制作过程，以丝织品为例，可以分为以下几个步骤：

选茧→剥茧→杀蛹→储茧→缫丝→络丝→并丝→织造→精炼→染色→印花→整理。

1.织物的纤维

纺织品文物是由纺织纤维经过加工织造而成，其纤维原料主要可分为动物纤维和植物纤维。动物纤维原料有蚕丝、羊毛、兔毛、牦牛毛、骆驼毛等；植物纤维原料有大麻、苎麻、棉花等。而纺织纤维种类繁多，根据其来源又可分为天然纤维和化学纤维两大类，织品文物大多使用天然纤维。凡是自然界生长或形成的纤维均称为天然纤维，根据天然纤维的生物属性可分成植物纤维、动物纤维和矿物纤维三类。

植物纤维主要包括棉、麻和葛。棉纤维是锦葵目锦葵科棉属植物种籽上被覆的纤维；麻纤维是从各种麻类植物获得的纤维的总称，纺织采用较多的有苎麻、亚麻、黄麻、洋麻、大麻、罗布麻、剑麻、蕉麻等。葛又名葛藤，属于豆科的藤本植物，具有良好的吸湿、放湿功能，是夏季衣料很好的原料。

动物纤维主要包括毛和丝。毛纤维是从动物身上的毛发中获得的，纺织品中使用最多的是绵羊毛。常见的丝纤维包括桑蚕丝、柞蚕丝、天蚕丝等，其中使用最多的是桑蚕丝。

此外，古代纺织品中还会用到金属纤维。金属丝的制造和应用在我国有悠久的历史，传统的金属丝主要是以黄金和白银为原料制成，可分为扁金丝和圆金丝两类。扁金丝又称为片金，是将锻打而成的厚度约 0.1-0.2 mm 的金箔与纸黏合，再切割成约 0.5 mm 的窄条长丝。圆金丝又称为捻金，是将扁金丝螺旋的包覆在棉纱或丝线之上。

2.古代的织机

中国古代织造技术起源于编结绳网、芦席所使用的编织技法，最初的操作并无工具辅助，而是通过"指经手挂"的方式，先将经纱整理好，用手指一根隔一根地挑起经纱，穿入纬纱。这种方法效率很低，但织出的织物孔隙较大，长度和宽度都很有限。之后，人们逐渐发明了各种简单的织造工具以替代纯手工操作，其中最为典型、使用范围最广的便是原始腰机。原始腰机是世界上最古老构造最简单的织机，我国早在新石器时代就已经开始使用。它没有机架和机台，仅由几根棍棒组成，但已经具备了最基本的纺织织造功能，包括上下开启织口、左右穿引纬纱、前后打紧纬纱三项主要功能，展示了编制织物的基本原理，与编织技术相比，是一大飞跃。原始腰机的出现，实现了经纬纱的纵横交织，并可制成布帛，从而使人类告别了草衣木食的蒙昧时代，进入了使用纺织品的文明时代。

在使用原始腰机织造时，织工席地而坐，用腰带将卷布轴固定在腹前，双脚蹬住绕经纱棍，依靠腰部力量来控制经线张力的大小。腰机因其操作简单，在一些少数民族地区被沿用至今。

腰机的缺点在于，织作时，织工需一只手不断提综，大大限制了织造的效率。大约在春秋战国时期，出现了改进的斜织机。与腰机相比，斜织机已经具备了机架，且经面和水平的机座呈50°-60°倾斜，应用杠杆原理，用两块脚踏板分别带动两片线综。这样，织工就可以用脚来控制综框的升降，将双手解放出来，用于引纬和打纬，从而大大地提高了织造效率。

然而，综蹑的出现并不能解决所有问题。为了织出组织结构更为复杂的织物，需要将经纱分成更多的组，由一个综框控制一组经纱，因而多组经纱就需要多个综框，相应也就需要多个蹑。两片综框可以织出平纹织物，三至四片综框便可织出斜纹织物，而五片以上的综框则可以织出组织结构更为复杂的织物。由此，织机综和蹑的数量逐渐增加，到了西汉时便出现了多综多蹑织机。

随着综蹑数量的不断增加，综框的数量受到了织机空间的限制，而太多的蹑又不利于织工的操作，于是人们逐渐改用一组组丝线牵提经纱的方式代替了综框的使用。这种织机是由两人协同操作，一人居下，负责引纬和打纬，另一人坐于数米高的织机上端，按编织程序，牵提或垂放经纱。这样的织机通常用于织造组织结构、纹样复杂的织物，故称提花机，又因具备了花楼这一构建，故又被称为花楼机。

3.织物的染料

古代，人们在织物上染色，主要使用的是天然色料。天然色料包括矿物色料、植物色料和动物色料。苯胺紫的发明标志着纺织品染色将进入化学染色的时代。化学色料传入我国。

矿物色料：矿物色料的使用历史最为悠久，最早可能出现在新石器时代。在秦代以前，出现了不少矿物色料。到了汉代，色彩的品种更加齐全。虽然矿物色料已经能够染五色，但是随着性能更为优良的植物色料逐渐被人们认识，除了朱砂，其他矿物色料在汉代的使用已经很少见。此后，植物色料完全取代了矿物色料，被用于织物的染色。

植物色料：染色植物在古代被称为染草，因而该染色方法也叫作植物染。植物染就是采用植物的根、茎、叶、花、果等为原料进行染色。在周代，宫廷里设有专门掌管染草的官职；到了秦汉，植物色料的品种涵盖了各种基本色谱。植物色料的开发和应用至明清到达巅峰，染色植物有数十种之多。

动物色料：天然色料中还有一小部分来自动物，如胭脂虫、骨螺、五倍子等，其中最为著名的是骨螺。《战国策》中记载"齐紫败素也，其价十倍"。这里的"齐紫"即骨螺所染的"帝王紫"。

4.媒染剂

媒染剂在植物色料所含的染色工艺中起着重要的作用，它不仅可以改变染后颜色的色相、饱和度、明亮度，还可以提高色牢度，同时也能满足人们对丰富多彩的颜色的需求。

某些植物色料的天然色素在水中有较好的溶解性，能够直接吸附于植物纤维上，但由于其水溶性好，色牢度通常较差，因此需要采用含有金属离子的媒染剂，使色料在金属离子的作用下络合于织物纤维上。根据染色与使用媒染剂顺序的不同，媒染法可以分为预媒法、同媒法和后媒法。预媒法是采用媒染剂使金属离子与织物纤维预先结合，再将织物浸入染液上染；同媒法则是将织物在色料与媒染剂的同浴中完成色素的上染和络合；后媒法则是先将织物在色料中染色，待上染后加入媒染剂进行络合反应。古代常用的媒染剂主要有含铝盐的明矾、白矾，或是含有铁盐的绿矾、青矾等。植物色料通过媒染，可染出丰富的色彩，而套染的织物再经媒染，可以获得更为丰富的色谱。

我国古代很早就出现了媒染工艺，而大量出土实物又可以加以佐证。据《天工开物》记载，苏木与青矾媒染可得紫色，与明矾媒染可得枣褐色；槐花与青矾媒染可得油绿色。《多能鄙事》中也记载了相关的媒染工艺，如苏木用白矾媒染得深红色；苏木、槐花套染，加白矾染得姜黄色；苏木与紫草套染，加白矾媒染得肉红色等。

5.胶黏剂

根据古文献的记载，我国古代所使用的胶黏剂主要是一些天然的有机化合物，如植物胶、鸡蛋（蛋清）、动物胶（皮胶、动物血液、骨胶）等。对于矿物染料染色的织物，胶结材料都是制作过程中不可或缺的一部分，胶黏剂的流失会使得矿物颗粒与纺织品分离、脱落，导致织物的褪色。

第四节 陶瓷砖瓦类文物

一、陶器的分类、化学成分及烧制工艺

1.陶器的分类

陶器的种类繁多，可按表面装饰、质地和颜色进行分类。

按表面装饰可分为：素面陶、彩陶和彩绘陶；按质地可分为：细泥陶和夹砂陶；按颜色又可分为：黑陶、灰陶、红陶和白陶。

以彩绘陶为例，考古发掘出土的陶器中，有一部分带有彩绘，被称为彩绘陶。古人利用天然矿物颜料，调入动植物胶，绘制在已烧制的陶器上，创造出了色彩绚丽的彩绘陶。

而彩陶则是在打磨光滑的橙红色陶坯上，以天然的矿物质颜料进行描绘，然后入窑烧制，形成器物造型高度统一的纹样，达到装饰美化的效果。

经分析可知，所使用颜料的成分主要为：红色：辰砂、朱砂、铅丹；褐色：赭石；白色：铅白、高岭土；黑色：碳。

2.陶器的化学成分

陶器是由经过淘洗和沉淀后的黏土烧制而成的。一般认为，古人是利用河流自然淘洗、沉淀的黏土来制作陶器。黏土实质上是岩石风化的产物，由石英，长石及金属矿物按不同比例组成。因不同地方的黏土，各种成分的比例不同，所以烧制出来的陶器在颜色、质地上带有地方特色。陶土的基本成分有硅、铝、铁、钙、钾、钠、锰等元素。古人烧制陶器所用的黏土，虽都经河流淘洗和沉淀，但其成分并不纯，组分含量也不完全相同，含有一定量的矿物质，甚至还含有一些有机成分（动植物腐败物），石英和长石的颗粒大小也不均匀。

3.陶器的烧制温度

陶器的烧制温度比较低，一般为800-1000℃。在此温度下，石英、长石熔融，黏土中的有机物被氧化，生成 CO_2 逸出，因此陶器的结构不致密、多孔隙，比较容易破碎。

二、瓷器的分类、化学成分及烧制工艺

1.瓷器的分类

瓷器的种类繁多，可按材质、工艺、特征、窑口等进行分类：按材质可分为：白瓷、骨瓷、

玉瓷等；按工艺可分为：釉下彩、釉上彩、金彩、粉彩、釉面开片、冰裂纹等；按特征可分为：青白瓷、甜白瓷、薄胎瓷、绞胎瓷、绞釉瓷、秘色瓷等；按窑口可分为：官窑瓷和民窑瓷；按窑口产地细分为：龙泉瓷、德化瓷、景德镇瓷等。

以釉上彩和釉下彩为例，釉上彩是运用各种彩料在已烧成的瓷器釉面上绘制纹饰，然后二次入窑，低温固化彩料制成；而釉下彩是用色料在已成型并晾干的素坯上绘制纹饰，然后罩以白色透明釉或浅色面釉，一次烧成。

2.瓷胎的化学成分

瓷胎的原料是以高岭土、石英、长石混合而成的特殊黏土。高岭土是由长石经过钾、钠、钙、铁等元素的流失和水的变化而形成的，其熔融点为1780℃。纯粹的高岭土有丝绢般的光泽，但存量很少，其黏度比黏土小。石英的化学成分是纯粹的 SiO_2，1 730℃时开始熔融。长石根据含钠、钾、钙氧化物的不同，又可分为钾长石、钠长石和钙长石，他们的熔融点分别为1200℃、1122℃、1550℃。

3.釉彩的化学成分

瓷器不同于陶器的最大特征是有釉彩。所谓的釉，实为硅酸盐，也就是玻璃。釉与瓷器胎体之间有一个中间层，这是釉在熔融时与胎体发生作用的结果，釉层厚度虽然只有胎体的1%-3%，但已在很大程度上改变了胎体的稳定性、介电性和化学稳定性。釉彩主体的硅酸主要来自草木灰和长石，其中草木灰的硅酸含量更高。

4.瓷器的烧制温度

瓷器的烧制温度较陶器更高。从前文可知，纯净的瓷器原料的熔融温度很高，在加入了石英、长石等助熔剂后，其熔点已降低，因而一般瓷器的烧制温度为1 200-1 500℃。在此温度下，胎体中的部分成分开始熔化，填充到胎体的孔隙中，高岭土、石英、氧化铝聚合，形成紧密的网状结构，质地坚硬，吸水性很低。其烧制过程与火成岩形成的过程非常相似，只是后者的形成温度更高，冷却凝固的时间更长。

三、砖瓦的化学成分及烧制工艺

瓦和瓦当的成分多为黄土，而砖的原料是砂质黏土或砂土。砖、瓦都是先将泥土用水调和制成泥坯，然后放入窑中用1000℃左右的高温烧制而成。高温使泥坯内部的颗粒之间由熔化的硅酸盐黏结，大大增强了砖、瓦的硬度。由于砖瓦和陶器都是以土用水调和成泥做成坯，再经烧制而成，所以砖、瓦所含的化学元素、构造与陶器类似，只是陶器选用的黏土含杂质较少，烧制成器后，孔隙较小，强度较砖、瓦更好。但由于陶胎较薄，土中的有机质在800-1 000℃的温度下会被氧化，产生CO_2气体逸出。因而，陶器孔隙虽较砖、瓦小，但与厚实的砖、瓦相比仍属多孔隙且结构不致密的易碎器物。

第五节 竹木漆器

馆藏竹木漆器文物包括竹器、木器、漆器三大类。竹、木器指以竹、木为基体材料制作而成的文物；漆器指以竹、木、皮、麻等为基体材料，且在其上髹以生漆制作而成的文物。

一、竹器

竹器以天然竹材为原料，经编制、锯制或斫制的方法制作而成。编制主要是指将天然竹材纵向劈成竹篾条，然后采取不同的编制方法制成。其成品主要有席、帘、网、筒、扇、篓、篮、筐、笾等。锯制和斫制就是采用天然粗竹筒或细竹管，经铜、铁锯锯制或用铜斧、锛之类斫制成器。成品主要有伞柄、毛笔杆、小竹简、排箫、横吹竹笛（或称篪）、相和笙之竹管等。因此，根据竹器制作方法的不同亦可分为两类，一类是编织物，一类是管形器物。

竹简是最为特殊的一种竹器，它是将文字、图像或其他各种特定的符号，写绘于事先加工过并用线绳或牛皮绳编连起来的竹片上的书籍形式。其加工过程是将青竹简蒸煮或用火烤，让其"发汗"脱水，这个过程称为"杀青"，以防止竹简变形和虫蛀，且便于书写。从考古发现的竹简来看，其产生年代主要是战国、秦汉、三国，最晚至西晋。

二、木器

木器是指利用天然木材，经过砍、削、雕、刻、黏结、榫卯等方法制作的俑、虎座鸟架鼓、镇墓兽、棺、椁、舟等器物。古人有意识地根据木材硬度将其加工成不同用途的木器，将较硬的木材加工成各种工具类（包括器柄）的木器，而较软的木材则加工成生活用具、纺织工具等。

木简牍同竹简牍一样，也是极为特殊的一种木器。

三、漆器

我国自新石器时代起已有漆器。新石器时代早期的漆器，目前已被发现多处，包括距今几千年的浙江河姆渡遗址出土的朱漆瓜棱碗和缠藤篾朱漆筒形器，以及距今约数千年的江苏常州圩墩马家滨文化遗址出土的漆筒形罐和喇叭形器。考古发现的新石器时代晚期漆器有所增多，主要有江苏吴江梅堰良渚文化遗址的黑漆陶罐、棕红色漆陶杯，浙江余杭瑶山良渚文化遗址的嵌玉高柄朱漆杯等，以及山西襄汾陶寺文化遗址的彩绘漆鼓、案、豆、俎等。

漆器主要由胎体、漆膜及装饰三个部分构成。黄大成将漆器的底胎比做人的身体，《髹饰录》中就有"质则人身"一说，杨明注"骨肉皮筋巧作神"。就一件木胎漆器而言，素胎只能说是胎骨，在其上褙布、铺麻是胎"筋"，刮漆灰是胎"肉"，涂漆是器"皮"，装饰乃是"穿衣"。由此来看，不论胎骨是木、竹、麻、皮、藤，抑或是陶、瓷、金属，一切涂饰生漆的器物皆可称为漆器。

1.胎体

漆器的胎体也称胎骨、坯胎、器骨，按材质主要可以分为以下几种：木质胎体：木胎漆器是指以木材来支撑器物外形的漆器，古代漆器文物中，木质胎骨占出土竹木漆器的大多数，根据木材不同的特征性质，古人将它们用于制作不同用途的器物。硬木，如梓木、楠木、栎木，用来制作棺、车、兵器、杆、案、镇墓兽等；软木，如杉木、泡桐、松木，用来制作杯、豆、奁、盂、盘、剑鞘、俑、鼎、虎座鸟架鼓等。

竹质胎体：古人对竹材的利用可分为原竹利用和加工利用两类。原竹利用主要有伞柄、笛、箫、笙等；加工利用主要有席、扇、笥、筬等。

夹纻胎体：夹纻胎是在春秋时期"棬素"工艺的基础上发展而来的。在长沙战国中期楚国左家塘三号墓的发掘过程中，出土了黑漆杯及彩绘羽觞，即为夹纻胎。由此说明，至少在战国时期，我国就已出现了夹纻胎漆器。经过长期的实践与改进，这种新的胚骨工艺终于在西汉达到成熟。东汉以后，佛教渐兴，常用夹纻胎技术来制造佛像。

其他胎体：在考古发掘品中，木胎漆器占绝大多数，其次是夹纻胎漆器，其他胎体数量相对较少，但种类较多。例如，陶胎的壶、舫、盒、鼎，皮胎的盾、奁、甲胄，还有篾胎、窑胎、金属胎、藤胎和以复合材料为胎骨的漆器。

2.漆膜

漆膜是指在基体材料上髹以生漆后形成的一层或多层薄膜，俗称"漆皮"。其制作材料主要包括生漆、漆灰层和颜料。

生漆：又称"国漆"或"大漆"，是从漆树上采割的乳白色胶状液体，接触空气后变为褐色，具有耐腐、耐磨、耐酸、耐热、隔水等特性，且富有光泽。将其涂在器物上，不仅可以起到保护器物的作用，还可以起到美化器物的作用，同时亦可在制作器物时作为黏合剂。

漆灰层：漆灰层对竹木漆器的制造至关重要。由于加入的材料不同，形成的漆灰性能不同，其功能用途也不同，因而可以对漆器产生不同的效果。漆灰按成分可以分为角灰漆、骨灰漆、蛤灰漆、石灰漆和砖灰漆等；按功能可以分为粗漆灰（用于底层）、中漆灰（用于中间层）和细漆灰等。

颜料：分为矿物颜料和植物颜料两大类。用于调制色漆的常见品种主要有：白色（铅白或锌白等）、黑色（烟煤）、红色（朱砂、赭石、氧化铁红等）及石青（蓝铜矿）等。

3.装饰材料

漆器装饰主要为金银、螺钿、宝石类装饰物，还有一些比较常见的装饰物，如珊瑚、琥珀、玛瑙、玉、玳瑁、象牙、犀角等。这些装饰物通过填嵌、戗划、描饰等工艺装饰于漆器文物的表面。

第六节 壁画文物

壁画是墙壁上的艺术，即人们直接在墙面上做的画。作为建筑物的附属部分，其具有装饰和美化功能。壁画是人类历史上早期的绘画形式之一，是人类社会活动中遗留下来的具有历史、艺术和科学价值的珍贵文化遗产，是历代先人智慧的结晶，是人类宝贵的文化财富。

一、壁画的结构

壁画由支撑体、地仗层、底色层和颜料层四部分组成。

支撑体是指壁画的承载体，其稳定性会直接影响壁画的保存状况，常见的类型有自然土墙壁、砖墙壁、岩石墙壁等。

地仗层是指支撑体表面人为加工处理的层面。使用地仗层的目的是把不平整的支撑体表面抹平，以便绘画。常见的地仗层类型包括泥沙土地仗层、麦草泥地仗层、麦草泥+白灰地仗层等。地仗层的结构和所用的材料会直接影响壁画的保存状况，也制约了壁画揭取前的预处理方法、保护揭取技术以及后续修复和保护材料的选取。

底色层是指通过在地仗层上涂抹白灰泥或掺有麻类植物纤维的白灰，而形成的白色涂层。颜料层，也称绘画层，主要由壁画的底色和绘制的画面构成。

二、壁画的绘制

古时的壁画大多以绘画的形式直接在壁面上进行创作。干壁画是在经粗泥、细泥、石灰浆处理后的干燥墙面上绘制；湿壁画则是待基底半干时后，以清石灰水调和颜料绘制，须一次完成，因而难度较大；蛋彩画是采用以蛋黄或蛋清为主要调和剂的水溶颜料，在干壁上作画，其画面不透明、易干、且具有坚硬感。

石窟壁画、墓葬壁画和建筑壁画的画面绘制方法大致相同。早期的壁画是使用土红纵横弹线定位，徒手绘制而成。唐晚期则是采用"针扎粉本"和"朽画法"绘制壁画。所谓的"针扎粉本"是指，用针按画稿墨线密刺小孔，然后把粉扑在墙壁上，依粉点作画；而"朽画法"则是用附着力不强的木炭在画壁上起稿，经修订后直接用墨线描出画面。另一种方法是在画稿背面用木炭或者土红粉沿着画面线条粗描后，再置于墙面上，用硬笔正面描线，画稿即刻呈现于壁面，然后用土红线或墨线勾勒。

三、壁画主要病害类型及其成因

古代壁画的病害，依据其活跃程度可以分为活动性与非活动性两类。活动性病害是指病害已经存在，并将长期存在，还会在此基础上继续发生劣变，造成更为严重或者更为复杂的病害，如酥碱；而非活动性病害是指已经出现但将长期处于相对稳定状态的病害，在未受到外力作用的情况下不会发展成更为严重的病害，如颜料层脱落、部分壁画起甲、划痕等。

酥碱是最为活跃的壁画病害，也可以算作是其他病害的根源之一。壁画制作成分中包含有可溶性盐，其在空气中所含水分的参与下可以移动到壁画结构中的颜料层下层、地仗层及支撑体中，并随着水分的蒸发而结晶富集，产生酥碱现象。并且只要有水分经过、蒸发，这部分可溶性盐将一直处于溶解、结晶、再溶解、再结晶的动态循环之中。长此以往，会破坏壁画稳定的胶结结构，产生颜料层脱落、空鼓、起甲、地仗层酥化等病害。因此，酥碱病害产生的主要诱因，即空气中温湿度的频繁变化导致的可溶性盐溶解。

地仗层脱落、产生裂隙或空鼓变形等可直接影响壁画结构稳定性的病害，可称为结构性病害，其主要成因在于墙体沉降、盐分堆积；颜料层脱落、龟裂、起甲和壁画表面长期覆盖有泥土等脏污成分会造成壁画图像内容的缺失，影响壁画的美观性和完整性，这类问题可称为颜料性病害。

颜料层中所用胶结材料的老化或比例失当、温湿度不平衡和雨水渗漏等是其产生的主要原因。另外，以褪色、变色为主的线条类病害是由光照、风化等因素造成的。

第七节 油画文物

油画材料包括基底材料、颜料和媒介材料三大类，这些材料的物理特性决定了其技法表现力的丰富和多变，其几乎涵盖了所有其他绘画材料的技法表现手段。

一、基底材料

油画的基底材料分为基础材料和底子材料。基础材料也叫支撑物，是一幅油画中极为重要的结构要素，通常根据材料性质的不同，基础材料可以分为硬支撑和软支撑两种；根据结构的不同，可以分为单一支撑和复合支撑；而根据所起物理作用的不同，支撑方式又可以分为间接支撑和直接支撑。底子材料则由底子胶（也叫浆底）和底子填料组成。

1.支撑物

硬支撑包括实木板、胶合板、纤维板、纸板、玻璃板和金属板等。实木板作为支撑材料，具有密实、坚硬、耐磨损、耐压和表面平整细腻等优点，但同时也具有较重、易于弯曲变形、易开裂、易吸水受潮、易被昆虫及真菌侵蚀等缺点，古代油画大师常选取意大利的杨木和北欧的橡木来制作油画的支撑材料。

相较于硬支撑物而言，软支撑物具有轻巧、便于搬运以及适用于大幅作品的优点这也是织物在油画历史上逐渐取代实木等硬支撑物作为主要支撑材料的原因。支撑所用的织物可分为自然纤维织物和人造纤维织物，两者在物理和化学属性上有很大差别。

自然纤维织物包括亚麻布、棉布（帆布）、动物纤维（丝、毛等）、混纺织物（亚麻、棉或化纤等混纺或交织制成）等。

合成纤维包括以尼龙或涤纶为主的合成纤维织物。合成纤维与自然纤维相比更为稳定，其收缩率小、强度高、重量轻，且更抗水、抗腐蚀。此外，合成纤维还具有寿命长和成本低的优点，但颜色和肌理与传统天然织物不同是合成纤维的缺点。

2.底子材料

无论是软支撑物还是硬支撑物，一般都具有吸收性过强的表面，若直接涂以油画颜料则会很难控制。此外，干性油与支撑物的直接接触会导致支撑物纤维的脆化，从而影响油画作品的寿命，因而需要使用底子材料。底子材料可以分为浆底和底子填料。

浆底在油画中主要起以下几个作用：一是隔离作用，将画底和颜料中的油与支撑物的纤维隔离开来，以避免因油对植物和纸纤维的腐蚀作用，而造成织物和纸的过早老化；二是浆底可以降低支撑物的吸收性，以免画底或颜料中的结合剂被过度吸收，造成粉化；三是浆底在干燥后能使织物收缩，使绷在内框上的画布结构更加致密稳定；四是浆底具有渗透性，不会在支撑物的表面结成光滑的膜，因而不会妨碍支撑物与画底层或绘画层的结合。

常用的浆底材料有皮胶、骨胶、鱼胶、聚丙烯、聚乙烯、白乳胶、聚乙烯醇缩甲醛、甲基纤维素等。

填料是一种惰性色料，属于体质材料，性能稳定，但是遮盖力较弱，在油中呈半透明状，要加入不透明的色料才能提升画底的遮盖力或亮度。

填料在画底配制中的主要作用是形成画底的厚度和骨架，填塞支撑物的微孔，提升画底的吸收性能，使画底涂层易于打磨，从而提高水性媒介画底的遮盖力。常用的画底填料多为碱土金属盐类材料，主要有白垩（碳酸钙）、石膏粉、立德粉（锌钡白）、滑石、硫酸钡等，其中石膏粉和白垩粉是欧洲传统油画的主要画底填料。

二、颜料

油画的颜料层主要由油画颜料或颜料混合不同成分的媒介剂构成。颜料主要由色料和结合剂构成，油画颜料的结合剂为干性油，另外填加少量溶剂和辅助材料（填充料、增塑剂和催干剂）。

色料指的是用于制作颜料的、细小的粉末状有色颗粒，尺寸和形状各不相同。色料不会被水、油或树脂溶剂之类的载色剂溶解，而是会被载色剂包裹，并悬浮于载色剂中，形成颜料中的固体。载色剂是指颜料中的所有液体，包括结合剂、溶剂和液体添加剂。色料根据其化学构成可分为有机色料和无机色料，再依据其来源可分为天然色料和人工合成色料。

因此，颜料可以被分为天然无机色料（天然赭石、天然群青和绿土等）、合成无机色料（镉黄、氧化锌等）天然有机色料（茜草根、巴西木、胭脂虫、茜素红、象牙黑和靛青等）和合成有机色料。

常用的络合剂有亚麻仁油、罂粟油、核桃油（胡桃油）、红花油等。

三、媒介材料

媒介剂是指一种可以添加到颜料中，以提升其可操作性而不降低其黏性或成膜性的液体。在使用颜料时，媒介剂有助于提升颜料的性能和视觉效果，并加强画家对颜料的操控性（包括稀释、增厚、增加透明度或光亮度，以及调节干燥速度等）。

媒介剂按其成分主要可以分为干性油、树脂、醇酸树脂和挥发性溶剂等材料。常用的媒介剂有各种亚麻油（精炼亚麻油和冷榨亚麻油）、核桃油、罂粟油、达玛树脂、玛蒂树脂、琥珀树脂、丙烯树脂、威尼斯树脂及蜡等。

常用的稀释剂有松节油、石油溶剂油（矿物精油、油漆稀释剂、白精油）、甲苯、二甲苯等。

第三章　我国文物建筑保护修复方法与技术

结合人类建筑的长期发展史而言，可以发现在其中融聚了人类的聪明才智。在我国各类古典建筑之中都彰显出极高的艺术成就，同时也具有很好的科研价值，为世界建筑的发展提供了充足的素材。时间的持续推移让文物建筑受到了来自自然和人为因素的诸多干扰，使其已经逐渐失去了原有的风采，其中的建筑文化内涵也日渐丧失。为此，需要积极展开对于文物建筑的保护和修复工作。

第一节　文物建筑保护修复设计的主要内容与步骤

一、文物建筑保护修复设计的特点

文物建筑属于不可移动文物的范畴，在我国通过确定为文物保护单位的办法，在原地加以保护。文物建筑是历史的见证，同时也具有艺术、科学等价值。对于文物建筑的保护修复必须科学严谨。

1.前期调研工作的重要性

系统和科学地前期调查研究是制定保护措施和修复方案的基础。目前，国内的文物建筑保护修复工作中对前期调研工作还缺乏足够的重视，导致了不合理的修复方案甚至是最终对文物建筑的严重破坏。而国外对于文物建筑的前期调研工作已经相对成熟和完善，调查的内容和方法也比较系统。文物建筑作为已经存在的实物，其中涵盖了大量原始及真实的历史信息。前期调研工作就是要了解和掌握这些历史信息，以达到有针对性地对病害成因进行分析和制定相应的修复方案，实现对文物建筑最完整的保护。

2.保护为主

"保护为主"是文物建筑保护工作方针的核心，也是文物建筑保护的重要理念之一。保护包括文物建筑本体及其原生环境，必须最大限度地尊重历史原貌和保留历史信息。保护修复设计不是对文物建筑进行重新设计，也不是古建筑设计。而是通过保护修复设计，遵循保护修复的原则，采取合理的修复措施和修复技术手段，解决文物建筑存在的问题。保护修复设计并非要通过方案产生新的建筑形象，更加强调的是对文物建筑原有的、真实的状态的维持和延续。但保护修复方案的制定，不是简单机械的过程，而是有技术针对性的保护过程，要实现保护修复作用与文物建筑之间的平衡关系。

3.多学科的交叉运用

文物建筑的保护涉及的专业领域有历史考古、文物修复、环境监控和灾害防治等多方面。不同信息的收集、分析、整合与叠加使得历史信息能够更加完整充分的展现。文物建筑保护修复的前期调查研究工作中，就需要运用考古学和历史学的方法对历史信息进行收集和分析，完成对文物建筑本体的调查则要使用测量学的方法。在修复设计及实际的修复过程中，必须对修复的技术措施和具体使用的修复材料的性能有充分的了解和认识，才能保证文物建筑修复的质量。

4.真实展示和合理利用

目前，文物建筑的保护模式大多数仅就建筑本体进行维修的设计和管理。使设计、修缮、保护、展览等各方面脱节，忽视了建筑本体与室内环境及文物、外部的相关环境的关系。阻碍了对文物建筑及其所有历史信息的全面了解。展示要保证文物建筑的原真性，体现文物建筑具有的价值和文化意义，通过展示使公众认识、了解和体验文物建筑。利用同样是有助于人们对文物建筑价值和文化意义进行了解的活动。展示是利用的前提和基础，只有对文物建筑最真实的展示，才能涉及对文物建筑的利用，赋予其使用功能。合理的利用和展示，是遗产地和博物馆建设所肩负的双重责任。

5.设计在保护修复中的过程参与

文物建筑保护修复设计不以设计图纸及文本的完成为终止，而要继续参与到具体的保护修复工程中。因为在图纸设计时，对于文物建筑的现状情况及问题可能没有完全掌握，需要再进一步的实际工程中，明确一些稍微了解的情况，处理新发现的问题，并对图纸及相应的保护修复措施和技术手段进行调整、修改。这是文物建筑保护修复设计与现代建筑设计不同的特点。现代建筑设计图纸的工程完成度相对较高，而在施工过程中的修改也需要经过严格的审查，因此，在文物建筑保护修复中，图纸的修改需要结合文物建筑的特点，制定相应的法律和制度进行规范。

6.修复设计成果自身的价值

文物建筑保护修复设计对于文物建筑及其周围环境进行了详细调查研究，在此基础_上又对文物建筑进行了保护设计。其中的保护信息将作为重要的历史资料，在今后的保护工作中得以延续，对文物建筑继续进行更完善、合理的保护具有参考价值。文物建筑保护修复设计成果同样也是推进文化遗产保护工作的重要实践经验总结，通过对其中有益的保护方式进行推广和交流，将有助于文物建筑保护修复设计工作水平的提高。因此，对文物建筑保护修复设计成果的保存也是非常重要的。

二、文物建筑保护修复的主要原则

文物建筑保护修复原则的提出，最根本的目的是对文物建筑进行明确的保护。根据文物建筑自身所具有的特点，规定了保护修复中基本原则和要求，是实现对文物建筑最大限度保护的基础。在《威尼斯宪章》中指出了："不论是自然中的整个居住群落，还是被大城市稠密区包围的局部的市中心、街区或建筑群，这些历史性城市和街区越来越面临着失去结构的完整性、凋敝和彻底破损的危险，这将导致它们所代表的城市价值和文明价值的丧失。"为了保护这些价值，宪章中提出了保护的原则和目标。《瓦莱塔原则》中也明确了"原则和策略是为了维护历史城镇及其环境的价值，以及融入我们时代的社会、文化和经济生活。这些干预措施必须确保对有形及无形的遗产价值，以及居民生活质量的尊重。"

（一）保护修复的基本原则

在文物建筑保护修复设计中，基本原则即真实性原则是必须遵循的，真实性原则体现了文物建筑保护思想的核心。文物建筑所具有的价值必须得到最真实的保护。真实性原则也是其他原则的基础，都是以维护文物建筑的真实性为准则的。

在《威尼斯宪章》中，第一次提出了"真实性"原则。"与历史性城市及区域的历史真实性有关的价值和一切决定它的面貌的物质因素都应该保存"。在西方"真实性原则"是建筑遗产保护修复观念与方法的核心。随着人们对建筑遗产价值新的认识和对遗产功能新的需求，对于原真性的认识也在不断地发展。其中"背景与文脉、功能与使用、形式与设计、传统工艺与技术、材料与实体的真实性"作为原真性的核心内容，成为评判遗产价值与遗产保护修复合理性的基本要求。对原真性原则的运用有必要结合各地区、各民族的传统建筑体系在材料、结构、工艺技术方面的特性，尊重文化情感需求方面的本土价值观特点，在具体操作方法上找到适宜的表达方式一在观念和技术两个层面都需要做到本土化。

背景与文脉的真实性要求对文物建筑的保护除了建筑物质实体以外，还要保护其周边环境的真实性。即保存其在历史上形成的环境，包括原有的建筑组群关系和古树名木等绿化环境。我国的传统建筑的营造充分考虑了与周围自然环境因素的关系，在建筑的整体布局以及和周边建筑的关系方面有尊崇"礼制"思想，环境与建筑本体一起才能构成完整的遗产真实性价值。

功能与使用的真实性要求尽可能维持建筑原有的使用功能，这有益于对建筑的社会及历史背景有更充分的理解。但是随着时代的变迁，某些建筑的原有功能已不复存在，在这种情况下应合理设置新的使用功能，需要充分考虑建筑的结构及空间的承载能力；符合原有功能的历史意义；符合城市当前文化发展的需求。所以对文物建筑的简单保存是不够的，还要做到合理、有效地利用建筑的文化价值资源。

建筑本体的真实性与"不改变文物原状"原则，结合我国目前的保护实践主要包括三种情况：一是将"原状"之"原"理解为"原始、原初"，即建筑最初建造的状态，以此作为"形式与设计、工艺与技术、材料与实体"的历史真实状态。强调了建筑的艺术价值，针对"特别具有建筑艺术价值和史料价值"的古迹可以运用，基本原则是原状情况明确，恢复原状意义特别重大。二是针对历史上曾经多次维修甚至重建的文物古迹，以建筑的某个特定历史时期的建筑形态为依据，不刻意探究最初的形态。着重于对建筑形制的鉴定，强调对特定历史阶段建筑法式特征的保护。三是将现状作为建筑"原状"考虑，对建筑现状特征以及现状中所表达出来所有历史信息和氛围予以肯定，这与西方对于"原真性"的界定更加接近。要求运用具体的保护技术与方法保持建筑现状形态。

保护现存实物原状与历史信息。修复应当以现存的有价值的实物为主要依据，并且必须保存重要事件和重要人物遗留的痕迹。一切技术措施应当不妨碍再次对原物进行保护处理；经过处理的部分要和原物或前一次处理的部分既相协调，又可识别。所有修复的部分都应有详细的记录档案和永久的年代标志。

（二）保护修复的派生原则

在真实性原则的基础上，保护修复原则的概念得到了发展和完善。针对具体的保护修复措施和修复技术的使用，又提出了相应的保护原则对干预措施进行规范。保证了对文物建筑进行科学合理的保护修复。

1.可识别性原则

凡在修缮文物建筑时候替换和补缺上去的构件和材料，甚至比较大的局部，都要在材质上、工艺上或形式上与原来保存下来的有所区别。可识别性与原真性紧密联系，任何新增的构件、做法，既要保留时代的特征，又不能完全刻意地模仿甚至混淆新老构件。

可识别性原则的主要目的是维护建筑遗产的历史真实性原则，避免在修复过程中后加的措施改变或掩盖原来的历史信息，所以任何不可避免的添加和更换都必须与建筑的现状构成有所区别。

在具体措施上，通常采用"差异法"获得实现。即通过材料、质感、色彩、工艺等方面的新旧区别达到新与旧均可被识别。为了符合传统的工艺特征和文化审美习惯，并且保护遗产的形象不被破坏，可识别性原则应该是既与历史有所区别，又能比较隐蔽含蓄地表达。

我国在修复方法与技术手段上与西方采用的"差异法"有较大的差别，导致了一些做法不能得到全面的推广和认可，甚至造成审美观念的争论。可识别性原则在保护的根本目的上，与我国不改变文物原状的保护原则是相一致的；是保护修复的基本原则，具有科学性。但必须结合我国木结构建筑体系的工艺特征和文化审美的地域差异进行，探讨具体技术措施及保护效果。修复过程和构件更换不是必须以明显的不同作为可识别性的。历史进程中自然形成的差异与人为的差异是有区别的，不断在修复中产生明显的差异，最终将会破坏文物建筑的形象。

可以使用"隐性差异法"和"细微差异法"体现在我国传统建筑的木结构体系中。隐性差异法包括内在材质的差异，不直接体现在表面的，可与原材料有所差异以达到可识别性；以及在更换构件上做出标记，达到表示差异的目的，标记要尽量隐蔽；还可以通过不同的构造技术和工艺做法体现不同时代的特征，来实现可识别性；通过详细的档案文件记录修复过程中的信息，也可以作为可识别性的依据。"细微差异法"则可以通过人为的处理手段将新材料做旧，以达到缩小新旧材料差异的目的；或直接利用自然力对于新旧构件的不同作用力，产生差异对比。这些做法在体现可识别性原则的同时，也能保证文物建筑的完整性。

2.可逆性原则

在《建筑遗产分析、保护与修复原则》中，通用标准第 7 条中指出："干预的可行性及对建筑遗产可能的损坏不能确定时，任何干预措施都不能进行，为了避免即将毁坏的结构，采取紧急保护措施是必要的。这些措施对于构件的修复应该是具有可逆性的。"

在特殊的条件下，由于当时当地的技术条件所限，有些可能只是临时性的加固措施。因此要求所有的修补及增添措施和相关的构件技术方法，不仅是非破坏性的，而且要使人一目了然，便于识别又易于恢复原状，为以后的进一步保护留有余地。材料的选用，应保证文物建筑的原有状态；为了防止损坏遗产的历史价值与艺术价值等，则必须采用可逆的保护材料进行修复。即在修缮过程中对于文物建筑的加固、连接构件和更替构件，都应该易于拆除并且不因拆除而损伤文物建筑的原有部分。

3.最小干预原则

"干预措施应根据安全目标进行设置，从而保证干预的最小化、安全性和耐久性以及对遗产价值的最小破坏。"这在《建筑遗产分析、保护与修复原则》国际文化遗产保护宪章中明确提出。

尽可能减少干预。凡是近期没有重大危险的部分，除日常保养外不应进行更多的干预。必须干预时，附加的手段只用在最必要部分，并减少到最低限度。采用的保护措施，应以延续现状，缓解损伤为主要目标。例如，山西应县释迦塔由于技术的限制和修复方案的可行性等问题，在保证对文物最小干预的前提下，塔身的保护采取了相对保守的措施，即维持文物现状；在技术及方案达到保护要求后，再采取进一步的修复措施。

4.原址保护的原则

原址保护能最大限度地保证文物建筑的原真性，由于不可抗拒的自然灾害因素或者是国家建设重大工程的需要，使迁建保护成为唯一有效的手段时，才能够原状迁建，异地保护。异地保护要经过依法地报批，获得批准后方可实施。例如三峡大坝的修建使得三峡库区内的水位上升，许多古镇及重要的文物建筑都将处于水位线以下，因此部分古镇及文物建筑采用了整体搬迁，异地重建的方式，云阳张飞庙在选址及前期的调查研究都做了大量的工作，最终迁建的环境选择的是与原有环境相似的位置，这是经过了研究和方案比较之后确定的。

5.修旧如旧的原则

一切修复行为必须以最大限度保存历史信息、历史氛围的原真性为目的。在西方，"修旧如旧"是对建筑遗产现状保护结果的形象描述。在我国以木结构为主的古建筑修缮工程中，传统工匠和大众认可的修缮方法可归纳为"修旧如新"，主要是指新材料来替换原有材料，并对表面重新粉刷，由于"修旧如新"对历史信息的完整造成了破坏。因此，如何突破传统技术的局限，使古建筑修复技术与我国传统的木结构体系相适应，是亟需解决的问题。梁思成先生曾经说过："文物建筑的保护，不是要它返老还童，而是要它延年益寿。"即减少干预、保存历史信息、维护历史氛围。砖石构件和主体木结构应做到"修旧如旧"，可通过内部加固，避免对外部形象的损坏，例如对木结构构件的加固，可以采用直接灌注加固剂、打木楔、加钢筋等方式。以及最大限度地保存文物建筑，尽量避免添加和拆除。容易损坏的材料在替换时，旧料可以使用的，予以充分利用；重新进行替换的，要采用原来的工艺和材质，并在新构件的隐蔽处标明更换时间，在图纸及影像资料上详细记录且存入档案。表面处理应该保证不对历史环境造成破坏。做到既与历史状况有所区别，又能和谐地融入历史氛围中。这也符合我国传统的建筑审美习惯和结构特点。

（三）保护修复原则的发展

随着文物建筑保护工作的开展，新的保护原则在国际的保护宪章中得到了明确和体现。保护原则所涵盖的范围更加广泛和细致。

1.完整性原则

"完整性"在国际文化遗产保护宪章中第一次提及是在《威尼斯宪章》中。《瓦莱塔原则》中，提出"代表城镇历史时期或发展阶段的任何一个部分，都是受保护的城市区域。包括纪念碑和真实的城市结构，这些建筑表达了受到保护区域的文化价值。保护也可能包括城市历史的发展以及支撑它的城市特色、宗教和社会功能。"

把单个的历史建筑放入整个历史街区中去考虑，建筑个体应与整个街区的历史风貌、历史环境相协调，所有建筑应在场所、设计、周边环境、建筑材料、工艺技术、情感、关联性等方面具有完整性。在园林或建筑组群的保护中，完整性就显得尤为重要。

2.安全性原则

《建筑遗产分析、保护与修复原则》指出："传统技术或新技术的选择权衡具体的情况并优先考虑那些具有最小干预和最符合遗产价值的技术，并满足安全性和耐久性的要求。"古建筑都有百年以上的历史，即使是石构件也不能完整如初，必定会有不同程度的风化。如果以完全恢复原状为原则，不但会花费大量的人力物力，还可能降低建筑的文化价值。因此，可以将建筑是否安全作为修缮原则之一。

三、保护修复设计的主要步骤

文物建筑保护修复设计已成为综合多学科知识，以考古与历史研究论证、过程参与为基本途径，将研究与技术相结合的建筑设计。保护修复设计的主要步骤包括：文物建筑调查研究与评估、制定保护措施、设计文本编制以及实施保护修复等阶段。

1.文物建筑调查研究与评估

调查研究分为：文物建筑基本情况的普查，文物建筑现状测绘的重点调查，文物建筑的考古和历史研究的专项调查，以及最后对调查研究成果的文献汇集。评估工作主要分为：现状评估和价值评估两个内容，需要结合调查研究成果对文物建筑进行科学严谨地评估。以指导下一步保护措施的制定以及完成修复设计。

2.制定保护措施

在遵循保护基本原则的情况下，根据调查研究与评估的结果，制定相应的保护修复措施、展示利用方案和具体的保护修复技术。必须要对文物建筑的真实情况有完整和清楚地认识，才能做到有针对性地制定对策。最终将体现在具体的保护修复设计中。

3.设计文本编制

设计文本的编制是对保护修复设计成果的展示，也是指导保护修复实施阶段的文件。编制过程及内容必须规范，真实体现保护的意图、措施及方法。文本编制过程中的错误和遗漏，都将对文物建筑保护修复过程造成严重影响。文本编制反映了文物建筑保护修复设计的技术性。

4.实施保护修复

保护修复实施过程中，对修复设计措施和技术的完成度要有保证，并完成对未查明部分的修复设计、修改现状情况与设计有误差的内容，完善文物建筑的保护修复设计。

第二节 文物建筑的调查研究与价值评估

一、文物建筑的调查研究

在《威尼斯宪章》中就提出了："历史性城市和地区的保护规划，应该是一项多学科的综合工作，必须先由考古、历史、建筑、技术和经济等各有关方面的专家进行必要的调查。"对调查研究工作的要求在《建筑分析、保护与修复原则》中也有反映："通常是一个多学科小组从网络调查和准备调查项目开始就进行合作的研究，以确定问题的类型和规模之间的关系。"

对文物建筑的历史和发展进行调查研究是保护修复中最先也是最重要的一步。这将需要两个步骤，包括：对建筑的详细调查以及对第二手资料进行背景研究。建筑本身是信息的第一手资料，再连同相关的文史资料例如相关的图书和档案。建筑作为信息资源是复杂的，比如建筑中存在历史比较久的以及经常调整的结构，或者是保存不完整的文化遗产比如破坏的遗址。

（一）历史与考古研究

在《考古遗产保护与管理宪章》中明确了："考古知识主要基于对考古遗产的科学调查研究。此种调查研究包括广泛的方法，从非破坏性的取样技术到全面发掘。收集考古遗产的资料不应更多地毁坏为保护或科学研究目的所需的考古证据，这是一项最重要的原则。因此，与全面发掘相比，非破坏性技术、空中的地面勘测、取样等方法应在尽可能的范围内加以鼓励。由于发掘总是意味着需要以失去其他资料甚至可能以毁坏整个遗址为代价来选择将要记录和保存的证据，因此只有在经过深思熟虑之后方可作出发掘的决定。发掘应该在遭受发展规划、土地用途改变、掠夺和自然蜕化的威胁的古迹和遗址上进行。作为例外情况，为了阐明研究问题或为了向民众展览而更有效地阐述古迹遗址，也可以对没有遭受威胁的遗址进行发掘。在这种情况下，发掘之前必须首先对遗址的重要性进行全面的科学评估。发掘应该是部分的，留一部分不受干扰，以便今后研究。"

对文物建筑以及相关资料进行的背景研究，需要通过考古学与历史学的研究方法进行。

1.研究目的与内容

对文物建筑的研究可以通过历史学和考古学来进行。在西方，考古学与建筑学有着密切的联系。建筑历史是历史学中的专项研究，即探究历史上建筑的发展，同样依赖于考古的成果。历史研究是将文物建筑所涵盖的意义严格地还原于历史，保证历史的唯一性和自在性。文物建筑以某一形式展现在历史存在的进程中，那么这种形式也将承载着文物建筑全部的存有意义和作用。形式即意义，历史学的任务就在于还原历史的形式。最可靠的方法就是对于历史资料的书写和叙述。建筑的历史要从建筑本身出发，从建筑的营造制度出发。历史学研究的内容包括：建筑历史沿革即起源、形成和演变，选址的决定因素；建筑的空间结构、总体布局及其成因；建筑物的类型及其社会文化意义；建筑的形制和艺术风格；建筑的施工方法及程序；年代鉴定和现状评估；建筑在某一地区、某一历史时期内的地位和意义。包括在文化史、民俗史、政治史、经济史、建筑史、科学史、教育史中任一方面；传统社会文化生活；历史进程中的问题。

建筑考古学的目的在于明晰建筑建造的历史信息和设计建造过程，对建筑各部分的构件进行断代，考证建筑产生及变化发展的状况和因素，充分研究建筑的技术特点。

建筑考古主要研究建筑的构造、形式和功能。构造是指组成建筑结构的材料，构成方式及结构性能。形式是建筑的外部体量和内部空间布局。结构、功能决定建筑形式，功能与形式紧密联系。

2.通过考古学方法进行研究

考古学的方法主要包括层位学、类型学两种。以及通过实物资料来了解历史原貌的方法。

（1）层位学的研究方法

层位学，即通常所称的地层学，但地层学的研究范围较广，这个概念首先是在地质学中出现的。由于沉积作用，地层的断面会出现按时间序列由低到高的排布，再根据岩层特性和所含成分进行地质年代的判断。考古学中对于层位学基本原理的应用，与地质学基本相同。而两者之间的不同在于地质学中的地层学，研究的目的是地球的形成历史，地层序列是在自然力的作用下由各种岩石形成的。考古层位学则是对于由人为力量作用的各个文化堆积的形成过程及原因的研究。

（2）类型学的研究方法

考古类型学主要是对遗迹和遗物的用途、建造方法和形制进行归类，根据形态的变化过程和差异程度，推断出发展演变的规律，并结合地层学进行断代，确定遗存的文化性质、社会生产和生活的关系等。对不同的文化遗存进行比较，还可以研究文化之间的继承和相互影响的关系。类型学是认识和了解古代遗存的重要手段，是将收集到的实物资料进行归纳、分析和研究的方法论。

类型学究竟是代表古代文化本身的分类还是考古学家强加的分类，在考古学界这个争论由来已久。一种观点认为通过仔细考察任何特定种类的人类遗物的特征分布，可以挑选出共存的一组特征。传统上，大多数的共存关系都是凭印象得到的，但是今天这些"印象"正逐步被统计分析所取代。支持者认为，既然这组特征在一起出现不是偶然的巧合，这种聚类就一定代表了这些古代遗物的制造者和使用者的选择和分类。由此"型"就反映了代表古代认知结构的主位分类。另一种观点认为主位分类太复杂，不可能是只通过类型学而获得的。只能是客位分类，因为人类遗物有很多特征，根据研究者对不同特征的注意，就相应地形成了大量不同的分类片段，并且这些都不过只是整个分类的一个随机的侧面而已。不同的型之间可以相互转换，其中一些遗物既可以放在这一型，也可放弃进行分类，他们认为分类是考古学家强加的，需要建立更多的客位分类，选择不同的标准对不同变异进行研究分类，对各种特征进行单独研究。

（二）文物建筑测绘调查

在《建筑遗产分析、保护与修复原则》的研究与评估第 7 条中指出："在采取结构性干预措施之前，首先要确定破坏和腐朽的原因，然后评估结构的安全水平。"文物建筑测绘调查就是通过对文物建筑的现状进行测绘，全面地了解和掌握文物建筑的破损情况及原因。为现状评估和进一步采取的干预措施提供详细、准确的资料。

文物建筑的调查必须是关于建造的细节信息。同时需要经过足够训练的从业者承担专家所建议的特别调查工作。这必须由适合的专业人才进行，工作的方式将包括以下方面：测绘：详细地绘制现存建筑及其构造；历史调查：这将区别于地面结构并且在某些情况下考古研究将促进条文规定的发展；图像记录：涉及专业摄影例如照片矫正或者摄影测量法。这是特别有用的相对于以前的工作的不同之处，因此可以帮助了解复杂的建筑发展过程；树木年代学：通过树木年轮的生长建立木材在建筑中使用的数据；涂料分析：油漆剥落用来分析油漆涂层并且通过在显微镜下，对样本进行检测得到油漆的颜色和组成成分；红外线检测：利用专门的仪器检测隐藏的结构；光学检测：利用专门的仪器，例如光学孔径检查仪和微型相机。

1.文物建筑测绘调查的现状

文物建筑测绘调查是文物建筑保护工程中最基础最重要的环节。勘察设计贯穿整个保护过程。测绘调查水平与质量的高低直接影响保护的效果。因此勘察工作必须科学、准确。但是，目前测绘调查仍存在许多不足，造成保护工程中的遗憾和失误。测绘调查的水平是一个亟待解决的问题。

（1）缺少针对性法规条例标准

文物建筑测绘调查应满足一般房屋质量检测的相关规范，还必须遵守国家的保护法律法规和地区性的保护法规。但在具体的法律法规中，针对文物建筑测绘调查，有的基本没有涉及，如《文物保护法》和《文物保护法实施条例》等；有的虽有涉及，但也缺乏细致全面、可操作性的条款，如《文物保护工程管理办法》对具体的勘察工作要求反映文物历史状况、固有特征和损害情况，但对勘察报告的深度和质量没有明确具体的要求。

《古建筑木结构维护与加固技术规范》作为文物建筑保护工程的国家标准，虽对木结构古建筑勘察提出了一定的要求，但规范中的有关规定仅适用于残损情况勘察，未涉及法式勘察的内容。因为缺少对法式勘察的论述，作为文物建筑勘察标准而言是不完整、不准确的；而木结构古建筑也仅是文物建筑类型的一部分。因此，对现阶段的文物建筑测绘调查而言，此规范不能成为通用的技术标准。

目前由于缺少针对文物建筑勘察的相关法规条例以及技术标准。勘察准则和技术标准的相对滞后，必然会对保护修缮设计埋下隐患。

文物建筑勘察工作中只重视残损勘察，将导致历史文化的信息流失；而只重视法式勘察，虽然保留了历史文化信息，文物建筑保护工程又可能缺乏科学、准确的实施依据，不能有效地保护文物建筑。

因此，针对现有法规应尽快增加相互关联、相互补充、相互制约的法规及规范标准，以满足文物建筑勘察的需求。

（2）文物建筑勘察不够深入细致

勘察设计经费不足是导致勘察结果质量不高的原因之一，文物建筑勘察设计没有专门的法定取费标准，主要参照现代建筑设计取费标准，与现代建筑勘察设计相比，文物建筑勘察设计在内容上有很大不同，文物建筑有残损情况勘察和法式勘察，结论包括详尽的勘察报告、实测图，这是保护修复工程的依据，这与现代建筑设计截然不同。那么，参照现代建筑勘察设计取费显然是不合理的。文物建筑勘察费用是从有限的设计费中拨出一部分，所以由于经费的不足，勘察设计单位会压缩勘察时间，减少开支，将主要精力放在内业设计上，勘察结果质量可想而知。另外，文物建筑勘察设计时间往往比较紧迫，导致勘察工作无暇顾及细节，内业设计缺乏分析、斟酌，勘察结果粗略或不详，这些问题都有可能造成文物建筑得不到有效保护。

文物建筑勘察的根本目的不仅局限于文物建筑的本体安全与稳定，更在于掌握文物现状信息与问题的前提下，按照文物保护的要求，合理制定保护修缮措施，延续其历史、艺术和科学价值。

在实际操作中，由于具备文物保护工程勘察设计资质的单位较少，且很多具备资质的单位也只从事设计工作而不从事勘察工作，因此很多文物建筑的勘察工作都由房屋质量检测部门开展，编制的成果报告并非"文物勘察报告"而是"房屋质量检测报告"，从内容的广度和深度上不能满足文物保护工程保护修缮设计的需求。

资金投入不足，导致对文物建筑残损、病害及原因缺乏深入勘察，简化为对文物建筑的时代、结构、构造特征进行法式勘察，而残损情况勘察含糊不清，保护方案出现缺项、漏项或主观臆想，欠缺深入性，势必导致难以做出有针对性的保护方案，达不到保护文物的要求深度，也直接影响文物保护工程的质量控制，偏离了有效的保护理念。

2.文物建筑测绘方法与作用

古建筑的勘查，可分为法式勘查和残损情况勘查两类。法式勘查，应对建筑物的时代特征、结构特征和构造特征进行勘查；残损情况勘查，应对建筑物的承重结构及其相关工程损坏残缺程度与原因进行勘查。

测绘的主要任务是查明文物建筑现状保存状态，包括建筑的承重结构、细部构造、原材料的特征及破损情况，因此需要两种勘察方法的结合，为保护工程提供基本依据。

（1）基本测绘的技术与方法

在文物建筑测绘中使用最多、最普遍的方法是手工测量，即使用钢卷尺、铅锤、水平尺等简单工具来测量建筑的基本尺寸。可以对造型简单、体量较小的建筑进行水平尺寸和竖向高度的测量，以及建筑细部构造尺寸等数据的测量工作。同时在图纸上进行记录，并拍摄照片。在实际的运用中，直角坐标法和距离交会法是常用的两种方法。手测方式具有操作简单、灵活等优点。并且测绘的精度也可以达到比较高的水准。通过手测还可以对建筑的实际情况有更深入和细致地了解。根据测绘的对象和目的的不同，手测方式的运用程度也会有所不同。

但同时这种方式也存在局限性，并且测绘态度的严谨与否与结果直接相关联。由于是直接测量，如果需要测量的数据比较多，这种方法就有测量点少、效率低等缺点。测量对象的尺度范围集中在50m以内。

在仪器设备不断更新的今天，尽管手测方式有诸多不足之处，但使用仪器测量结合手工测量却有着单独使用仪器所难以达到的效果。每一种测绘方法与技术都其优缺点，同时使用多种方法与技术可以充分利用各自的优势，避免其缺点。清代"样式雷"建筑图档反映出的建筑工程测量成就，特别是"平格"的运用，突出体现了传统测量技术的精髓。

在大足石马真原堂的测绘中，利用卷尺、皮尺等工具对建筑的各细部构造都做了详细地测量和记录，并结合拍摄的照片，对细部构造进行绘制。包括大经堂的柱头柱式、柱础、门窗、栏杆等；神父楼的门窗、檐口、细部花纹、铺地等。手工测绘能够比较真实的记录细部构造的尺寸，同时很好地控制其中的雕刻、纹样等。

建筑的高差则可以利用水准仪进行测量，其精度要比利用三角高程测量原理进行测量的全站仪要高，但能测量的数据较少。水准仪是高程测量的首选，尤其在控制测量里。水准仪主要用在对文物建筑场地的测量中。

在建筑测绘中最常用的仪器是手持式激光测距仪。既能准确、迅速的测量两点之间的距离。还可以利用自身的计算程序计算手工难以测到的两点间距离。测距仪能够测量手工测量难以确定的距离，但不能够完全取代手测。

在重庆江津区石蟆镇清源宫修缮设计的平面图、立面图、剖面图的测绘中，采取测距仪结合手工测量的方式，测得图纸中所需要的数据并完成绘制。主要是柱水平间距、穿枋竖向间距、门窗尺寸、层高、檐口高度等。

在测量角度时可以使用经纬仪，包括水平角和竖直角。在平面控制测量中，与钢尺结合可以进行导线测量，用经纬仪测量角度，而钢尺则用来测距。另一种常用的导线测量方法是将经纬仪与测距仪结合，用经纬仪测量角度，用架设在经纬仪上的光电测距仪测距。141 由于全站仪的出现，目前在古建筑测绘中已很少使用经纬仪。

是由电磁波测距仪、经纬仪以及软件控制组成的，即在经纬仪的基础上增加了电子测距的功能。全站仪能够方便、快捷、高精度地进行距离、角度、高程、坐标等测量。可以进行偏心测量、悬高测量、对边测量、面积计算等。古建筑测绘中经常用到无接触式全站仪，即测量过程中无需反射棱镜。

全站仪可在任意点放置，无需控制点、对中和定向，无需测量仪器高和棱镜高。在要测绘立面图的古建筑前最合适的位置架设仪器，平整仪器开机后设站。设站时测站点和定向点可输入假定平面坐标，仪器高也可输入假定值，将棱镜高设置为0，瞄准台明位置，直接进行坐标测量，记下台明的高程，然后修改棱镜高，将棱镜高改为测得的台明高程，再瞄准古建筑要测高度的特征点进行测量，仪器显示的高程即为其相对台明的高度，将测得的各位置高度标注在草图上。一测站如果不能测绘完成整个立面图，需在台明位置做标记，以便在下一测站可以瞄准同一位置。测量水平距离时，可以记录下全站仪测量某构件两端的平面坐标利用两点之间的距离公式计算。

新型全站仪还可与电子计算机联机作业，配合相应的测量软件，自动将电子全站仪测量数据传输到计算机中进行成图。测量的图形能够根据需要以多种形式和多种比例尺打印输出，还能够输入到地理信息系统中作为基本数据底图使用。还可以实现内外业一体化，增加了遥控功能。利用全站仪坐标法导线测量是平面控制测量的常用方法，控制测量是一切测量的基础。而对于一般测量现场来说全站仪也可以说是最理想的控制测量工具。此外碎步测量也可以利用全站仪进行，尤其是应用在总平面测绘和关键坐标点的确定。

（2）新的测绘技术与方法

GPS 在古建筑测绘中主要是用其静态测量来完成控制测量，碎步测量则是用 RTK（实时动态差分定位方法）来完成，得到点的 WG-84 坐标（一种 GPS 专用的协议坐标系）后通过点校正（点校正，就是通过已知点找出两种坐标系的关系）求得点的平面直角三维坐标。RKT 可以在不布设各级控制网的情况下，仅依据一定数量的基准控制点，便可高精度、快速地测定地形点和地物点的坐标，利用测图软件可以在野外测绘成电子地图然后通过计算机和绘图仪、打印机输出各种比例尺的图件。在古建筑调查、测绘、变形监测和修缮工程等方面越来越发挥传统测量无法比拟的作用。GPS 所测绘的数据在精度上较低，在广度上可以达到一般的水平。

古建筑的测绘环境一般都较复杂，故采用手工测绘，经纬仪等方式，费时费力，难度很大。激光三维扫描系统为获取空间信息提供了一种全新的技术手段。在古建筑测量的应用中则使传统的单点采集数据变为连续自动获取数据，极大地提高了测量的效率和精度。

三维激光扫描仪得到的向量摄影数据，能够直接进行空间测量，也可以通过点云建立立体模型。该技术的工作原理是通过高速微光扫描测量的方法，以被测对象的采样离散点集合一称之为："点云"的形式获取物体或地形表面的阵列式几何图像数据。将无合作目标激光测距仪与角度测量系统组合的自动化快速测量系统。可以快速、大量的采集空间点位信息，建立物体的三维摄像模型。它所采集的三维激光点云数据可进行各种后处理工作如测量、计盈、分析、监控等。

二、文物建筑的价值评估

（一）我国文物建筑价值评估

1.我国的文物建筑价值评估制度

目前我国文物建筑价值评估中，《文物保护法》是主要法律依据，还包括《文物保护法实施条例》《城市紫线管理办法》和《历史文化名城名镇名村保护条例》等行政法规，又以《中国文物古迹保护准则》作为专业指南与补充。以下分别就法规与专业准则两部分进行探讨。

（1）《文物保护法》与相关条例中的价值评估

对于保护法规中有关价值评估的部分，在《文物保护法》和《历史文化名城名镇名村保护条例》的相关规定中，目的在于评选各级文物保护单位和历史文化城镇，同时对相应的负责部门也做了规定，但对评估对象的概念表达存在缺陷，没有设立价值评估的标准、程序与内容；以及根据哪些评估标准将各类不可移动文物分为三个等级的文物保护单位，评价过程的具体步骤等，尚无相关具体的规定予以明确。故我国的文物建筑价值评估工作尚未形成制度。

在评估对象的界定方面，《文物保护法》总则中的第二条表述了文物定义，但未提及近年补充的"历史文化名城\街区\村镇"遗产类型，亦即其"文物"定义未包含"名城\街区\村镇"在内。在评估标准方面，第三条不可移动文物根据其历史、艺术、科学价值，可以分别确定为全国重点文物保护单位、省级和市县级文物保护单位，但没有进一步明确表述三种价值的内涵和据以评价的标准。

名城\街区\村镇的价值认定亦存在问题。首先，价值内涵的表述在《文物保护法》中有很大的局限，而后参考世界遗产保护公约关于"建筑群"的定义，《关于加强文化遗产保护的通知》中，将历史文化名城\街区\村镇的定义修改为"在建筑式样、分布均匀、与环境景色结合方面具有突出普遍价值"，"名城\街区\村镇"的概念范围相对于"建筑群"来说是较大的，对于前者应有的价值内涵这样的评估标准是不能精确把握的。对于名城\街区\村镇在《历史文化名城名镇名村保护条例》中有了较明确的评估标准表述。

"历史城镇和城镇中心"在世界遗产公约操作指南中，被列为特殊的遗产类型，包括：已无人居、尚有人居新城镇，我国的"名城\街区\村镇"对应的是"尚有人居"的历史城镇。在解释价值评估标准时该指南强调了，对于城市历史中心而言，不能只因为过去的地位或者作为历史象征的价值而被评为文化遗产，必须是因为现在所保留的建筑群布局、功能、结构、形式和材料等各方面都能够反映它过去时期的实际文明或是这个文明的延续。

按照国际公约的评价标准与定义对我国"名城\街区\村镇"的指定标准进行审视，大致是相符的，差异之处则在于我国仍注重对历史层面价值的强调，而忽略了历史城镇中功能延续或社会文化的表现。该部分"隐匿"的价值与我国目前文物建筑保护工作仍偏重于"静态文物"保护、意识形态较为单一、由政府与专家主导、缺乏公众参与有关。并且，在未来如何以《历史文化名城名镇名村保护条例》中的规定指导条例出台之前即已评定的名城\街区\村镇的保护工作，存在着有许多可能未符合目前的评估标准的问题。

综上，就价值评估中涉及的制度事项而言，评估对象的确立、评估标准与评估原则的设立、评估模式的设计，是我国文物保护法规中亟待完善的内容。评估体系的基础部分也包括这些要素。我国的文物建筑价值评估工作唯有对这些要素进行完善，才有望走上制度化的道路。

（2）《中国文物古迹保护准则》的保护程序与价值评估

《中国文物古迹保护准则》（以下简称《准则》）由国际古迹遗址理事会中国国家委员会参照《威尼斯宪章》与《巴拉宪章》制定。《准则》可补充《文物保护法》中缺失的评估标准、评估模式与内容，但由于《准则》不具有强制性，所以其要求的专业性在法令层面上无法责令执行者做到。虽然作为国家文物局推荐的指导文件，《准则》的范围仅限于不可移动文物及其附属文物，但和文物保护法的搭配也形成了在价值评估体系方面初步成熟的架构。以下从《准则》提出的遗产保护科学程序，分析其中涉及的价值评估问题。

对文物古迹的定义《准则》中包含了可指定为历史文化街区\村镇和文物保护单位的遗产类型，但关于价值判定所涉及的遗产类型的相关内容仍然较局限于"文保单位"，其保护程序也适用于"文保单位"类型的遗产，所以《准则》可以说是专为文物保护单位量身打造的专业标准。

由于《准则》必须服从于文物保护法规体系的框架，所以在价值评估内容方面只能尽量展开解释《文物保护法》中所述的价值类型；在程序上，则是从调查研究开始收集信息的过程，理论上调查阶段收集的信息应作为价值评估的依据，且遗产的认定应在此一阶段完成，所以应有严谨的研究设计以收集能用于后续的保护规划步骤中所需的信息。而保护程序表在《准则》中，并没有将调查信息与价值评估的方法学设计相联系。

在程序表里，作为第二步骤"研究评估"工作的三项内容之一的价值评估，所用的价值类型，和文物保护法中评估文物保护单位的价值类型一致："文物古迹的价值包括历史价值、艺术价值和科学价值。"准则第 5 条则强调保护的首要工作是遗产价值评估，并提到应有的公众参与保护规划："保护必须按程序进行。所有程序都应符合相关的法律规定和专业规则，并且广泛征求社会有关方面的意见。其中，对文物古迹价值的评估应当置于首要的位置。"

2.完善文物建筑价值评估制度

（1）关于价值评估方法学的建构

文物建筑价值评估方法学的建立，应该从实务层面，并且在规划和决策的脉络下对与文物建筑价值相关的范围进行考虑。理论上，价值评估要解决以下四个问题：价值的描述、方法论与评估策略、得出价值的工具、整合评估与指导决策，这些问题如果与制度设计结合来看，有些在法规政策的层面可以作出定义，有些则需在个别项目中依靠评估者的操作，而方法论与评估策略，还需要制定专业准，则以供从业人员遵循。我国以文物保护法结合文物古迹保护准则所形成的架构，都有进一步完善的必要，其中关键是价值评估方法学的建立，在实务上可从两方面入手，一为建立价值评估流程，二是完善评价体系要素中的价值类型与评估标准。此外，应根据保护规划范围和自身脉络的特性对各层级的文物建筑进行评价，订立符合需求的评价标准。

1）保护规划与价值评估的步骤

价值评估方法的建立要落实于制度层面，一方面要对保护规划程序中相关的价值评估阶段进行梳理，另一方面则要对价值评估的步骤进行细分，并确立其中的工作事项。前者必须提供关于评价目标、所需信息、方法和观点的选择，后者则是实际的操作程序。我国文物古迹保护准则提出的保护程序是将完成研究评估置于"确认目标制定规划"步骤之前，未明确调查与研究评估的目的，且由于调查阶段未建立"遗产认定"机制，故有逻辑不明的问题存在；在"价值评估"部分只对价值类型进行了描述，而对具体流程没有说明，使得评价的各阶段之间缺乏很强的关联性。无论在保护程序中怎样开展调查，保护程序的每个步骤都要有紧密的联系。但另一方面，在我国文物保护法中，对文物的概念基本已有定性，例如分为古文化遗址、古墓葬、古建筑、石刻、壁画以及近现代建筑等等，已有一定的历史脉络概念隐含在这些"文物类型"的概念中，而这些类型也基本涵盖了我国"历史脉络"中重要的文物类型，故不能说历史脉络的概念在我国文物保护工作中不存在，而目前只能对过去认为重要的文物类型相对关注是实施方式中存在的问题，且在概念上未能保留弹性以容纳新的思维。但以"类型"概念先行的做法在我国已行之有年，对其在认知方法可行性方面进行重新检讨存在困难，可以说现实层面的意义不大，对目前实务工作所能提出的具体建议即是应建立关于价值评估流程的专业标准。完成价值综述后，结合保存现状和管理条件两方面的评估，才能使价值评估结果用于后续的保护文本编制以及据以实施保护措施。

2）完善价值类型与评价标准

在我国文物保护法中列出的三种价值类型基本都属于历史价值范畴，应将艺术价值的美学界定、科学价值的研究意义，以及社会人文价值等予以补充。此外，评估标准在文物保护法中没有明确，在法规和操作实例中有各种表述方式，可归纳为代表性、完整性、关联性、稀缺性、规模层级等，结合文物建筑的基本信息，可形成二维的初步价值评估表。

评估标准有时只和特定的价值类型有关，故常见的评价标准表述形式是结合了价值类型的描述，或是直接化成评估表格中的选项。当然，不同类型的文物由于其历史脉络的差异，评估标准也会不同，而进一步对价值类型细分也可以再得出次级类型以完成更具体的评价。根据具体的评估目的，也可对各项标准进一步区分。在实践操作中，文物建筑的评价标准可在确定文物类型后，按照评估标准和价值类型具体进行拟定。比较的概念存在于某些评估标准中，有助于价值阐述的凝炼。在价值类型中值得注意的是，应用于实际制度中的理论上的价值体系，由于评价方法在保护制度中涉及保护措施的决定，故价值与具体物质有着紧密的联系；因此有些价值类型在具体物件中不容易指出的，在评估标准中就很难列。如情感价值、精神价值、象征价值等，可以说这些价值类型跟文物的氛围或整体空间或者特定的个人感受是有关的，其价值或意义可能遍布于整个场所，与具体的保护措施也可能关联不大。在保护规划中，一方面要注意物质表现与价值评估之间的联系，一方面也要避免忽略在具体物件中不易指明的价值类型。

（2）关于保护规划中经济价值的定位问题

理论上，文物建筑价值评估方法学的建立应同时考虑经济价值与文化价值，在实务层面完成保护规划的制定时亦然。调查阶段在保护规划的初期，因此其使用价值的调查要考虑到可能采取的保护措施也是合理的。澳大利亚巴拉宪章更明确的指出，文化意义的评估不需涉及或考虑某些外在条件，包括保护行动的必要性、法律限制、可能用途、结构的稳定性、以及成本与回收等因素。而我国用以诠释文物保护法的《准则》虽然在保护程序的价值评估中只列出历史、艺术、科学价值，但在阐述中也明确将"通过合理利用可能产生的社会效益和经济效益"列为文物价值之一，而没有注明文化价值与经济价值的从属性质，可能会给保护的目的带来一些"杂音"。本研究认为，应在法规层面明确经济利用价值应让位于文化价值的保存。

（3）关于保护制度的架构设计

保护制度的架构包括文物主管部门、保护法规、专业咨询机构和专业标准几个元素之间的工作配合关系，保护法规又依托于文物主管部门，所以也可化约为法规、咨询机构和专业准则三者间的关系。将上述几个元素之间的关系在国外与国内作一对比，不难发现咨询机构与专业准则应至少有其一作为独立元素，即咨询机构与主管部门之间不存在依托关系，或是法规政策的解释不由专业标准负责，则就能发挥较好的作用。站在专业立场的独立咨询机构可以负责文物的审议，保障专业意见的表达不受可能来至提报申请方或主管方的影响；而由于独立的专业准则不受法规的约制，可以根据理论或实务的进展适时地更新，使得全国范围内相关工作与专业的最近进展能够保持同步。从我国的保护制度架构看来，既缺乏独立的专业咨询机构，专业标准《准则》也受限于文物保护法的框架，尤其是价值评估的相关准则，由于文物保护法中的相关规定存在缺失，导致《准则》也继续从其框架角度诠释其中概念，虽已具有一定的专业性，但仍造成与国内外理论进展存在差距。

（二）价值评估体系

在《建筑遗产分析、保护与修复原则》的通用标准第三条中提出："建筑遗产的价值不仅在于其外观，还包括其所有构件的完整性以及在当时特别的建筑技术。尤其是移除内部结构而只保留外立面的做法是不符合保护标准的。"对于文物建筑价值的保护也体现在《威尼斯宪章》中，"与历史性城市及地区的历史真实性有关的价值和一切决定它的面貌的物质因素都应该保存，对这些价值的任何损害都会使真实性受到破坏。"

1.价值的基本概念

文物建筑所具有的价值是对其进行保护的依据和根本目的。直接作用于建筑本体的保护最终都是为了文物建筑的价值。对于保护的内容和对象，以及采取进一步的保护措施和方法，都是建立在对于文物建筑价值的认识和把握的基础上。而文物建筑的价值评估就是保护工作的基点，需要对价值包含的内容进行分析。文物建筑的价值应该是其在当今社会中能够发挥的作用，以及对于社会及人类生活的意义。要准确把握价值与其他社会因素之间的关系。

2.中西方不同的价值观

（1）西方遗产价值认知体系

西方对文化遗产的保护是在对遗产价值的深入了解的基础上不断发展的，保护的观念与保护的方法、原则都受到价值观的影响，保护观念的改变与价值观的认知是密不可分的。

建筑与绘画、雕塑、音乐、诗歌虽然一起被公认为"艺术体系"5个不可替代的核心部分，但在对待古建筑的态度上，还基本是实用主义的。城市中的历史遗产并没有得到任何有针对性地保护，几乎很少意识到其本身的价值。到了文艺复兴时期，拥有丰富古罗马建筑遗产的意大利，率先开始了对文物遗产中特有的历史价值及艺术价值的审视，但历史遗存中的建筑构件被随意拆用的现象仍大量存在。17世纪末到18世纪初，随着资本主义的发展，新的生产关系和科学技术使世界发生了巨大的变化，在启蒙运动的影响之下，对文物古迹以科学实证的方法进行的实地调研在西西里岛展开，这也直接影响到了建筑创作领域，为了证实复古建筑并非单纯的形式抄袭，建筑师投身到了历史遗迹收集整理与实地测绘的研究中。通过建筑考古成果作为建筑的摹本，历史遗迹的价值获得了更广泛地认同。也正是在这一历史时期，以国家为主体，由社会精英推动的历史文物遗产保护事业逐渐在英国、法国与意大利等欧洲国家拉开帷幕，并逐渐形成各具特色的理论流派，同时完成了欧洲许多重要文物古迹的保护修复工作，这一系列成果奠定了西方历史文化遗产保护理论与方法的核心基础。现代运动的兴起产生了理性主义的城市规划思想，其发源于"法国绝对君权时期的唯理主义"规划观，以巴黎地方行政长官奥斯曼的改造项目为代表，对历史遗产价值的完全漠视，使得巴黎中世纪的历史遗产遭到严重破坏。正是由于"现代主义的历史虚无主义和绝对的理性主义"直接作为城市建设的指导，这一阶段的发展是以对历史遗产的破坏为代价的，最终造成了"人之生存的意义空间和情感需求的消失"。西方社会在第二次世界大战以后，进入了一个高速发展时期。随着社会生产力水平的迅速提高，西方社会在政治基础、社会结构、思想状况等方面都变得更加复杂，传统建筑与城镇的格局受到新的建筑与城市形态的挑战。历史遗产的概念与范畴在面对新的城市问题的情况下，发生了深刻的变化。首先，对于历史、文化内涵，人们的理解更趋丰富，情感、社会及经济的需要成为保护的动力，遗产相应的情感、社会和资源价值得到肯定。其次，规划价值、景观价值得到挖掘，体现了历史遗产保护与现代城市发展的关系更加密切。西方社会在新时代，以保护历史街区为目标的"城市复兴运动"，正是对于遗产综合价值认识的产物。对文化遗产的修复、更新与再利用，对历史环境的保护、更新和综合整治成为主流。主要目的是保护城市的地方文化、景观特色与城市历史演变的延续性。西方社会才逐渐形成并完善了对于文化遗产的价值认识。

（2）中国传统建筑价值观

中国传统哲学强调天人合一、客观存在与主观意识的统一，即本体论与价值论一体化，这与西方本体论和价值论相分离的观念截然不同。这对我国传统建筑价值观也产生了极大的影响。其中基本的价值观包括：儒家的道德主义价值观、道家的自然主义超越价值观、墨家的公利价值观、法家权势的唯力价值观。

在道家思想中，认为世间万物表现出的一般价值都是相对的，只有"道"才是超越一切的。"器"是指各种派生的、具体的事物。建筑在我的传统文化中属于"器"的范畴，因此对建筑物质形态的价值理解，远不及对内部空间的功用性理解深刻。受"重道抑器、道本器末"思想的影响，中国古代建筑多提倡节俭，建筑并没有像在西方文明中那样作为艺术形式进行审美，其艺术价值也并不重要。建筑的实用价值观根深蒂固，甚至也没用如某些器物，如青铜器、陶器、字画等上升到"艺"的层面，也就不存在对其艺术价值的保护。在这种文化认知背景下，中国传统社会中，对建筑的价值取向一直都是实用主义的，对旧建筑也多是"利废"的思想。

"中国建筑有不求原物长存之观念"。是以"新陈代谢"的自然主义物质观看待事物的生与死。永恒就体现在"生生不息、自然往复"之中，这不同于西方的物质是永恒的观念。建筑就如同日常生活用品，人们并不担心其是否永恒，也不期望其永不残破。在有限中去得到无限，所以即使木材易腐坏，它也一直是中国传统建筑中的主要材料。对建筑的修补乃至重建，都是建造过程中的常态。在建筑上能够感受到的历史信息的时间性远不及西方建筑那么明显。但在人们的情感认知上，其历史价值依然存在。

人生价值论作为中国文化的核心，集中体现在对精神信仰与伦理道德的重视上面。在儒家的价值观中，行为的善与艺术审美是紧密联系的。建筑审美也就与其所发生的历史事件和历史人物相联系，达到了特有的美学价值与历史价值的高度统一。例如岳阳楼、滕王阁、黄鹤楼历史上虽然都是被多次毁坏，又经历多次重建，但历朝历代都被赋予更高的赞誉。中国传统文化中，以追求个人道德的完善为最高目标，大自然也被赋予了人格化的价值观。这与西方强调人文科学理性，以历史信息为准的价值判断有很大的差异。历史古迹正因为反映了这种价值观，而使得艺术价值、历史价值与精神价值获得了多重提升。

中国传统建筑表现出文化价值取向的稳定性、建筑形态的一贯性，这来源于传统建筑文化中"体用二分"的思想。中国人对待器物之"用"，往往是"喜新厌旧、除旧革新或革故鼎新"的，因为国人认为"旧物换新颜"是进步成功的标志。无论朝代更迭或是住屋更新，对待旧建筑的态度大多是完全拆毁和破坏。但在文化方面，人们讲究文化思想体系的传承。所以，建筑本身虽随着时间的推移而不断更换，但建筑体系却通过营造法式和则例不断传承下来。国人更加重视建筑本身的"礼制"所具有的社会价值。

中国传统建筑在形态、装饰、色彩等方面富于文化的图示表达意义，这些装饰部位、形式、手法多处于建筑表面，使深层的文化内涵一目了然，是人们理解和阅读中国传统建筑的必要步骤，其文化价值远远大于装饰的作用。

第三节 文物建筑保护修复关键性技术

一、木结构修复技术

（一）梁枋、柱

梁枋、柱是中国传统建筑中主要的结构构件，因此对于梁枋、柱的修缮，在古建筑修复中是非常重要的部分。梁枋、柱是木质构件，容易受潮、腐朽以及白蚁的侵害而出现糟朽、劈裂等现象。必须根据损坏的原因选择合适的技术措施。

1.墩接柱根

墩接柱根是木柱修缮中常见做法。柱子常年与地面接触或暴露在室外受到风雨侵蚀而产生腐朽。在墙体内的木柱更容易因潮湿及通风不良出现糟朽。木柱腐朽多在根部，就需要进行局部修缮。可以采用柱根包镶或墩接的方式，具体根据糟朽情况而定。柱根圆周的一半或一半以上表面糟朽，糟朽深度不超过柱径的 1/5 时，可采取包镶的方式，即将糟朽部分剔除，用相同的材料包裹，并保持表面平整浑圆，然后用铁箍缠扎结实。当柱根糟朽面积占截面的 1/2，或柱心有糟朽，糟朽高度达到柱高的 1/5-1/3 时，要采用墩接的方式，即将墩接及原柱料直径的 1/2 削去，作为搭接部分，搭接长度在柱径的 1-1.5 倍，端头做半榫以防止发生位移；还可以将柱截面按十字线分成四瓣，各削去对角的两瓣，然后搭接在一起。柱子为露明柱时，墩接高度不应超过柱高的 1/5，柱子在山墙或槛墙内的柱子，不应超过柱高的 1/3。铁箍 2-3 道以加强整体性。

2.抽换柱子及加辅柱

当木柱严重糟朽，超过柱高的 1/3 或发生折断时，不能按墩接的方式进行修缮，应采取抽换或加辅柱的方法解决。

抽换就是通常所说的"偷梁换柱"，即在不拆除梁枋等构件的前提下，用千斤顶或戗杆将梁枋支撑起来，将原有的柱子替换成新柱。需要注意安全问题，一定要将相关的梁枋构件支撑牢固。柱子抽换只有在檐柱、老檐柱等与其他构件穿插较少，构造较简单时才能进行。对于不能抽换的柱子在发生折断糟朽，又不能解体的情况下，可采取加辅柱的方式进行加固。辅柱一般采用抱柱的形式，断面方形，可在原柱的两面或三面加安，用铁箍缠扎。

3.打牮拨正

当构架出现歪闪时，应采取打牮拨正的方式，即通过打牮杆支顶，使木构架重新归正。基本工序包括：先将歪闪严重的建筑支顶上戗杆，防止继续歪闪倾斜；揭去瓦面、去除泥背、拆去山墙及槛墙、揭掉望板及椽子，露出大木构架；将木构件榫卯处的木楔、卡口去掉，有铁件的部分松开；在柱子外皮明晰中线、升线；戗杆支顶在构件歪闪的反方向，同时吊直拨正使歪闪的构件归正；重新掩上卡口，填补木楔，加上铁活，垫上柱根，然后砌筑槛墙、山墙，钉望板、苫背宽瓦。最后撤去戗杆。

打牮拨正是在建筑歪闪严重，但大木结构尚完好，不需要更换构件或只需更换个别构件的情况下采取的修缮措施。

4.大木归安、拆安

当大木构件的部分构件出现拨榫、弯曲、腐朽、劈裂或折断比较严重时，必须使榫卯归位或重新更换构件。常用的方法包括归安或拆安。

归安即将拨榫的构件归位，并用铁件加固。归安不需要拆下构件，只需将构件归回原位，并重新填好卡口、木楔。拆安即是将原有构件拆下，经整修后重新安装。大木拆安，首先对构件进行编号，并仔细检查构件，损坏轻微的进行整修，严重的进行替换；大木构件必须按原位重新安装，程序应按先内后外、先下后上，下架构件装齐后要核对尺寸、支顶戗杆、吊直拨正，然后进行上架构件的安装。

（二）斗拱

斗拱的修补根据采取的修复措施而定，木构件破损严重，采取落架的方式，就需要使用新料对斗拱构件进行大部分更换；木构件轻微破损，采取现状整修的方式，除少量要更换的构件以外，可以对斗拱构件损坏的部分进行修补。

具体构件的修复方法包括：斗，劈裂成两半，但能重新拼接上的，粘牢后继续使用；劈裂位置不能重新拼接或糟朽严重的应更换；斗耳损坏的部分，按照原样式和尺寸进行修补，并粘牢钉固；斗"平"被压扁超过0.3厘米的可在斗口内垫与原构件木纹一致的木板补齐，未超过0.3厘米的可以不修补。拱，未断裂的可灌缝粘牢，扭曲未超过0.3厘米的可继续使用，否则应更换；榫头断裂无糟朽的可灌浆粘牢，糟朽严重的锯掉后，按原样式和尺寸重新接榫，两端与拱头粘牢，螺栓固定。昂，昂嘴断裂的，粘接与拱相同；脱落的部分用杂木按原样式修补，与旧构件平接或榫接。正心枋、外拽枋、挑檐枋等，斜劈裂纹的灌缝粘牢、螺栓固定；将糟朽的部分剔除，用木料补齐；糟朽超过断面2/5以上或断裂的必须更换。

由于斗拱构件是手工制作，原设计虽有一定的标准，但在制作时经过画线、锯截、锛凿、开榫卯等工序，不可避免的产生一些微小误差，构件大的，不易查觉，构件小的就比较明显了。构件数量多时，木材的干湿度就很难保持一致，锯截是相同的构件，经过一段时间收缩程度也就会出现不同，风雨侵蚀造成构件干湿变化形成裂缝，将产生更大的差异。因此，更换构件时，必须研究变化规律，确定更换构件的样式和尺寸，并做施工制作的样板。选用相同或相近树种的干燥木料，依样板进行制作。最好先将更换构件外形做好，榫卯部分留待安装时，在更换构件处临时开卯，以确保搭接严密。斗拱构件进行修理和更换时，对带有雕刻的细部处理应尤其慎重，其时代特征非常明显，细微的变化都会对构件造成影响。细部纹样需要进行细致地描绘和精心地雕刻，以保持原有的样式风格。

（三）屋面

屋面作为传统建筑中重要的第五立面，不仅有遮阳挡雨的功能，还是外部造型的特征之一。屋面的修缮主要是针对屋面的漏雨所造成的各种屋面构件的损坏。

1.更换椽望、翼角

望板、椽子是屋面的木基层，屋面渗漏会造成椽子和望板，特别是檐口部分的椽子及望板的糟朽。翼角又是其中最易渗漏腐朽的部分。所以，在木结构修缮中需要经常对椽望进行更换。揭瓦檐头即更换檐口椽望翼角。要拆除檐步架的瓦面，揭去望板，拆掉飞椽及糟朽的檐椽，更换新件。翼角部分应根据损坏情况决定替换数量，角梁如果下垂或腐朽严重，需要更换时，其冲出长度和翘起高度要与历史真实状况相一致。

2.除草清垄

将杂草连根除掉，并将苔藓、瓦垄中的积土等清理干净。排除再次滋生杂草的可能，防止因瓦垄堵塞而出现的漏雨现象。在除草过程中，发生瓦件松动、裂缝等，应及时整修。还可以采用化学除草剂，应针对具体情况选用相应的除草剂，并防止对瓦面的污染以及对人畜的伤害。

3.查补雨漏

先在室内查找漏雨位置，明确漏雨部分或缩小了查找范围之后，可以上房进行查补。查明漏雨原因后，在患处用麻刀灰勾抹。勾抹后沿边沿勒用短毛刷沾水刷。最后用青浆刷抹并用瓦刀赶光。其他的查补项目包括：合瓦夹腮、筒瓦捉节、筒瓦裹垄、装垄、青灰背查补等五类。

屋面的修复还包括：抽换底瓦和更换盖瓦；局部挖补，在将瓦件拆卸下来后，望板或椽子如果有糟朽现象，都应更换一新；揭檐头、整修檐头及齐檐；瓦件脊件的添配、归安，粘扒；脊的修复；局部挑顶或全部挑顶。

在彭氏宗祠的屋面修缮中，屋面现状为小青瓦屋面，屋顶盖瓦经过多次翻修保存较差，坍塌、漏雨严重，檩椽糟朽严重。屋脊瓦件残损严重。采取的修复措施是揭瓦亮椽维修屋面，更换糟朽严重的椽、檩等构件。两椽之间铺板瓦，压四露六、麻刀灰铺筒瓦、捉节夹垄。屋顶灰陶瓦。

二、砖石结构修复技术

（一）砖面

整个砖面中最容易受到损坏的是灰缝，由于灰缝的紧密度不够或是灰缝形状导致水分滞留及有害化学物质的侵蚀，加速灰泥劣化的程度，最终形成灰泥的剥落。灰缝的修复是使用新灰泥取代已损坏的灰泥。在砖墙中灰泥起到了保护及美与旧灰泥具有兼容性以及可逆性以便进行在处理时，不对其他砖面部分造成影响。在颜色、质感与工艺上新灰泥要尽量和旧灰泥相配；应采用有弹性的灰泥材料，以避免砖面受损；新灰泥在渗透性及蒸发性上要比砖块高；强度及硬度要小于旧灰泥。填缝时应注意以下问题：新、旧灰泥之间要有良好的接触面，做适当的接头处理；采用分层填缝的方法，使灰泥的硬化收缩过程降低，保证新、旧灰泥之间契合紧密；不要将灰泥填满夹缝，保持与古迹原貌的一致，以及防止灰泥的劣化，灰泥表面抹成弧形或其他形式；抹灰前砖接缝表面应保持潮湿，砌浆后进行适当地养护；施工后，对砖表面的残留灰泥进行清洁。

首先对砖面的破损情况进行评估，当砖体裂缝宽度大于 0.127mm 或砖面风化剥落的厚度大于 1/6 时，可考虑进行修复。在修复前需要明确破坏的原因并将其移除，再根据损坏状况采取措施。

裂缝的修复，使用材料的组成成分、质感及颜色都要与砖面兼容。一般采用环氧树脂成分的材料，注入裂缝中进行填补。应避免水泥的使用，其膨胀系数与砖差异较大，对砖面会造成损坏。

破损的修复，对砖面局部缺损、剥落的修补，应采用与原砖相同组成成分、质感及颜色的材料，并具有可识别性。具体步骤：研究原砖的情况；剔除劣化及膨松的部分；表面进行涂装修饰；把砖粉与环氧树脂混合，涂抹在破损处，以雕塑的手法进行修整。松动部分的砖块先用扁口钻取出，清洗表面后，再将原砖块补回去。

抽换的修复，添加的新砖应与原砖的材料成分、质感、尺寸及颜色相同，并采用传统的工艺，灰缝的尺寸及形式也要保持一致。当选用的新砖无法与原砖完全一致时，宜选用比原砖颜色深的新砖。具体步骤：利用锲子等工具，将砖块周围的灰缝凿除，再拆除砖块；清除砖孔的污物，并用水枪清洗；用镘刀将与原灰泥相似的新灰泥敷底，再砌入湿润的砖块；灰泥填缝及清洁处理。

（二）石材

在进行修复前，对建筑进行彻底观察。首先是墙的整体情况，其次是每块石材的情况，再次是接缝的情况。当石材腐蚀或损坏严重时，可以选择的干预措施包括：以挡水板、雨棚等临时庇护措施进行局部保护；进行小面积的刮除及填浆；修补破裂的石材；更换石材等。石面的损坏程度以及石材是否会继续产生新的损坏是采取修复方法的依据。只存在美观问题的石材表面应继续维持现状。石材的结构完好且厚度足够，只是表面腐蚀严重，可进行表面的修补；若无法进行修补，则需重新更换石材。当石材出现剥落或边缘风化的情况时，先将损坏面小心地切割整齐，再用与原材料相配的石材填补，并使用环氧树脂固定，即整形修复。新石材的背面必须涂防水材料，并且避免与水泥直接接触。

灰泥的修复，即以灰泥作为填补材料进行修复。使用灰泥应达到对原有材料更多的保留；避免对重要易碎表面的干预；避免对结构构件的移除；具有充分的抗风化能力；确定适于采用灰泥修复的面积范围等要求。操作的步骤包括：准备与建筑不同风化情况相配的灰泥样本；去除风化及损坏部分，用水清洗表面，并保存表面的湿润；灰泥采用分层压紧的方式进行修补，每层厚度不超过 10mm，干燥后再加湿填补下一层；当深度超过 50mm 及表面积超过 $50mm^2$ 的切割部分，钻洞形成楔形接头并在嵌入钢丝之前，灌注环氧树脂泥浆；使用修饰工具对表面的质感、外形进行处理。

灰泥修复材料有石灰及水泥粘合料和环氧树脂粘合物两种。大部分的整形修复，使用的是灰泥粘合料。在砂石的修复中，最好使用水泥粘合料，因为石灰可能会加深腐蚀程度。石灰应使用由熟化过程得到或熟石灰浸在水里 24h 形成的油灰。当需要较高强度的灰泥时，需使用水硬性添加物。灰泥除了具有一定的强度，还要能抵抗干湿循环，并且要与原石材的性能相配。

石材巩固，采取措施之前必须明确损坏的原因，消除对石材造成破坏的因素，确定巩固材料及技术，已有详细的记录及周期维护检测系统，并有专业人士进行操作。巩固材料应具有耐久性，透气性，足够的强度，良好的渗透性，不在表面形成膜，与原有材料相同的膨胀系数，抗盐析作用，水冰冻、融化循环特性，良好的耐老化性，造价低廉，环保以及可逆性。处理方法有：喷涂法、刷涂法和双管真空注射法三种。

更换石材，当石材作为结构材料，出现结构不稳定或构件损坏严重时，才考虑更换。在更换过程中，需要暂时的支撑物。新石材必须尽量与原材料的尺寸、外形相配。石材表面必须清洗干净并保持湿润，以防止灰泥脱水。在墙面的顶部、基座接缝和垂直接缝处应留出空隙灌浆。灰浆不应是透明薄浆，凝固时也不应有特别的脆性及坚硬度，并且不会受到盐的污渍及损坏。新石材必须加隔离漆，以避免由旧墙带来的有盐分的潮湿对表面的污染。油漆距离墙面 25mm，以防止油漆的染色。底面凝固后再填缝。石材中如含有铁化物，并与大体积的混凝土接触，必须将石材的背面或混凝土面涂漆层，以阻止发生强碱作用。

　　在重庆丰都杜宜清庄园保护维修设计中，对碉楼石材墙面的修复是一个重要的方面。主要是对外围石质墙体进行维修，填补石砌间缝，同时进行防水处理。石构件防风化处理的项目包括：石材风化面人工清扫除尘、石材表面清洗、清除石材表面苔藓微生物、石材面脱盐处理、石材剥落塌落砂浆修复以及涂抹硅酸乙酯、硅氧烷憎水保护剂等。

第四章 博物馆玉器文物的保护

文物是国家重要的文化遗产，是中华民族科学与文化发展的重要见证，也是博物馆业务活动开展的物质基础。文物作为一个国家与民族的文化记忆，做好其保护工作具有非常重要的现实意义。博物馆在开展文物保护及管理工作时会受到一些因素影响，造成文物保护及管理工作不理想，有的文物甚至出现了安全隐患。因此，需要博物馆高度重视馆藏文物的保护及管理，确保文物保护工作的科学性与预防性。

第一节 玉器文物的种类

一、古玉

（一）中国最早的玉器

玉是一种珍贵的天然矿石。东汉许慎《说文》称"石之美者"为玉，其表面要有一定温润、光泽和半透明的质感。中国古代先民把玉称为"灵气所生"之物，并赋予其社会内涵和人文内涵。用玉制器在中国有悠久的历史，而且历代均有，并延续至今。

早在数千年前，原始先民就在辽河、松花江两岸进行耕作，并创造出灿烂的玉石文化，成为中国最早的玉器发源地之一。这些玉器是原始先民们留下的艺术形象，反映了他们对自然界的洞察力和对崇拜对象的想象力。

地处辽河中上游及其支系饶阳河流域，面积约1万平方米，至今已进行了7次较大规模的发掘，发掘面积达7600平方米。经测定，这个遗址是目前东北地区发现的时代最早的一处新石器时代聚落遗址。遗址内发现有房址、墓葬等遗迹。随葬品多寡不一，主要有陶器、石器、玉器，其中石器多以生产工具为主，摆放于死者的足部。出土的遗物相当可观。有大量打制石器磨制石器与少量细石器玉器，普遍使用磨盘、磨棒。陶器则以压印之字篦纹筒形罐为主，贴塑有龙以及蟾蜍、蛇等形象的褐陶深腹罐颇具特色。遗物中最引人注目的是50余件玉器，种类有玉工具斧、锛、凿等，形制规整，相当规范；玉饰品块、管、珠，以块为主且普遍；特制的匕形器，大小排列，很显著。

玉玦呈环状或管状，其中呈环状的环体或厚而起棱，或细而扁圆。匕形器呈长条状，背凸内凹似匕，上端穿孔，下端微圆，与史前骨匕相似。根据其长度仅 2-10 厘米，以及成组置于墓中死者上身、上下成对排列、大小依次递减的情况，可推测是一种配饰，而不是工具。玉斧多呈长方扁圆形，圆刃，间有斜圆刃的。玉锛、玉凿多长身梯形，平刃。

玉料绝大部分呈乳白色或白中透绿。很明显，查海人对玉色有所选择，偏爱白色。其玉料经测定全部是真玉，均为透闪石软玉，即与新疆和田玉玉质相同，产地在今辽宁省宽甸县，很可能就是古籍中所称的"夷玉"。软玉硬度大，须以解玉沙加水为介质，经开料、雕琢、抛光等一系列工艺方能完成。由此可见，几千年前的查海人已经掌握了对软玉的确切识别、选择和高难度的攻玉技术，从品类、式样、规格到工艺程序已比较规范化，并发展到生者佩玉，死者殓玉，是一种真正的玉文化。由此推测，在这一地区应有更早、更原始的玉器。

查海玉器的发现，证明辽河流域是我国用玉最早地区之一，也是远古玉器起源中心之一。此外，因发掘出一长近 20 米，用石块堆塑的龙形象，在陶器上也发现有龙的形象，查海遗址被称为"玉与龙的故乡"。苏秉琦先生题词"玉龙故乡，文明发端"。

（二）红山玉器

经研究推测，东北地区应该有较查海文化更早、更原始的玉器，但目前的考古发现还未能证实这一点。虽然较查海文化早的玉器未找到，但其发展的后续已较明确。红山文化是继查海文化后，东北地区发现有大宗玉器的重要文化。

红山文化，是辽河流域新石器时代的重要文化之一，与仰韶文化大致相当，早于夏家店下层文化。首先发现于内蒙古自治区赤峰市红山后牛河梁遗址，故名，分布于内蒙古自治区东南部、辽宁省西部、河北省北部地区，吉林省西北部也有少量发现。典型遗址除牛河梁遗址外，还有赤峰蜘蛛山、西水泉，敖汉旗三道湾子、四棱山，巴林左旗南杨家营子等。牛河梁遗址面积约 5000 万平方米，由女神庙、祭坛和积石冢群等祭祀遗址群组成。女神庙位于遗址中心，为半地穴室建筑，由一个多室、一个单室两组建筑构成，多室建筑为庙主体。积石冢群中以 13 号建筑规模最为宏大，外形酷似"金字塔"

从发现的多处红山文化遗址来看，红山文化的先民已过着定居生活，从事以农业为主的生产、畜牧、渔猎和采集也占有相当的比重。人们定居于靠近河岸台地或较高地点的村落。房址多为圆角方形和长方形的半地穴式。房内地面多经打实。墓葬的特点是用石块围成墓圈或盖顶，结构分石棺墓与土坑墓两种，葬式多为单人仰身直肢。牛河梁遗址发现的一处祭坛，说明当时的宗教信仰已具有一定的规模。

红山文化遗址中，已发现的文化遗物有石器、陶器、泥塑器和玉器等。其中随葬玉器相当丰富，迄今所知品种已有 20 余类，有璧形器、勾云形器、镯形器及各种动物形玉器，造型不讲求对称平衡，富有变化，颇具神秘色彩。其中玉制的崇拜对象-猪龙、神、人和自然界的生灵等颇为奇特，尤以玉猪龙最具特色，已成为红山文化的象征物。还有少量用绿松石制作的鱼和鸟。红山文化先民崇玉、爱玉之强烈，可见一斑。

红山玉器所用玉料选择精细，色泽有白、青、碧、黄四种，多用青玉或青黄玉，未见有典型的墨玉。玉质一般无杂色，半透明，有玻璃或油脂光泽，很少有杂色斑，属优质玉材。经测定，玉材中的一种是蛇纹石，一种是含透闪石较多的蛇纹石。产地推测有两处，前者似产自今辽宁省岫岩县一带，后者似产自今辽宁省宽甸县境及附近。另据文献记载，今辽宁省西部地区的医巫闾山产玉，该山也在红山文化的区域内。经浸蚀后，有的玉器呈鸡骨白色，有的表面仅有灰白色沁，亦有少数浸蚀成褐色斑和没有浸色者。

红山文化玉器加工精细，方圆规整，边缘平直，富有几何艺术效果。共制作除用竹、硬木、牙、骨器具带动沙浆完成外，打磨主要用皮革去带动极细的解玉沙浆。操作时，用手拉动皮革片的两端，压紧沙浆来回带动磨琢。故玉器边缘留有钝刃之感。玉器的阴线刻纹，主要是用动物肋条带动解玉沙完成的。玉器表面的凹槽，是用石器或木棒带动解玉沙完成的。因采用竹、木等易磨损的材料穿孔，穿孔有明显的喇叭形状，即人口大，而接口或出口小。红山文化用特殊的工具和方法琢磨玉器，不仅是一种创造发明，而且为鉴别红山文化玉器的真伪留下了依据。

红山文化玉器可以说代表了北方，特别是辽河流域玉器的最高水平。其高度发展的基础，是由查海文化、新乐文化经历了几千年岁月奠定下来的。其鲜明的地区特色也构成了红山文化的一大特色，引起各界的广泛关注。

（三）大汶口文化玉器

黄河流域是中华民族的发祥地之一。这一地区新石器文化遗址很多，其中发现玉器的有黄河上游的齐家文化、马家窑文化，黄河中游的仰韶文化，黄河中下游的龙山文化和黄河下游的大汶口文化等。尤以大汶口文化和龙山文化出土的玉器数量最多，且制作精美，在中国玉器史上占有特殊的地位。大量玉器的发现，证明了这一地区处于母系氏族社会末期向父系氏族社会的逐步过渡，并出现了明显的贫富分化。而且随着父权制的确立，在氏族部落中出现了地位显赫的君神合一的权威人物。

大汶口文化因发掘的山东省泰安县大汶口墓地而得名。主要分布在山东省的泰山周围，其地域东达黄海之滨，北抵渤海南岸，西到鲁西平原东部边缘，南及安徽省淮北一带。此外，安徽省和河南省靠近山东省的一些地方也有零星发现，此后便发展为山东龙山文化。典型遗址有山东泰安大汶口、曲阜西夏侯、邹县野店、兖州王因、茌平尚庄、胶州市三里河、日照东海峪、诸城呈子、江苏省邳州市刘林、大墩子等。经济以农业生产为主，兼营畜牧业，辅以狩猎和捕鱼业。房屋多属于地面建筑，但有少数半地穴式房屋。陶器是重要的生活用器，石器是主要工具。此外，佩饰也占有重要的地位，角、骨、牙器及玉器已具相当水平。

大汶口文化玉器出土地点主要有泰安县大汶口、滕县、邹县野店、茌平尚庄等。种类有玉铲、玉斧、玉琮、玉人面纹饰、玉串饰、玉琮形镯、玉笄、玉指环、玉臂饰、玉管、玉珠等。

玉铲体做扁平且两腰略内收的梯形，宽端为刃，并由两面磨成，近肩处有一圆孔，通体光素无纹，无使用痕迹，是反映母系氏族社会贵族地位和权威的产物。

玉斧呈长方形，顶端平整，两侧斜直，刃部较宽，两面磨刃，略成弧形，四面较薄，中间较厚，通体磨光。靠近顶端有一圆孔，两面钻透，是权力和财富的象征物，为部落首领所占有。

玉琮呈四方柱状，中间为圆筒状，为"外方内圆牙外"的方管形器，外周多有饰纹，这是黄河流域出现最早的玉琮。

玉，人面纹饰体做扁平长方形，正面以单阴线饰一橄榄形目，三角形鼻的人面纹，背面中央有垂直的凸脊，脊上有相通的隧孔以供佩系用，是迄今有明确出土地点的最早的玉人面形象，在中国玉器史上占有重要地位。而且其形似猴脸，与辽宁红山文化、湖北大溪文化的玉人面有所不同，证实在南至长江流域，东到黄河上游，北至辽河流域的广大地区，都有人面纹的传播，这是与当时的原始宗教信仰密切相关的。

江苏省新沂县城西南18公里处的花厅村村民在取土时挖出很多玉器，随后考古人员对该地进行发掘和清理，认定属于大汶口文化偏晚的文化区。出土的玉器有150件（组），主要品种有玉琮、玉串饰、玉镯、玉瑗、玉环、玉璜等。

玉串饰由2件琮形管、2件冠状器、23颗弹头形管、18颗鼓形珠、24颗小米珠等共69件玉饰组串成。玉琮上饰有神人纹，其风格与长江下游良渚文化的神人纹玉琮相同，甚至连玉质经浸蚀后呈鸡骨白色也相似。因此，有学者认为花厅玉琮是从良渚文化转运输入的，而非本地制作。大汶口文化有自己制作的玉琮，并且应当是玉琮的始祖，因此江苏花厅玉琮由当地制作的可能性更大。

花厅遗址玉器反映了江淮流域的先民已经具有与北方相近的原始信仰和审美意识，在玉器加工方面具有较高的工艺水平。尤其是专供氏族部落中地位显赫的贵族享有的玉器的神人纹装饰，证实了当时不仅有了贫富分化，而且出现了君神合一的权威人物。

二、商玉

（一）夏代玉器

夏王朝是在原始社会以后出现的第一个国家。据《史记·夏本纪》和《竹书纪年》记载，夏朝自禹为王传至桀，共有几百余年历史。但近现代一些史学家对历史上是否存在过夏代，曾有过疑问。最近几十年来，随着考古工作的深入发展，人们在河南省一些地区，相继发现了一些有可能为夏文化的遗址，其中最重要的是河南省偃师县二里头遗址。

夏朝最后一个王是桀，居今洛阳，二里头遗址即在这一地区。迄今考古发掘资料说明，被认为是夏文化的二里头文化一、二期虽发掘出不少遗物，但未见一件玉器，所发现的玉器都是三、四期的，夏朝的玉器仍是空白。另有学者认为二里头三、四期和山西陶寺遗址也应是夏文化，这些地区发现的玉器就是夏朝玉器。新石器文化在各个地区均发现玉器，而其后的整个商朝也发现了大批精美的玉器，制作技术也已完备。因此，处在两个历史时期之间的夏王朝应有玉器制作和使用的可能性，只是今天尚未发现或确认而已。

二里头遗址是二里头文化的典型遗址，是该文化的命名依据。二里头文化是青铜时代文化之一，主要分布在河南省中西部的郑州附近，以及伊水、洛水、颍水、汝水诸流域及山西省南部的汾水下游一带。现今已发现遗址近百处，其中多处出土有玉器，仅二里头遗址所出土的玉器品种就有玉戈、玉钺、玉刀、玉戚（原名玉牙璋）、玉斧（原名玉圭）、玉矛、玉柄形器、玉镯（原名玉琮）、玉管、玉珠、玉锥、玉镞等。由此可见，大多数玉器都是显示王仪神圣威严的仪仗器，而表现人神和动物形器和佩玩用器甚少，反映了早期玉器是统治者注重显示权力、地位和威严之物。

二里头文化玉器中最引人注意的是几件玉柄形器。均体扁平，一端平齐，一端有一榫，似为器柄。近平齐一端的两侧略收，又形如古琴，故早先的古董家称它为"琴拨"。此类玉器大多光素无纹，有饰纹的仅见一件。器上以双钩阴线饰有人面纹、兽面纹和叶瓣纹等多组图案，是迄今所知最精美的玉柄形器，也是二里头文化最高水平的代表作。二里头文化玉柄形器是迄今所知同类玉器中最早遗物，此后历经殷商、西周，至春秋后消失。

有关玉柄形器的用途，至今仍是谜。根据其出土时多置于墓主身上或身旁，以及在陕西一些西周墓中出土时，往往在有榫一端的附近有由数十块小玉片和松石黏合成某种图形之饰，有的还于其下托有金片，从而得知它并非为器之柄，而有可能是当时极为重要的玉饰。此外，目前考古界还有多种推测，如有的称之为礼器中的牙璋或玉圭，有的称之为刀具。

二里头文化玉器大多光素无纹，只有一件玉柄形器、一件玉斧和一件玉刀。玉戈、玉戚有饰纹，饰纹为弦纹、几何纹组丝纹、花瓣纹（或鱼鳞纹）、兽面纹和人面纹等。其饰纹的手法除一件玉柄形器外，主要用阴刻单线而为。值得注意的是，二里头文化用双勾法琢饰的人面纹，其目纹呈"臣"字。这是迄今所知最早用此法和此纹样的，是影响殷商，乃至西周的创始作品。此时玉器已使用青铜做琢玉工具，制作水平空前提高。

二里头文化玉器中，玉柄形器是新出现的品种。其他如玉戈、玉刀、玉戚、玉钺、玉斧、玉镯等，是在此前已有的基础上发展的。其造型特征，除玉刀外大多受陕西龙山文化影响。玉戈、玉戚与较晚的四川三星堆文化和早商文化有共同点，推测其传播的途径是先由陕西产生，继而传播到河南二里头文化和早商文化，最后传到了相当于殷商时期的三星堆文化。还应指出，商代玉器中有许多品种是与龙山文化、二里头文化一脉相承的。

（二）商代早期玉器

殷墟遗址的大规模发掘，确凿无疑地证实了殷墟是自盘庚迁殷直至纣之灭亡的都城所在。在殷墟发掘的青铜器已达到中国青铜器发展的顶峰。然而，这种高度发展的青铜文化从何而来长期没有得到解决。随着中国考古事业的发展，发现了多个早于殷墟的商代遗址，商代早期文化的面貌也逐渐清晰。

目前发现的商代早期遗址从地域上看，西达陕西关中平原，东达淄河流域，燕山抵河北宣化盆地，并影响到河套一带，南到长江北岸，并影响到长江以南地区，分布范围大大超过了夏文化的分布区。

商代早期玉器是随着早商文化的发现而确定的，主要出土地点有郑州商城、偃师商城及其附近地区。此外，在早商文化分布区域内，如湖北黄陂盘龙城遗址、河北藁城台西等遗址也有零星的发现。

郑州商城位于河南省郑州市区。城内面积约300万平方米，发现有城垣、宫殿、居住址、作坊、墓葬等遗迹，出土大量珍贵的青铜器、陶器、原始瓷器和玉器等。经研究，该商城很可能是成汤所居的亳都，对研究古代城市发展史具有重要价值。

偃师商城位于河南省偃师县西南洛河北岸，遗址分大、小、宫城三重城垣，宫城东西两侧小城内有排房式建筑基址，排列有一定次序，可能是武库、粮仓或屯兵防卫的城堡。出土了包括陶器、铜器、玉器、石器、骨器、蚌器和原始瓷器在内的丰富的文化遗物。该城址既有大型宫殿建筑，具有早期都城的规模和特点。据研究，偃师商城很可能是太甲所放处的桐、桐邑或桐宫，亦即早商时期的离宫或别都所在。

盘龙城遗址位于湖北省武汉市黄陂区滠口镇叶店乡杨家湾境。发现有城址、宫殿基址、手工作坊、灰坑、祭祀坑以及墓葬等遗迹。出土物有20多件玉器和为数较多的青铜器、陶器。

台西遗址位于河北省英城市台西村。发现大量房屋、窖穴、灰坑、墓葬等遗迹，出土陶石、骨、青铜、蚌、漆木、玉器以及少量丝麻织品等遗物。

从出土的商代早期玉器看，品种主要有玉戈、玉戚、玉钺和所谓的"牙璋"（应名玉戚）、玉柄形器、玉璧、玉琮、玉璇玑式环状器、玉符、玉璜和小件玉佩饰等。类别以大型的仪仗器为主，主要是玉戈和玉钺，玉刀几乎已绝迹。玉戈和玉柄形器的数量剧增，其中湖北省黄陂出土一件大玉戈，厚不足1厘米，宽10余厘米，长达近100厘米。有的玉戈还带有青铜曲内柄，可以想见当时之盛况。

总之，商代早期玉器发现的数量不多，种类亦比较单纯，制作一般。玉器的整体造型和作风呈现出由夏到商晚期的过渡性特征。

第二节 博物馆玉器文物的保护与修复

一、传统制玉工艺

（一）制作技法的演变

玉器在不同时期，其制作工艺水平，时代风尚和刀工、技法等，都有差别。大致可将玉器的制作按时代分为八个时期。

1.初创期

新石器时代为中国古玉制作的初创期。中国有句至理名言"他山之石，可以攻玉"。至新石器时代制玉就是以石攻石的打造方法，器形简单，用料无严格界定。新石器早期的河姆渡文化，先民们已将玉器用于装饰。新石器时代晚期，红山文化与良渚文化的治玉工艺，为后世玉器的发展奠定了浑厚的基础。当时琢玉已从制石行业分离出来，成为独立的手工业部门。其琢玉工艺已能做浅浮雕、微雕、镂孔等技法，但主要是琢雕透闪石、阳起石等软玉。在玉器上已使用榫卯结构，并增加插销做进一步加固技术。如在玉钺柄位置的尾端、中央挖一扁形卵眼，以插入木柄上的棒头。侧视为不规则的凸字形，上视为扁椭圆形。底面中部有橄榄形凸面与柄相接面琢磨出榫头，榫头中部又钻挖成扁卵眼，两侧中部各有一个与卵眼相通的插锁小孔。又如对三叉形玉冠饰的制作技术，采用了浅浮雕和阴线相结合的方法，艺术表现为三层花法，第一层阴线刻出羽翎纹和卷云纹、长短直线等附饰作为底纹；以第二层浅浮雕勾出兽面的眼、鼻、嘴的轮廓；又以阴线在浮雕凸面再刻出眼、鼻、嘴的细部以及唇、齿，这是良渚文化的基本表现方法。在良渚文化遗址中发现黑色燧石尖状器，硬度为7度，与加工玉料残件共存。证明是用它作为刻刀进行阴线刻画。在辽东半岛的文家屯等许多遗址和墓葬中人们已开始利用工具旋转制作玉器圆孔的两种方法，即用沙岩制成的锥状工具和使用管状工具穿孔。另外作为研磨剂，还要加水和沙，再靠工具的旋转、擦切来穿孔。从出土的岫岩玉废料中，发现有两种不同直径的管状穿孔工具。在珠海一带新石器时代的玉器加工场地遗址中，发现玉器和大量因加工中残破而被废弃的玉器与用砺石、环砥石等钻磨的制作工具，说明磨制成功一件玉器是多么不容易，往往事倍功半。

综上所述，这时期使用的工具正如《诗经》记载的"如切如磋，如琢如磨"。如何切割玉器，经考证是以片状硬性物件的直线运动为特征的锯切割，和以筋、弦等柔性物体做弧形运动为特征的线切割两种手法。有人认为是用鬃毛和动物的筋条韧带及兽皮条等编结成的绳索，再黏上解玉沙，加水反复拉动，进行线切割。以此法剖玉者，玉器表面常遗下近似同心抛物线形的线切割痕迹。有些呈水平切割者，应是直接以高硬度的石片划切而成。也有可能是在较薄而直的木或竹质板条上，嵌上石英、燧石、玛瑙等高硬度的细尖锋利的石刀刃状的锯，加上水反复切割而成。

玉器的钻孔方法，普遍认为是采用竹管或骨管加上解玉沙钻成，也有人认为是在管下端嵌上若干硬度高而锋利的细小石刀刃片，加水逐渐钻制而成。有些孔细如针眼者，可能是用高硬度的细尖石锥，直接琢制或对钻，当时被大量使用的是以两面对钻为特征的管状钻，它和线切割综合组成"锼"法，是运用于镂孔玉件或透雕纹饰的主要技艺。以纤细的阴线组成的花纹，主要是徒手的直接雕刻。

2.发展期

商周为古玉发展期。最早在偃师二里头遗址中发现，对七孔刀的加工，是使用铜质圆形旋转工具，说明已出现金属工具。在商代晚期的蜀人遗址地层内，发现一块长条石，分有4片约0.5厘米厚的石片，说明是同时进行割锯的。这时出现的工具已有板锯、线锯和一些简单的金属刀具。用大板锯解料，线锯锯出轮廓，尖头刀定点。后用砣具旋转篦坯带动蘸水的石英沙琢磨，或以木棒、竹管用沙蘸水来钻孔。最后的抛光，除了用皮草或木质物外，可能已使用了布轮一类的打磨工具。

商早期均为阴线雕刻，常见的纹饰有串珠纹、单勾弦纹（云雷纹），弦纹有长短之分。用料以蛇纹石岫岩玉为多。造型常见斧、圭、玉珠及各种祭器。商中期出现了阳线雕刻，但玉器厚度都较大，说明工具还不够先进。主要的制作技法有以下几种。

第一，掏膛技术。从上部镞起，逐步磨磋成深腹。

第二，掐环技术。用一块玉材镂空掐磨成两个以上互为连缀的活动链环。

第三，俏色玉器。充分运用玉料的天然色泽和纹理特点制作的俏色玉龟、玉鳖等，称为巧作。

第四，用双勾隐起的阳线装饰细部，须经勾、彻、挤、压四道工序才能完成。

第五，立体微型玉雕。此时玉器的艺术具有象征性、装饰性的特点，并与青铜工艺基本一致。一些主体的人物、兽禽玉雕，主要突出它们的头、目、齿等主要器官的特征，省略不重要的细部或对其只做象征性的表现，重要细部施用圆润婉转的阳线，装饰味极浓。

3.高峰期

春秋战国时期，古玉制作工艺有了较大发展，碾冶技术精湛，刀法细若游丝，是这时期玉器制作的典型特征，说明此时已出现硬度与韧性都好的合金刀具。抛光技术高超，用以研磨的粉末除了金刚沙外还有红宝石出现。

玉器的造型与轮廓特点是讲究凹凸、富有主体感，器物类型增多，纹饰繁缛生动。春秋时期，主要以隐起面处理，细部施以较细的变形涡纹，使玉器显得柔润丰满。到战国，玉器的纹饰以云纹为主，采用隐起、镂空、阴线、单面或双面雕等多种工艺技法。玉器以精美细微见长。这个时期在中国古代玉器史，上占有举足轻重的地位，创造了精雕细刻、生动传神的具有高度艺术造诣的新型玉器。

4.转折期

秦汉为玉器制作的转折期。从雕刻的角度看仍然有前代遗风，用料较前更为精美。从风格和技法上则趋于简练豪放、雄浑，能在几刀内完成一个完整的动物造型。精细处能使阴刻线细如毫发，颇有特色。集中表现在镂空技术更加普遍使用，构图方面运用了均衡的规律，大胆地运用 S 形结构。圆雕、高浮雕、透雕的玉器和镶玉器物较前增多。满城中山王墓内金缕玉衣的玉片，是用铁轮切割和使用沙、皮、布等加工琢磨而成。广州西汉南越王墓内玉器的雕琢技法是：阴线浅雕、剔地隐起高浮雕、圆雕、透雕。纹样有：谷纹、涡纹、勾连云纹、螭虎纹、熊纹、猴纹、凤鸟纹等。

5.创新期

隋唐为古玉制作创新期。在刀法和工艺方面均有创新，出现了三层镂空雕。器物讲究立体感，与唐三彩和唐代金银器的制作工艺及造型一样，均形成了独特的风格。它重在揭示对象的精神世界，对其形体采取夸张手法以突出关键部位，颇有浪漫主义色彩。碾琢方面，擅用较密集的阴线装饰细部，类似绘画上的铁线描，有的隐起注重起伏，而不加任何刻饰。雕琢趋向精练，以便于显示玉质美，构图单纯，富有体积感、重量感。

6.复古期

宋元为玉器制作的复古期，复古仿古是该时期的主要特点。造型多仿商周青铜器，雕刻工艺多仿春秋战国时期，但无论造型与工艺都不及前代生动传神，缺乏生机。但有些玉器的镂雕技艺能显示出新的生命力，即现实主义和世俗化倾向，具有形神兼备的特点。如北海团城的渎山大玉海，为青玉，高70厘米，直径135-182厘米，圆周493厘米，膛深55厘米，重约3500千克。体外周身饰波涛汹涌的大海，下部以浮雕加以阴线勾画旋涡做底纹。主体雕琢出各种鱼兽，形态各异，神采俱佳。采用浮雕和线刻相结合的方法表现，既粗犷豪放，又细致典雅。

7.精致期

明代早期有宋元遗风。雕琢技术有不拘小节的特点，磨工注意表面，对其侧面不甚注意，对内膛与底部，过得去即可。到中晚期，北方器形浑厚，加工较粗，器物棱角较硬，浮雕图案的底子研磨不平整。晚期以苏州为代表的南方玉器，精巧玲珑，追求精雕细琢装饰美的艺术风格。以双层镂空透雕、片雕最为细致。其碾琢艺术，与当时的绘画书法以及工艺雕刻紧密联系，全面继承了前代玉器的多种碾工和技巧。

8.烦琐期

清雍正时期，制玉以精细为特点，世俗气息浓郁。碾琢技术要求严格，不论是一种做工，还是综合两种以上的技法，均要求规矩方圆，一丝不苟，有着丰富的韵律感。不仅器形表面、花纹图案碾琢工整，而且内部底足等处做工也十分讲究，镂空讲究玲珑剔透。乾隆时复古风盛，大量仿古作品问世。"烧工""做旧"，成为玉器制作中不可缺少的工序。加刻铭文、文字刻玉数量增多。改造古玉亦是其特点之一。此时出现的翠玉制品多为外来贡品。至同治期间，翠雕大量出现。宣统以后，制玉行业完全衰落。

（二）制玉工艺流程

新石器时代如红山文化的玉龙、良渚文化的玉琮等精品，其制作要经过审材、设计、开料镂空、砣琢、磨光等工艺过程。后代制玉工艺流程大致如此。只是在制作大型玉器时要更费事些，如玉龙需要用较大较厚的板料，先画出龙身，再将身首之外的玉料全部锯下，现出糙坯之后才能琢磨。

仅以清乾隆在北京紫禁城内存放的"大禹治水图玉山子"玉器制作过程为例，可见其工程的浩大。玉禹山是用5300多千克新疆和田密勒山玉雕琢的，据记载当时需制作轴长11-12米的特大专车，车上有铜制的角状扶把，前用100多匹马拉车，后要上千名役夫扶把推运，需几年时间才能运到北京。玉料运到北京后，乾隆以宫内所藏《大禹治水图》画轴为稿本，先由宫内造办处画工根据稿本设计出图样，按玉山的前后左右位置，共画4张。随后又制成蜡样，经乾隆阅示批准后，发运江苏扬州，照蜡样再刻成木样。宫内制玉高手张君先等参与了设计工作。当时两淮盐政所辖的苏扬玉雕匠师施工。"玉禹山"被运回北京择地安设，刻字钤印。前后共用数年时间，如加上运输时间达数余年。

二、玉器的清洁保护技术

出土的玉器首先要清洁表面污物，大多数玉器，出土后表面土锈很易洁除。可用蒸馏水、乙醇，用牙刷或软刷子轻轻刷洗。带油污的玉器可用丙酮或稀料去污，使用棕刷轻轻刷洗。缝隙中的土垢可用竹签清除。有时一些出土的玉器已全无光泽，无质感并被污染白色矿物，甚至改变了玉料质地的状况，则用中性的软皂水或5%-10%的氢氧化铵水溶液清洗，再用水冲刷掉余液。对于较难去除的污物，可用稀释的盐酸、甲酸、醋酸水溶液来刷洗。也可采用局部熨烫法，让锈壳脱水或胀缩而剥离，又可以用超声波清洗机来清洁。

玉雕艺术品，出土时破碎、残损器物的黏接，常用GJ301快干胶、502胶、三甲树脂、热熔胶、聚乙酸乙烯酯、聚甲基丙烯酸酯类材料，丙酮稀释黏接。在黏结过程中要做到准确无误，为了使玉器断面接口的严密，可用绳绑捆以达到固定，黏结时流挂的胶液应及时用棉签蘸丙酮溶液擦除干净。

三、玉器的修复养护技术

出土的古玉，由于数千年被埋在地下不同的环境中，往往失去原有的半透明的润泽感，颜色逐渐变黄、灰、白。此蚀变现象称为受沁。通过扫描电镜观察其显微结构，发现受沁后其纤维粗细无明显变化，但结构有变松趋向。最严重的其比重可下降5%，硬度下降5%。

不同环境会呈现不同的氧化情况。铜沁呈绿色，水沁呈白色，血沁呈紫色。此外，温度和湿度的差异对玉器表面的形态及色泽有一定影响。土壤的酸，碱成分直接导致玉制品的腐蚀和外部形态的变化。土沁呈黄色，水银沁呈黑色。

出土的历代玉器，由于自身质地坚硬，所含矿物成分绝大部分为硅氧化合物，具有耐酸碱的特性，埋在地下时处于稳定的化学平衡状态。出土后玉器上的土锈较易清除。破碎玉器，可拼对、黏结修复。先用丙酮清洗茬口，小件玉器以三甲树脂或502快速黏接剂滴涂黏结面，胶液不宜过多，用手挤压使合缝严密，停一会儿再松开，逐块黏牢至整体复原。当玉料是碳酸盐或磷酸盐材质时，极易受尸体腐蚀，使玉既无光泽，又无质感的白色。此时，只能用中性的软皂水或5%-10%的氢氧化铵，再用4%聚乙酸乙烯酯丙酮溶液渗固，然后以三甲树脂拼对黏结严密。

在处理一件被土侵蚀的，或被矿物成分氧化，结成一层钙质外壳的玉石制品时，用传统方法需花费很多时间和工序，用现代技术，一件翠玉佩的抛光只需2个小时。使用超声波处理法来抛光研磨，一件锈绌不堪的古玉仅需20分钟即可见新，但媒介粉末是必不可少的。

不少出土的玉器，一般都被当成贵重的宝物来保存，因而人为损坏的可能性很小，尤其是硬玉，其色泽始终鲜艳，光泽度好，透明晶莹，硬而不脆，不易损坏，但要防止受重击，否则也会断裂。软玉的硬度小些，质坚韧而不易压碎，但不能近火烤，它易熔。也应避免与尖硬的器物摩擦。

第五章　博物馆青铜器文物的保护

我国古代青铜器制作精美，代表着中国在先秦时期高超的技术。对于如何保护和修复青铜器，许多学者和专家进行了广泛的研究，找到了许多方法与新技术，与此同时仍有诸多问题亟待解决。

第一节　青铜器的工艺

一、陶质块范铸造工艺

随着社会经济的发展、新兴城市的建立，商品交换开始活跃起来，青铜礼器随着奴隶制的崩溃而逐渐改变了性质，作为日常生活用具，为适应地主阶级的需要，在生产上有了很大的提高。当时青铜器已作为商品出现在市场上，以往一模一范的生产方法，显然已不能满足社会日益增长的需要，于是青铜器铸造技术得到进一步改进和发展。

（一）分模制范

山西省侯马铸铜遗址出土有许多陶质的母模。模就是母范，在大型器物的陶模残块中，还发现不少鼎鉴等器物局部完整的块模。根据这一现象可以推测，这时铸造青铜器的陶模不是做铸件的整体，而是根据铸件的形制和纹饰分为若干组，而陶模只做其中的一组，然后反复印制在范上，合成整器的陶范。如鼎的耳部、腹部和足部，都具有不同的陶模，钟则二等分做半个模。在工业生产上，分工越是细，越是程序化、规格化，生产效率也越高，侯马陶模的解剖式分型，很明显地具有这种特征。如果是一些小的器件，不宜于分范的，则就用完整的实体模，如器物上一些主体的兽形、人形之类。

母模的制造是用手工直接雕刻的，也有从器物上复制的，侯马一些精雕细刻的陶模一丝不苟，例如千百点如钉尖的地纹或鳞纹，毫不紊乱，花纹很少有缺陷。有一些陶模可能不是直接雕刻，而是在极为精细的器物上局部复制的。做这个判断的理由是，在这些陶模上完全没有刀尖或雕刻器刻画的痕迹，尤其是特别精丽的花纹，更是如此。

侯马陶范的泥质较纯，烧成的温度较高，陶质没有疏松的现象，这样的陶模可以反复使用而不易受损坏。

在侯马出土的陶模上，还可以看到当时工匠们在制作陶模时的一些迹象。在陶模上画有很细的分格、线条，或用两脚规画成圆圈。有的陶模只有粗花纹，就不再刻下去，大概是雕刻过程中的废品，从花纹的精密度和光洁度来看，当时的雕模应有相当精确的工具。

（二）侯马陶范的翻制

陶模和陶范在铸造青铜器时所起的作用是不相同的，前者决定器物的造型，而后者却需要承受上千度的铜液，并在其中冷却，除了耐温以外，还要有良好的机械强度，经得起铜液灌浇冲刷而不致损坏。另外，铜液灌入后，会在范中产生不同程度的气体，这些气体大部分通过浇口和冒气口排出体外，以保证在外观上看不出气孔这类铸造缺陷，而陶范的泥土必须是很细腻的，以便能够清晰反映出青铜器上的铭文和花纹。

侯马陶范耐热性能优良，机械强度也相当好。用来制范的泥土是经过精心淘洗的，淘洗的目的，一方面是把泥料按粒度分级，另一方面把泥料中所含碳酸钙、硫酸盐等有机物溶于水中，以减少这种盐类的危害，否则会造成降低耐火度、烧结温度并增加发气性。

从侯马出土残陶范的断裂面上可以看到，陶范的表面即铜液接触的表层和支撑这一表层厚厚的加固层，表层的陶土致密，掺有匀净的细沙，有的厚度在 5 毫米左右。基体层除了同样掺和细沙以外，还包含有丰富的孔洞，主要是在土中拌和切碎的植物茎叶和麦秸等草料，像殷墟出土陶范一样，使阴干时不致开裂变形。这表层花纹，形态都是从母模上翻制的，大面积的花纹是由小块印模反复印成的。有的器上印模的单位有数十个之多。由于压印的单位总不是恰巧是个整数，而是或多或少的需要切割，在东周铸件纹饰上，常可看到陶范表层切割补合的痕迹。

商和西周时代青铜器上已经使用的有些部件分铸的方法，在东周晚期大为盛行。在这个基础上，发展到陶范的部件也可以分别铸造。在侯马出土的钟范中，发现了许多单独的枚范，它的外观呈上大下小的方锥形，后来发现这种已经焙烧过的枚范，是嵌在钟范上的，在钟范上有嵌枚范的方孔。这种装配式的范，无疑可以大大提高生产效率。

范的拼合需要很高的技术，稍有不规整，就有可能出现铸造缺陷，拼合小的块范，应当有适当的工具，否则不易精确。春秋、战国时的青铜器，大多器壁较薄，所以内外范的适当安置很重要，在合范定型之前，要进行校正，主要是解决厚度匀称问题，在这时，校正最为方便的是内范，因为内范没有花纹，又是处在泥质阶段，故可做适当修正，成组分制的内外范，都有相应的记号，以防错配。

内范和外范的固定，除了块范之间做上各种形状的子母榫以外，为了保证器壁的厚薄均匀，器物的容器部分，在合范以前，内外范之间，还垫有小的铜片，以控制厚度，这种小铜片在灌注铜液后，就固定在器壁上。需要封闭的部分如足、耳等的内范上，常有角锥状突起，这突起的高度，正好是所要浇铸的足、耳等的厚度。这里的泥芯，是指四周用铜包住的、永久性的内范，常见做尖角形，它和外范之间的接触面非常小，有的仅是一小点孔隙，浇铸后泥芯就会均匀地封闭在铸件的内部。有的钟舞和枚间，也有这种空隙。

二、失蜡铸造工艺

失蜡法铸造青铜器，在我国有着悠久的历史，但见于文献记载却比较迟。宋人王溥《唐会要·卷八十九·泉货》引郑虔《会粹》说：唐初铸开元通宝，（欧阳）询初进呈"蝎样"，自文德皇后在蝎样上掐一甲迹（指甲的痕迹），因此钱上留有掐痕。"蝎"是蜡的古写，"蝎样"就是蜡模。这是有关熔模法的最早记载。但对此也有不同看法，认为钱上所留的痕迹是凸痕。宋赵希鹄《洞天清禄集》最早叙述了失蜡法的工艺过程。明宋濂等撰《元史·卷八十五·百官志第三十五·百官一》有"出蜡局提举司"，专司铜器铸造。明宋应星《天工开物》详细记载了万钧钟的失蜡铸造工艺，并载有蜡料配方。

失蜡法在我国的起始和应用，是冶铸史上一个重要的课题，长期来，对中国什么时代开始用失蜡铸造存在着不同的看法。某年湖南省宁乡出土了商代四羊方尊，尊肩的四角有四只羊头，羊角呈立体状而且弯曲度很小，有人认为是用失蜡法铸造的，否则羊角就无法脱范，经过实物仔细分析，发现羊角尚留有合范痕迹，证实它确实是使用传统的陶范法分铸的。

云南省晋宁县石寨山出土的滇族贮贝器，盖上的附饰已确认是用失蜡法铸造的，但它是西汉时代的。某年湖北省满城刘胜墓所出土的错金博山炉和鎏金长信宫灯，也是用失蜡法铸造的，它也是西汉时代的。

目前中国最早使用失蜡法的铸件是某年 5 月河南省淅川楚王子午墓所出土的青铜禁，这禁四周围着的龙纹饰结构复杂的框边，是用失蜡法铸造的，框边立体的错综结构的内部支条，尚可见蜡条支撑的铸态。王子午即楚王的令尹子庚，其活动时期在公元前 6 世纪中叶。令尹王子午墓的禁，失蜡铸造的技巧已相当成熟。所以在春秋中期和晚期之际，失蜡铸造的技术，已能成功地铸造最复杂的器件。

某年在河北省平山县中山国王䘘墓出土战国晚期镶嵌金银四鹿四凤四龙青铜方案，高 37.4 厘米、长 48 厘米。方案最下面是四只梅花鹿，承托一圆圈，上面立有四龙四凤，交错盘绕成半球形，龙顶斗拱承一方案。四鹿神态温顺，四龙姿态雄健有力，四凤展翅引颈长鸣，表现了巧妙的工艺构思。

某年湖北省随县擂鼓墩曾侯乙墓出土的尊和盘，出土时尊置于盘内，两件器物风格一致，口沿为多层套合的镂空细密龙纹，是由表层纹饰和内部多层次的铜梗所组成，结构复杂，腹部和底部为龙形和豹形装饰。曾侯乙墓器物的年代在公元前 5 世纪下半叶至 5 世纪末。这是迄今我国发现最早的一批失蜡铸件。

虽然失蜡法在中国的起源还不清楚，但是从王子午墓出土的禁和曾侯乙墓出土的尊盘失蜡铸造技巧如此高超，而且都出土于豫南鄂北这一地区的情形来看，可以认为这种铸造方法是在我国独立地发明的，有着自己的民族特色。由于失蜡法的铸件出土不多，也没有发现铸造的遗址，因而有关的蜡料、泥料的成分配制和火候等，有待于做进一步的探讨。

三、复合金属铸造工艺

商周时代铸造青铜器已能使用两次或多次的分铸法，或局部嵌铸法，如铁刃铜钺或铜戈。春秋晚期到战国时代，出现了用两种不同成分的青铜合金熔铸或嵌铸成器，也有用青铜和铁合铸的。这类工艺，有的为了提高装饰性，也有为了实用效果，在当时能起到很好的作用。

（一）表面合金化技术

越国是铸剑的名邦，著名的越王勾践剑的剑体上布满了很精美的菱形图案，因为这剑没有严重腐蚀，所以金属质地看得比较清楚。表现图案的线条，是一种浅色的金属，与剑的基体稍有氧化的青铜色彩不一样，这浅色的金属是与基体铸合在一起，而不是镶嵌的。这一类剑，楚越兵器中都有，而且戈、矛上也有类似的菱纹。根据表面分析，因为有硫化物，所以原来认为这种花纹是在剑的基体上腐蚀出来的。后据对同类剑的纹饰做取样化学分析，发现纹饰深度可以厚达 1 毫米左右，因而绝非硫化物腐蚀的结果。菱形纹饰金属经光谱分析，铜、锡为大量，硅、铁、银、钙、镁、砷、铋、铝、铬、锰、磷、锌为微量。由于菱形花纹中的金属已腐蚀成黑色，少量取样的化学分析，定量参考的数值为锡<47%、铜<31.27%、铅<11.8%，其余为杂质。这剑的基体是铜77.62%、锡 20.50%、铅 0.25%，原来的剑之基体应呈金黄色，而菱纹则呈银白色。

这一现象经研究发现，菱形纹饰的制作采用了合金热扩散原理，即用锡基合金粉末涂覆于青铜剑表面，经加热使合金成分扩散到青铜剑基体之中，使涂敷部分呈白色，未涂部分仍为铜黄色，形成黄白相间，极富装饰性的非机械镶嵌菱形花纹。这表明中国早在几千多年前已发明了金属表面合金化技术。

研究还发现，白色部分不仅富锡，还生成细晶区，因而耐蚀性大为提高，经过千百年的腐蚀作用，剑体和菱形纹饰由于耐蚀性能差异，便形成了现今黑和白灰色相间的菱形暗格纹。战国时代一部分巴蜀式兵器和楚兵上，常有一些亮色的斑点和条纹。这些斑点和条纹有的是对称的，每一斑点有圆形或方形的界限，有的则采取不规则的自然分布，或做流动骤凝状态。这些发银亮色的斑点，在有一些器物上呈现墨绿色，这是因氧化和腐蚀的条件不同所致。未经氧化的斑点硬度很高，而且这些金属物质与器物表面平整一致。加以解剖，可以观察到亮斑有不甚匀称的厚度，与基体是熔铸状态，即一次铸成的，就是所谓浑铸。这类兵器的基础成分是常规的战国铜兵，而银色亮斑经分析也是低铜、高锡、高铅的合金，并含有少量的铁。这种特殊的合金是按照不同的设计形状，先固定在范上，然后浇铸融合在一起。它的关键在于合金的配比和浇铸的火候，如果掌握不当，银色亮斑将会流失变形，或与基体铜液化合。

以上两种复合金属铸造的技术，在秦汉时代已经消失。

（二）青铜复合材料铸造技术

春秋时期成书的《考工记》，已总结出铜锡合金的六种配比，用以铸造不同使用要求的青铜器物。作为刺杀的青铜剑为了锋利，需用质硬的高锡青铜，但格斗时因脆性易折断。为克服此矛盾就用不同成分的青铜合金，采用两次铸造工艺，先用低锡青铜铸造剑脊，再用高锡青铜铸造锋刃部分并包住剑脊，使青铜剑刚柔相济，大大提高了青铜剑的格斗性能，由于高锡部分色泽黄白，低锡部分色泽偏红，所以又称双色剑。这表明中国在几千多年前就创造性地应用青铜复合材料提高兵器的使用性能。

（三）铜铁合铸件

所谓铜铁合铸件，是指器物的主体或部件为铁质，而与青铜合铸。以铁为主体的铜铸件，如铁刃铜兵，特见于商和西周时代，这时的铁不是铸铁，而是天然的陨铁。河北省藁城出土一柄商晚期陨铁刃青铜钺。某年8月又在北京市平谷区南独乐河公社刘家河大队出土一柄陨铁刃青铜钺。

陨铁的特点是镍含量较高，估计在6%以上。以陨铁为刃，表明当时已认识陨铁是可锻的珍异金属。

以铸铁和青铜合铸的器件，主要出现在战国时代。铜和铁合铸，较早的是中山王墓鼎，为铁足铜鼎，此鼎的铭文纪年，安徽省寿县李三孤堆楚王墓出，土的瓵下部的鬲亦为铁足，墓为楚幽王陵，其他如湖北襄阳蔡坡、鄂城、江陵雨台山，湖南长沙识字岭、广西平乐银山岭等都曾出土过铁足铜鼎。此外，还有铜柄铁剑等，在全国各地发现较多。

铜铁合铸件对于珍贵的青铜器来说，并不很理想，这样做不是为了提高器物的价值，而是为了节省铜料，但在使用上是没有影响的。这种用铜铁两种不同金属合铸的方法，一直传到后世。

第二节 青铜器的保护、修复技术

一、青铜器传统修复和现代保护修复技术

（一）青铜器传统修复技术

1.青铜器传统修复技术的产生及发展

（1）产生期

关于青铜器修复技术的产生有三种观点。第一种观点认为，青铜器诞生之初就出现了青铜器修复技术，因为有一些出土或传世的早期青铜器中就存在修补或焊接的痕迹，如对铸造缺陷或沙眼气泡进行补铸，或者对器物在当时使用过程中产生的损坏进行焊接和修补。这种观点有一定道理，因为针对青铜器进行修补、补铸和焊接就是一种保护修复行为。在这种观点的支撑下，青铜器修复技术的产生可，上溯到青铜器的起源之时。

第二种观点认为，我国青铜器的修复技术产生于春秋时期。《吕氏春秋•审已篇》和《韩非子·说林下》记载：齐伐鲁，索谗鼎，鲁以其赝往，齐人曰："赝也。"鲁人曰："真也。"齐剂："使乐正子春来，吾将听子。"鲁君请乐正子春，乐正子春曰："胡不以其真往也？"君曰："吾爱之。"答曰："臣亦，爱臣之信。"该文献讲的是鲁人把假的"谗鼎"给齐人，被齐人识破，反映出春秋时期就有青铜器仿制技术了。持有这种观点的学者认为青铜器的保护修复技术是与其复制和伪造技术直接相关的。鲁国能复制"谗鼎"就反映出在春秋时期青铜器修复技术就产生了。较之第一种观点，这种观点认为青铜器修复技术产生的比较晚。

第三种观点则认为，我国青铜器修复技术产生于宋代，到明代才成为一种专门的工艺技术。

在《中国青铜器修复技术源流刍议》，莫鹏根据大辞典的定义，认为青铜器是"人类文化中所遗留下来的具有历史、艺术价值的古物"。人们对青铜器铸造缺陷和使用中的损害进行补铸和修补，这只是对日常生活中的日用品进行保护修复，而不是对具有历史和艺术价值的青铜文物进行修复保护。因此，青铜器传统保护修复技术起源于青铜器诞生之初的观点存在问题。此外，莫鹏认为青铜器的仿制或复制并不是真正意义上的青铜文物修复，只能算是模仿或仿古。直至宋代好古之风盛行，"人们开始注意搜剔山泽，发掘冢墓，出土古铜器日多……故依遗物仿制以充庙堂的礼器"，"趋随世而转……则造伪者亦自专造伪锈以欺世"。这种伪造锈的方法和现代修复青铜器的"做锈"如出一辙。到了元明时期，人们还对残破的青铜器进行拼凑和简单的焊接。因此，认为真正意义上青铜器传统保护修复技术起源于宋代。

这三种青铜器传统修复技术起源均有一定的道理。以为无论是对作为日用品的青铜器进行修补还是对具有一定历史和艺术价值的文物进行修复，以及春秋时期至宋代人们的仿古，这些行为均和现代意义上的青铜器保护修复技术有关，可以将青铜器起源之时至宋代划分为青铜传统修复技术的产生期。

（2）发展期

青铜器传统修复技术的发展期可定为元代至清代。元末明初，匠工的作伪技术进一步发展，做锈的方法更多，锈色也做得更加逼真，不仅出现了简单的修补技术如"改锹""拼凑"技术（明代洪武年间曹昭的《格物要论》和高濂的《论新铸伪造》均有记述），而且人们还可以对破损严重的器物进行锡焊。尤其到了清代，皇家和达官贵族收藏研究青铜器之风日盛，大大刺激了青铜器的作伪行业的发展，各地出现了名噪一时的作伪流派如：北京派、潍坊派、苏州派和西安派。各派均具各自特色，并有代表人物出现。北京派以被人称为"古铜张"的张泰恩为代表，其技术特点是尽量复制得华丽、精巧、形制奇特，地子、锈色做得十分逼真，以仿商周重器和鎏金器较多；苏州派从周梅谷创办作坊开始，以金云松为代表人物，特点是多以仿制殷墟出土的商周青铜器为主，精致逼真，尤其在做锈上有自己的独特之处。潍坊派的代表人物是陈介祺，该派擅长仿制铭文，并用蜡胎为模，精雕细刻，使人难辨真假。西安派的代表人物有俗称"凤眼张"的张二铭和苏亿年、苏兆年兄弟，他们擅长在度量衡器上作伪铭文，并做假锈后埋入地下，假锈和真锈混合在一起，真假难辨。

在此时期，收藏风气的盛行，促使了青铜器作伪技术的大力发展，并形成了各具特色的流派。作伪过程中体现的补缺、錾刻、刻铭文、做假锈以及翻模复制技术已经和现代人们所见的青铜器修复技术无多大区别了，并形成了分工明确、流程化生产的手工作坊。可以说，我国青铜器传统保护修复技术在此时期得到了长足发展。

（3）成熟期

清末民初至现代被认为是青铜器传统修复技术的成熟期。在清末民初，帝国主义列强侵略中国，同时也对中国的文物进行了掠夺和盗卖。一些古董商人开办了"洋庄生意"和"金石路子"促进了青铜文物的复制和修复，工匠们创新出"漆地磨光""点土喷锈"等方法，将残损严重的青铜器修复完好，使修复部位和未修复部位浑然一体，极难分辨，标志着青铜器传统修复技术达到了成熟期。

2.青铜器传统修复技术的工艺流程

按照传统修复技术流程来说，一般有焊接或黏结、矫形、补配、鎏金、作锈和去锈等六个技术步骤。

青铜器的焊接主要用金属锡作为焊料。焊接前，先将需要焊接的部位用锉刀锉出铜胎，锉口排上薄锡，对好锉口，再用烙铁焊接。电烙铁出现之前多用火烙铁。焊接剂采用焊锡膏或者焊药水（盐酸和锌），松香一般用作烙铁去脏。黏结主要采用 AB 胶和胶棒（主要为环氧树脂类的化合物）。

青铜器的矫形也是传统修复中重要的工艺步骤。矫形的方法一般有锤击法、钳夹法、锯解法、撬压法和支撑法。锤击法采用橡胶锤或木槌敲击青铜器变形部位，敲打整形，一般适用于铜质较好的器物。钳夹法采用钳具和垫片夹紧铜器的需整形部位，缓慢加力，调整变形部位的应力，直至达到要求。撬压法和支撑法均采用不同的整形工具消除器物变形的部位应力，以达到整形的目的。有的变形较大的器物，往往对变形部位采用锯解法。现在还有根据金属加热软化的原理采用加温法来进行矫形。

青铜器的补配。对无花纹部位的补配往往采用厚度合适的铜皮，在铜皮上排上锡，打磨平整直至与原器物厚度一致，对好缺失部位的尺寸，再焊接在器物上。对有花纹的残缺部位，需要翻模补配。翻模的方法有蜡模、沙模、石膏模等。翻模后做好补块，经过修模、作色、磨光、修整等多道工序，方可完成。现在也有把锉下的青铜粉末直接用胶黏结在纹饰上制成模块，再将其用排锡焊接到铜皮上，打磨控制好厚度和大小进行补配。

鎏金工艺往往采用金和水银制成金汞齐，涂在铜器表面，加热后水银蒸发，金就附在器物表面了。这种方法我国古代从春秋时期就采用了，传统保护修复也一直延续使用这种方法。

青铜器的作色，主要分为作地子和作锈两类。作地子和作锈一般用酒精稀释虫胶片，再调入颜料。颜料往往是化工原料如铁红、铁黑、钛白靛蓝等，过去传统作地子采用各种矿石颜料。其他一些作锈的方法如溶液浸泡、埋入地下"闷锈"等技术，都是为了获得生动自然的"红斑绿锈"的效果。作色这一步骤对传统修复工匠的经验要求较高，有的工匠跟师傅学习了很多年，仍然没有掌握作地子和锈色的方法。

通过对我国青铜器传统文物修复历史和技术进行梳理，可以看出青铜器的保护和修复技艺的源远流长。其技术的产生、发展和成熟均与当时的社会环境相关，无论这些传统修复工匠的目的是什么，不可否认的是，我国青铜器传统修复技艺正是在他们的手上得到了传承。

（二）青铜器现代保护技术

中华人民共和国成立后，随着科学技术的进步、新材料和新工具的出现，以及国内外青铜器保护理论的建立和充实，青铜器的保护技术得到了长足发展，相关保护修复的实际问题也普遍得到了较好的解决。

总的来说，青铜器现代保护技术的理论依据主要来源于文物保护工作者对青铜器腐蚀机理的科学认知。文物保护工作者对青铜器所采取的干预措施和施用的材料，其主要目的是终止青铜器继续腐蚀，延长文物寿命，这与青铜器传统修复技术在理念上是有差别的。因此，青铜器现代保护技术和传统修复技术是不同的，不妨认为这是青铜器保护修复技术的新阶段。这一阶段出现了很多依青铜器腐蚀机理形成的方法，主要有以下特点。

在国家文物局颁布的行业标准《馆藏青铜质和铁质文物病害与图示》中，明确了青铜器保护的相关术语以及青铜器的病害类型。例如，青铜质文物是以铜锡铅合金为主要基体材料的器物，通常也称为"青铜器"。青铜质文物病害是因物理、化学及生物因素而造成的腐蚀现象。此外，该行业标准将青铜质病害进行了科学分类，将其分为：残缺、断裂、裂隙、变形、层状堆积、孔洞、表面硬结物、矿化、点腐蚀、微生物损害等病害形式。

此外，通过国内外文物保护人员的大量实践，利用现代科学分析仪器对青铜器进行全面的分析研究，以及对青铜器的埋藏环境出土保存环境等广泛研究，人们对青铜器腐蚀机理的认识逐渐加深。从利用化学腐蚀原理发展至电化学腐蚀原理解释腐蚀现象。对青铜器的腐蚀形式也进行了总结和分类，指出全面腐蚀和小孔腐蚀形式是青铜器腐蚀的两种主要形式。同时也深入研究了青铜器的锈蚀产物，辩证的将锈蚀产物分为无害锈和有害锈，认识到无害锈是对青铜器有保护作用的产物，有害锈才是影响青铜器长久保存主要因素。

这些在行业标准中体现的术语和定义，以及人们对青铜器腐蚀机理的研究成果，深刻反映了人们对青铜器腐蚀机理的认知。在实际工作中，面对一件残破的青铜器，文物保护工作者不仅要考虑将其修复完整，还要考虑对青铜器病害的处理以及如何减缓青铜器的腐蚀速度，这是对传统修复工作的进一步要求。对于青铜器保护工作者来说，不仅要掌握传统修复办法，还要掌握现代物理、化学、电化学、材料学知识以及青铜的病害分类和特点，能够准确辨识青铜器的病害类型和区域，学会用合适的病害图标标识其病害类型。

二、青铜器传统修复和现代保护理念和技术的融合

（一）青铜器传统修复和现代保护技术结合的必要性

1.两者结合的现实要求

由于文物的特殊性，每件文物进行保护和修复时，必须先制订保护修复方案，并将方案上报至国家文物局或省一级文物管理部门。对于青铜器保护而言，如果缺少了相关分析检测结果、保存现状和病害描述以及拟采取的脱盐、缓蚀和封护方法，而仅有传统修复办法，保护修复方案是很难通过批准的。此外，现行的三部行业标准并没有明确提出必须对残损青铜器进行传统修复。没有要求对青铜器进行矫形、焊接和作色等传统修复，并不意味着传统修复工作就没有必要了。在实际工作中，从人们审美习惯角度出发，尤其是考虑到博物馆的展陈需求，文物保护工作者对残损青铜器都进行了修复处理。可见，传统修复工作仍然是现代文物保护修复工作不可或缺的内容。在现行条件下，青铜器的保护修复既要符合文物保护行业要求，又要兼顾人们的审美习惯和博物馆展览要求。

2.青铜器传统修复技术的传承与发扬需要现代科技的支撑

通过对青铜器传统修复和现代保护技术的梳理，可以看出青铜器传统修复技术存在如下问题：传统工艺中没有认识到清洗、缓蚀和封护的问题；传统工艺中缺少保护修复过程档案记录；传统工艺中缺少必要的分析检测；传统修复工艺缺少对青铜器腐蚀机理和方法原理的科学认识。

现代保护技术虽然对青铜器的保护效果显著，但也存在一定问题，如：没有较好地解决青铜器保护与人们审美观念和博物馆展览间的关系；现代保护技术仍然不够成熟。

因此青铜器传统修复的发扬离不开现代保护技术，同时现代保护技术也离不开传统保护技术，两者的结合将是一个必然的过程。

（二）青铜器修复理念

现代保护修复理念经过了多年的发展和完善，最终形成了"真实性""不改变原状""最小干预""可逆性原则"等文物保护修复原则。其中真实性原则和不改变原状的原则可以划归为一类，可称为客观原则，也就是在实施保护修复过程中应该以客观事实为依据，出土时文物的原貌是什么样子，就应该保持其原貌。最小干预原则是指所保护修复过程中所采用方法、技术和材料对文物的影响最小，最低程度影响文物。可逆性原则是指保护修复过程中对文物所使用的材料能够被清除，能够发生逆向的反应。这些现代保护修复理念逐渐被国内外文物保护人员所接受，也成了他们在实际工作的指导思想和原则。

（三）青铜器修复技术

青铜器传统修复的科学化不仅在修复理念方面要进行自我审视和更新，能够跟上现代保护修复理念的发展。还需要对青铜器修复技术进行科学化的探索。

第一，应该将传统修复过程进行详细的记录和描述，形成可留存查阅的资料，以便于后人再对其进行保护时，有据可查。这一点对于传统修复人员来说，做的还不足够充分。比如对于某件青铜器进行补配时，没有详细的记录补配的位置，当人们再对其进行处理时，就难以准确把握原先的处理信息。

第二，青铜器传统修复需要对使用的材料、工艺进行规范化，对传统的工艺、材料以及技术进行科学地评估，有些不够完善和科学的地方，应采用合理的方式进行完善。例如在此次青铜文物保护修复实践中，在对破损或残缺的部位进行焊接时，采用了松香作为焊接助剂，并没有选择效果更好的焊锡膏，主要的原因就是焊锡膏含有氯元素。因此要对传统修复中所使用的材料、工艺和技术进行科学化的提升。但是这并不是否定传统保护修复，其在长期的实际工作中形成的一套行之有效的办法有其合理和科学的成分，虽然一些老一辈的修复工匠讲不出其中的科学原理，但是通过大量实践，往往摸索出的办法是暗含科学性的。例如在一些青铜器保护修复工作中，作色所使用的黏结剂是虫胶漆片，将各种颜色的矿物颜料调入用乙醇溶解的虫胶漆片中，涂刷或弹拨到要作色的部位，这种虫胶漆片凝固后，就会把颜料黏到文物表面，形成各种锈色。其中使用虫胶漆片作为黏结剂是十分合理与科学的，因为其具备良好的可逆性，即使凝固后还可以用乙醇溶解，这样就使得黏接到器物表面作色部位的矿物原料十分容易的洗掉。因此，要对传统修复中合理的部分予以肯定和发扬。对于一些不科学的地方应加以完善。

第三，还应该意识到，不应将传统修复和现代保护技术划开界限。修复在某种意义上也是一种有效保护文物的手段，两者之间应该有机结合。并借鉴其他学科的技术、方法和原理，将青铜器传统修复和现代保护技术进行合理化和科学化的有益结合，真正使青铜器传统修复跟上时代的步伐，并形成真正意义上的兼顾审美性和科学性的青铜器保护修复技术。在实际工作中，要从档案建立、保护修复工艺、科学仪器分析和保护修复实践等角度进行有益的尝试，兼顾传统修复和现代保护技术，对两者的融合形成一定意义上的探索。

第三节 博物馆青铜器文物的保护与修复

在数千年遗留的传世品和出土青铜器中，有些由于外界环境的影响和自身结构的缺陷，出现了不同程度的腐蚀。部分出土的青铜器甚至破烂不堪。要使这类受腐蚀的青铜器能够长期保存下去，关键在于深入分析其损害因素，采取相应保护措施，尽快将其修复起来。

一、青铜器的保护

保护腐蚀青铜器的基础是对导致其腐蚀劣化的原因和青铜器的腐蚀机理的研究。可以看出，青铜器所处环境中氯离子锈蚀的内因，只要外界条件有利，它就会对器物造成损害。因而对于一般青铜器的保护处理，就是对氯化亚铜进行机械和物理化学的清除处理。

为了维持古代青铜器的原貌，应具体分析每个青铜器受腐蚀损害程度的不同，有针对性地采取不同的相应措施。

（一）传统去锈法

1.醋酸水溶液去锈

对于铜器的底子较好，且有一定硬度，但被锈色包住器物表面的现状，可使用此方法。具体操作是用70%醋酸水溶液（蒸馏水）浸泡铜器，用软尼龙刷刷洗去锈。

2.酸梅糊去锈

其操作方法是将锈蚀的青铜器先用稀醋酸溶液浸没以除去油泥，然后再涂一层乙酸，糊上酸梅泥糊进行去锈。酸梅泥糊由酸梅500克、冰醋酸250克、硫酸铜100克组成，三者混合搅匀呈糊状。对于那些被水浸底或器底已翘的青铜器不宜使用此方法。

3.红果糊（山里红）去锈

将 500 克以上的生红果去掉籽，250 克上等米醋、250 克冰醋酸、100 克硫酸铜，一齐放入砂锅中烧煮，至红果烂透。待凉后捣成泥状，搅拌匀即可，将其糊在器物上除锈。以上两种果糊煮后可留住长期使用，用红果糊去锈时间较长，但其性柔不会伤铜器。

4.碳酸铵去锈

其操作方法是将碳酸铵砸碎后过筛，筛成粉状，放在瓷碗里，加进蒸馏水，调成糊状，然后用小竹片涂抹在铜器的锈处，最后用蒸馏水冲干净。此方法要小心谨慎，否则将会使铜器损坏。

5.盐酸去锈

其操作方法是 60%盐酸蒸馏水，多次浸泡反复洗擦去锈。最后用蒸馏水冲洗干净。这种方法使用的前提要求青铜器铜质强，机械性能好，如已糟朽，不宜使用。

6.硝酸去锈

其操作方法是在瓷碗内配 10%的硝酸蒸馏水溶液，然后拿镊子夹棉球蘸药液，在铜器生锈处反复擦拭去锈，最后用蒸馏水冲洗干净。这种方法要求铜器质地坚硬，否则不宜使用。

（二）机械去锈法

这种方法常用于已经暴露在青铜器表面的粉状锈。一般借助放大镜或显微镜观察，使用手术刀钢针、錾子、锤子、凿子、雕刻刀和多功能笔等，对所需去除铜锈部位进行仔细清理。还可利用超声波震动法去除青铜器上的有害锈，其最大优点是去除粉状锈较彻底干净，而且不损及其他铜锈。又有一种小型研磨去锈笔，其笔尖可更换不同型号的小砂轮。笔头连接有蒸馏水喷管，在砂轮转动去锈时，可不断喷出蒸馏水，能防止锈尘吸入人体造成危害。还有一种超声波洗涤器，放入青铜器并加入 70%乙醇蒸馏水溶液，利用超声波震动洗涤去锈。机械方法不能根除有害锈，一般总是和化学试剂去锈混合用，使两者相互补充，达到更理想的效果。

（三）化学去锈法

使用化学药物配制的除锈液，清除青铜器上的腐蚀物。除锈液的配方较多，主要有以下几种。

1.柠檬酸溶液

柠檬酸属有机弱酸，为无色晶状体，易溶于水乙醇和乙醚。5%浓度的柠檬酸蒸馏水溶液浸泡，能相当缓慢地溶解氧化铜，对金属作用小，但能防止在浸泡洗刷过程中使铜器受损害。

2.倍半碳酸钠溶液

用倍半碳酸钠溶液浸泡腐蚀青铜器，置换腐蚀层中氯化物除锈。该方法的机理是，用此溶液浸泡青铜器时，有害锈（氯化亚铜）逐渐转换为稳定的碳酸铜。具体操作方法是，将碳酸钠与碳酸氢钠以等摩尔数混合后，溶解于蒸馏水中，配制成5%-10%的系列溶液，较常用的为5%的溶液，一般碳酸钠中含有结晶水（配制时应考虑在内）。在擦洗过程中，青铜器上的氯离子会被转换出来并转入浸液中。这种安全、方便的处理方法，被广泛采用。此方法虽然平稳，但费时很长，甚至花几年时间方能完成一件铜器的清洗。因为氯化物不仅附在表面，有的还在器物锈蚀层深部，置换过程中并不能彻底将其置换出来。同时青铜器表层会新生成孔雀石样腐蚀层，色彩均匀艳丽，从而使人产生原貌已改变的感觉。但它对抢救有害锈严重的青铜器，仍不失为一种较好的办法。

3.六偏磷酸钠溶液

用六偏磷酸钠溶液除去青铜器表面的钙质沉积物，一般用5%六偏磷酸钠溶液浸泡，但速度很慢。对于钙质沉积物很厚的器物，用15%六偏磷酸钠溶液浸泡，并对浸泡液进行加热，即能增快清除的速度。

4.稀硫酸水溶液

用稀硫酸水溶液可去除鎏金铜器外表的铜锈，方法是用镊子夹棉球蘸取5%-10%的稀硫酸，在铜锈处涂敷，即有气泡产生，每次涂敷面积不能超过$2cm^2$范围，清除完一块，再清除一块，待不冒气泡时，用竹刀施加适当的力量使酥软的铜锈脱落，清除完铜锈后，用饱和的碳酸钠溶液中和，最后用蒸馏水煮沸并置换水冲洗数次。

5.电化学方法

青铜器的腐蚀是一种电化学反应，因而可以利用电化学的方法使其还原。有的器物不能或没有必要采取全面去锈时，只需做些局部处理就可以了。用电化学还原法进行局部去锈时，电解质溶液可为10%氢氧化钠溶液，还原金属则用锌粉或铝粉。操作方法是先把锌粉或铝粉与电解质溶液调成糊状，立即将糊浆敷于铜器上要除铜锈的部位。待反应结束后，立即用棉花抹去，接着用蒸馏水反复冲擦干净，去除残余药剂。如果操作一次尚未达到除锈的目的，可再反复处理几次。

6.氧化银局部封闭法

当青铜器有害锈尚未蔓延开来，仅有一些小斑点时，可用氧化银封闭处理。处理方法是，先用细钢针或解剖刀将铜锈斑剔除掉，特别要把灰白色蜡状物有害锈清除干净，直至看到露出新鲜的青铜色为止。清除范围可比锈斑范围稍大些。然后用丙酮溶液擦洗洞口干净，待干燥后把氧化银和乙醇调成糊状，将其塞入已清理过的洞孔中，置于潮湿的环境里放上 24 小时。氧化银在潮湿的条件下，遇氯化物会形成氯化银的棕褐色薄膜，把含有氯化亚铜的病区封闭起来。为了使氧化银能够形成完整的角银薄膜，必须使它与氯化亚铜充分地接触。

二、青铜器的修复

青铜器修复技术有很久的历史，北宋至晚清，不少青铜器是经过修复技术加工的。其中伪造的青铜器也大有存在，故有"十彝九伪"之说。青铜器的修复，其目的在于使破碎或变形的铜器通过整形焊接（或黏结）修补恢复其原来形状，以便利于科学研究和展览陈列。对于很重要的青铜器，在修复之前应采样进行金相分析和成分分析并存档。

（一）变形铜器的整修方法

出土的古代青铜器被不同的土质长期侵蚀，又因墓穴的塌陷、地层的变化挤压撞击和人为破坏等，使得铜器产生不同程度的变形。在整形修复之前，先要了解铜器的原始情况，如铸造年代、合金成分、器物造型、质地好坏、碎块机械强度以及残缺的具体位置等，针对不同情况采用不同的整形方法。

1.模压法

青铜器大多数是铜锡合金，无论是铸造的或打制的铜器都多少有些弹性。对于质地好、铜胎薄、韧性强、腐蚀轻的铜器，可采用模压法。用锡制成模具，共分两块，一块是内模，一块是外模，合起为一套。把变形的铜片按照合适弧度置于模具之间，与模具形状相对，然后将模具夹在大台钳口内或液压机上施压，注意动作要小心缓慢。第一次的压力使变形的铜片大约恢复 1/3，停一段时间，去掉压力，然后检查所恢复的变形是否正确。第二次加压时，需时紧时松，直至铜器变形部位恢复原形。模压后会稍有小的变形，可用捶打方法来解决。

2.捶打法

这对韧性强的铜器进行矫形有良好的效果。如果铜器弧度向外扩张，可在变形部位先垫一个凹的铅砧子，再用铅锤从内壁轻轻捶打，使弧度逐渐向里收缩。也可用半球体的铅砧子，垫在铜器弧壁内侧上，再从外面轻轻捶击，使变形部分慢慢向外扩张而得以纠正。

3.锯解法

对于质地较差、弹性较差、铜胎厚、损伤或腐蚀严重的铜器，可采用加温矫形、锯解分割拼接法。如圆形或椭圆形的鼎，先根据鼎口周长，求出变形前的口径，依次在变形的口上设计锯缝。锯缝一般选在器壁受压变形的那些断口上，不要选在有铭文及纹饰的部位，尤以最短锯缝为好。根据经验，应从铜器内壁用钢锯锯开一条缝，锯缝深度约为铜器厚度的2/3，余下1/3用台钳夹开，锯下的各块先做矫形然后再拼接。也可自制一些矫形机使用。

（二）青铜器的拼接方法

青铜器残片的拼接方法有焊接、销钉和黏结。要拼接的铜片如果要去锈，进行化学保护，应在拼接开始之前进行。

1.焊接法

破碎青铜器的传统修复方法，多采用锡焊法，是将碎块与碎块之间加热，用锡作为黏结剂，使其修复完整的一种方法。断碴的焊接还有点焊、连续焊、堆焊、附加强件四种方式。具体视文物受损不同情况加以运用，有时使用几种互用。焊接前，首先对铜器做细致的观察了解，掌握铜器有无铭文、纹饰、嵌饰以及锈层下是否有铭文等。焊口一般选在器形内壁，使外表纹饰得以完整保持。如果器形特别，但又不得已在正面焊接，焊口必须在无纹饰处。有时为增加整体牢固强度，可采用间断点焊或两面焊口，大件铜器则用连续焊口。但从另一角度看，由于焊接方法温度高，同时要锉焊口，它对青铜器破坏较大，建议尽量少用。

2.销钉法

对于器形较大的铜器，比如青铜鼎，由于口边宽厚，器件沉重，用胶黏结或焊接强度不够，可在口边上另加销钉。如铜鼎口沿宽 8cm 断口两侧打孔，两孔间剔出一个长型嵌槽宽 0.5cm、深 0.8cm，按照嵌槽大小的尺寸制作一个销钉，销钉嵌入槽内以低于嵌槽口 0.2cm 为宜。

3.钻接和黏接法

有些特殊的铜器面上有纹饰或彩绘，不允许大面积的焊接。这时可采用钻接或黏接法。钻接一般是对剑、刀、戈、钺等兵器之类的器物使用。因其形体多属扁平窄长，采用钻接方法，能增强器物的机械强度和拉力。其操作步骤是：先将器物裂口处的铜锈清理干净，接着在裂口两侧钻若干小孔，用丙酮清净碴口，而后灌抹环氧树脂胶，内加扒钉固定，对准接口压拢断缝，待固化。有些残片修复时，可相对钻小孔，一边拧入螺钉或铆钉，一边用环氧树脂胶固连，对准接口压拢。待树脂胶固化后，拆掉加压用的夹具，修整外表。对于一些残壁薄的器件，可在两块之间内壁加一块薄铜片，采用焊接或黏接固定。黏接，指的是用环氧树脂胶（或其他黏接剂）将残片黏接起来。钻接法和黏接法总是连着使用，起到更加牢固的作用。钻接和黏接法对那些已经断裂，但还未完全脱离的器件更为适宜。它们能将那些腐蚀较严重的，铜胎质薄的残片，要进行修复时，又无法焊接的器件有效地连接起来。

4.补配法

补配法是青铜器修复工艺中的一种重要方法。铜器上常有小面积的残缺形成空洞，需及时修补，以加强连接强度。过去残缺补配是将铜板反复敲打成型，最后用焊接法将其补配到器物上。这种工艺劳动强度大，操作复杂，工效又低。特别是对一些铜质矿化严重、器壁薄、机械强度低的器物，没有效果。现采用铸型补配或补锡方法，即在器物相应完整部位翻取一套模型。干后将模型预热，用铅锡合金溶液浇铸出所需刻嵌配件，而铅锡的比例可灵活掌握使用。然后将配件准确地焊补到器物残缺的部位上，接口处按原貌修整好。

同时还可以用高分子材料补配，如环氧树脂胶，操作方便，性质坚硬，黏接力强，抗老化性能好。它可用石膏、油泥和硅橡胶等材料做模具。复制补件灌注时，不需将模具加热，只需涂上隔离剂即可，既简单，又方便。在用环氧树脂补做大配件时，需加入金属粉或滑石粉等做填充材料，必要时加铺玻璃纤维布，以增强其韧性。待树脂胶在模中固化后，便脱模取出，修整形状。然后先把铜器残缺断面全部锉出新口，用环氧树脂作为黏结剂补配。对于青铜器上面的洞口，可用环氧树脂胶调铜粉直接黏补上，最后锈色作旧。

（三）青铜器做旧

经过整形、补配缺块、錾刻花纹焊接等修复工序，残破的铜器基本恢复了原形。但要再现其古朴的风格色调，还需对焊道和补配部位进行做旧处理，即用人工的方法，将一些化学黏剂和各种颜料调成漆料，涂抹在补配和黏结的部位，使它们产生一种腐蚀生锈的古朴效果。

第六章 博物馆陈列展览

博物馆陈列和展览工作可以体现文物的内涵和历史文化价值，展现社会的发展历史，展示一个城市的文化历史底蕴。因此，历史文物在时代发展中有着尤为突出的价值和重要性。

第一节 尊重陈列展览的特殊规律

陈列展览能够全面反映一座博物馆的文物藏品数量和保存环境质量、展厅设施条件和展览设计水平、学术研究成果和综合管理措施、社会服务意识和文化传播能力等。博物馆通过文物藏品的组合陈列展示，传播历史、艺术、科学知识，履行社会教育和服务职能。由于博物馆以独特的方式传播知识和信息，使博物馆能够以鲜活的形象存在于社会公众的现实生活之中，从而凸显出博物馆相对于其他公共文化教育机构的优势。

一、实现陈列展览的丰富性

国家文物局在山东省开展博物馆陈列展览试点，山东博物馆作为综合性博物馆，陈列展览主要包括自然部分、通史陈列、专题陈列。这一试点成功后，全国博物馆系统学习山东的经验，学习的重点主要是通史陈列的模式，展示内容涵盖"从猿变成人"的过程，社会进程则直至中华人民共和国成立。当时，全国博物馆的陈列展览普遍存在过于强调形式，而忽视文化内涵的问题，也给此后"千馆一面"的陈列展览模式埋下了伏笔。长期以来，众多博物馆的基本陈列展览通常采用编年组织结构、线性陈列线路的展示体系。但是，这种展示体系对于展厅规模较大、文物展品较多的博物馆而言，容易造成观众疲劳，也不利于突出陈列展览的主题。

这一时期，众多市、县级博物馆的陈列展览，基本呈现两种模式，一种模式是由考古发掘出土文物，加上部分传世文物组成的文物展览；另一种模式是按照历史教科书结构安排的地方通史陈列。一方面，这些陈列展览内容传统，文物展品说明过于专业，大量采用普通观众不认识的生僻字，而缺少适当的科普意识，缺乏相关的信息服务，影响观众的参观体验效果。另一方面，这些陈列展览往往不是以观众需求为主要出发点，没有突出社会教育的实效性。陈列展览的手段单调、面貌陈旧、内容枯燥，不少博物馆的基本陈列展览多年不变，更新时间长达数年，甚至更长，因而失去对社会公众的吸引力。

上海博物馆新馆落成开放，青铜器展厅等专题陈列展览水平大幅度提高，给人们耳目一新的感觉，成为具有国际水准的博物馆陈列展览范例。

近年来，随着一批设施先进的博物馆陆续建成开放，陈列展览有了更加广阔的空间。随着博物馆免费开放的实施，走进博物馆的观众日渐增多，陈列展览的重要性更加突出。目前，每年全国博物馆举办的各类陈列展览在一万个左右，博物馆陈列展览的影响日益广泛，社会功能的发挥日益显著。同时，博物馆陈列展览的主题内容、表现形式、科技含量和艺术感染力都有较大提高，涌现出一大批引起社会广泛关注和反响的陈列展览精品。

某年12月，上海博物馆、故宫博物院、辽宁省博物馆联合举办的"晋唐宋元书画国宝展"在上海博物馆展出，引发前所未有的文化轰动。"看一次书画展要排5个小时的长队，奢侈了吗？不值得吗？5个小时排队，何尝不是5个小时情绪酝酿；5个小时等待，何尝不是5个小时心境净化。"《解放日报》记者写道："一座崇尚精品文化的现代化国际大都市，这样的长队是必需的、优美的，是最动人的城市风景线。"湖南省博物馆、中国国家博物馆合作举办的"国家宝藏"大展，同样观者如潮，取得了显著的社会效益和良好的经济效益，也成为轰动一时的城市文化事件。

博物馆的文物藏品是人类历史自然发展的实物遗存，向人们展示历史文化和社会文明，传达人类社会的变迁信息。陈列展览是博物馆面向社会的主要传播媒介，是面向公众传播文化信息的独特语言，即在一定空间内，以文物藏品为基础，配以适当的辅助展品，按照一定的主题序列，采取适当的艺术形式，进行直观教育和信息传播。其中"展"，就是指博物馆应将文物藏品提供出来展示；其中"览"，就是指博物馆应将社会公众吸引过来参观。长期以来，博物馆专业人员针对不同年代、不同质地的文物藏品进行科学研究、学术鉴定、整理修复、分类保存，揭示文物藏品的丰富内涵和历史科学艺术价值，成功举办各类陈列展览。

但是，现实中博物馆的陈列展览往往不尽如人意，存在一些普遍性的问题。例如，一些博物馆的陈列展览主题提炼不足，平铺直叙，内容枯燥，缺乏创意；一些博物馆的陈列展览信息繁杂，结构混乱，缺乏逻辑，不易为观众所接受；一些博物馆的陈列展览注重外在装饰，忽视展示内容的思想性、科学性和知识性。事实上，博物馆能够提供什么陈列展览，什么陈列展览能够吸引更多的观众，需要博物馆付出更大的努力。只有综合藏品研究和社会调查的成果，博物馆才能推出具有吸引力的陈列展览。今天，博物馆应该是文化教育中心，而不应该仅仅是文物收藏中心，博物馆应该成为让人们流连忘返的地方。

在法国，多项调查表明，不常来博物馆参观的原因中，"门票价格因素"仅占4%至10%，而"没有自己想看的东西"和"博物馆令人感到厌倦"则分别占到了41%和21%。卢浮宫艺术博物馆的调查结果表明，观众不常来博物馆参观的原因中，价格因素仅排在第五位，前四位分别是"住得太远""不懂欣赏""工作太忙"和"馆内观众过多"。陈列展览是博物馆的核心文化产品，是博物馆与社会沟通的渠道，是联系观众的纽带。事实证明，如果缺乏主题鲜明、内容丰富、形式新颖、精心制作的陈列展览，博物馆将难以得到社会公众的支持。因此，陈列展览不仅是博物馆发展的应有内容，而且其重要性应该更加强化。

目前，一些国家级的博物馆在拓展博物馆的工作领域和发展空间，上做出表率。展览项目包括以世界文明、边疆文明、考古发现等为主题的展览系列，选题的视野扩大到世界范围，选题的角度也逐渐由综述型、精品型向专题型、纵深型发展。策划出融古汇今、兼具中西的优秀展览，向公众传播各种不同的文明和文化，不仅荟萃中华民族的悠久历史和文化艺术，记录中华民族百年复兴之路，而且还展现世界文明成果。让观众看到中国与西方截然不同的文化形态，通过对比深入了解中华文明的特点。

我国边疆地区文化底蕴深厚，历史内涵广泛，遗存遗迹丰富。但是由于地处偏远，文物藏品分散，内地民众难以直观了解边疆少数民族的悠久文化。中国国家博物馆推出了"边疆地区古代少数民族文化系列展览"，例如甘肃、西藏、内蒙古、新疆、云南等地的古代文化展，受到了社会的欢迎，特别是"敦煌艺术展"和"契丹王朝展"，观众的参观热情较为高涨。高峰时段购票队伍长达百余米，峰值8000余人。为满足多元群体的需要，中国国家博物馆又举办了"古埃及国宝展""日本文物精品展""古罗马文明展""古代希腊：人与神"和"古刚果艺术展"，这些陈列展览使社会民众足不出国就能领略异国的传统文化风情，吸引了众多百姓前来观赏。

博物馆应在深入研究文物内涵的基础上，积极探索观众的接受能力、欣赏习惯，从便于观众理解、接受和欣赏的角度，将专业性、学术性、知识性、趣味性、观赏性有机结合起来，使不同文化层次的观众都能各得其所。英国广播公司（BBC）曾指出，国外博物馆能把二流藏品形成一流展示，中国的博物馆是一流藏品三流展示。虽然这一说法并不为博物馆人士所接受，但是我国博物馆发展状况与所拥有的文化遗产资源不相适应却是事实。这种不相适应既体现在陈列展览的数量上，更体现在陈列展览的质量上。

经过近年来的努力，我国省级以上博物馆，以及部分地、市、县级博物馆的展示服务水平有了显著的提升。国家文物局和财政部先后在广东、江苏、山东、河南等10省的21个县级博物馆启动了"全国县级博物馆展示服务水平提升项目试点"，通过国家财政和地方财政的配套支持，从基础设施条件、经费投入、管理观念等方面入手，力争实现200座左右县级博物馆在陈列展览水平服务设施水平等方面获得普遍的改善和提高，在社会服务和文化传播方面的整体水平获得显著提升，从而大大拓展博物馆服务广大民众的能力和领域。

每一座博物馆都有自己的收藏目标和办馆宗旨，具有独立的文化特质。博物馆中的文物藏品是人类文明发展成果的实物证明，每一件都独具特色，所有这些构成了博物馆的独特优势，越是处于瞬息万变的社会里，博物馆的陈列展览越应该坚持自己的文化特质。"时至今日，博物馆应使得那些经典和优雅的藏品免于沉寂，博物馆应该转变为各种不同且杰出的思想汇集的殿堂。"宋向光教授指出："博物馆陈列的核心特性在于意义沟通。"博物馆应体现人文关怀，陈列展览设计应站在观众角度上，努力作用于人们的情感世界。"博物馆陈列是能动的，不同的陈列方案可以传达不同的思想情感，进而可以影响公众的认知行为知识结构、情感指向和价值判断。"

现今社会，人们欣喜于城市环境迅速提升，同时又担忧文化记忆的丧失，保护文化遗产就是保留城市的灵魂。普通民众生活是城市发展最直接的印证，不同时期的生活状态和物品遗存留下了城市记忆，而城市记忆又演绎着民族文化的传承。例如，上海世界博览会园区中有一个展馆叫做"掘出来的梦"，展品是377件上海市过去年代遗留下来的日常生活用品：竹躺椅、樟木箱、"三五牌"座钟、"永久牌"自行车、9寸黑白电视机、寻呼机、大哥大，甚至还有马桶。这个展馆人们看了会感到亲切和怀旧，会感慨岁月的流逝、生活的巨变，会感悟昨天、今天和明天的关系，会提示人们如何去看待历史。在一次文物展览的通信部分，展示出一对夫妻几十年前的150封书信，这些书信在他们看来是对过去生活的美好追忆，但是在展览中与电报、电话、互联网的发展陈列在一起，就直观地反映了社会通信的飞速发展，特别是让现在的中小学生真切感受了几十年来通信手段的不断进步。

近年来，珠江三角洲社会经济迅速发展，房地产建设、旅游开发对文物环境保护带来巨大的压力和冲击，周边环境也不断发生质的转变。纪念馆意识到失去了周边的耕地，将意味着纪念馆品质的严重下降，由此引发出保护环境的创新思维，并付诸实践。为了对周边环境进行有效抢救和保护，纪念馆旁设立了"翠亨农业展示区"，开创博物馆"种田"之先例。

翠亨农业展示区根据不同的季节时令，种植不同的农作物，例如各种菜、豆、薯、瓜、茄，以及香蕉、木瓜、芒果、荔枝、龙眼等，四季瓜果满园。同时，在鱼塘基种桑，桑叶养蚕，蚕粪喂鱼，鱼粪肥塘，塘泥肥桑，循环过程的每一环节均有产出，使桑、鱼、蚕三者互为促进。展示区内还饲养了鸡、鸭、鹅、鸽、猫、兔、猪等家畜，在这里可以观察家畜的活动，了解它们的生活习性，并感受珠江三角洲乡村的氛围。展示区内有"水稻传统耕作展览"，展示水稻耕作的全过程，并展示200多种当地水稻耕作农具，例如犁、耙、锄、铲和秧盆、水车、打禾桶、风柜，以及加工粮食的各种工具等。除农业展示外，还设置了观众实践区域，让观众体验过去的劳动生活。

某位名人故居纪念馆通过"种田",扩大了保护和管理的资源,丰富了生存和发展的空间,充实了陈列和展示的范围,突破了一般名人故居、纪念性博物馆传统的旧居复原加辅助陈列的二元模式,改变了展品、展柜、展墙的传统组合形式,在近 10 万平方米的范围内,形成了以故居复原陈列、生平史迹陈列、亲属与后裔陈列、翠亨民居展示区、翠亨农业展示区为展览单元的,多位一体,独具特色,兼具历史纪念性和民俗性,立体的、多元化的陈列展示体系。特别是通过农业展示区域,使青少年一代了解农村、了解农民成长的社会历史环境,并实现了博物馆与观众的良性互动。实践证明,观众对这一区域的兴趣、热情与感受,并不亚于纪念馆新建的数字化、智能化、自动化装备的现代化展馆。

博物馆是一个非强制性的教育机构,个人的兴趣和愿望对于是否进入博物馆至关重要。无论博物馆馆舍多么豪华,文物藏品资源多么丰富,"如果不能激发观众的兴趣,不能挽留观众的脚步和视线,那么一切都将变得没有意义"5。只有观众对陈列展览发生兴趣,才可能停下脚步仔细观察,面对文物展品认真思考。博物馆陈列应该以培养审美情趣、陶冶人文情怀为己任。宜人的色彩、柔和的光线、雅致的造型,与展品格调水乳交融的场景,加之展品本身散发出来的艺术气息,共同构成高品位的文化场所。观众置身其中,能够经历一种别有情趣的审美体验。

一个好的博物馆不仅是参观的场所,更应与观众充分交流,为文化的繁荣做出贡献。它就像一盏明灯,能够照亮人们的内心。位于英国纽卡斯尔的发现博物馆历史并不长,文物藏品也不算丰富,作为地区的博物馆,能展出的只是反映城市发展的一些生活物品或工业产品。在陈列展厅中有些墙面留给了观众,观众可以在上面留下想说的话,留下他们的童年经历甚至是梦想等,非常温馨。而在一些供观众休息的角落,提供一些老市民的采访录音,戴上耳机便可以听他们讲述这个城市的历史。整座博物馆的展览似乎是为每个人所准备的,让人产生一种非常亲切的归属感。

二、实现陈列展览的实效性

博物馆的陈列展览一般由基本陈列和临时展览组成,具有各自不同的功能和特点。基本陈列是一座博物馆功能定位的集中体现,具有广泛和持久的影响力。因此,一座博物馆的文物藏品特色和个性,往往通过基本陈列得到体现,在保障民众文化权益和服务于国民教育方面发挥着不可替代的重要作用。而临时展览是一座博物馆是否具有活力的标志,是满足社会公众不同需求、适时回应社会需要的保证。在博物馆事业发达的国家,博物馆除了基本陈列、常设陈列外,一般每年都要举办十几个甚至几十个临时展览,以满足观众的不同需求。

在我国，除了基本陈列展览外，一般博物馆每年平均只举办四至五个展览，大部分中小型博物馆举办的临时展览更少，甚至不举办临时展览，其基本陈列展览的面孔也长期不变。一些博物馆的基本陈列，热衷于珍贵文物的集中展示，而不注重陈列展览主题的提炼与深化，疏于探究文物展品信息的内在联系和传播意义，忽视观众的文化需求和实际效果。一些博物馆的临时展览，不注重联系社会生活实际，对广大民众普遍关心的热点问题缺少关注和反映。事实上，"紧跟历史步伐，把握时代脉搏，博物馆就不能不关心、不贴近、不反映社会生活中热点问题、焦点问题"。

博物馆展览是文化、知识、信息、审美和思想的传播媒体，又是博物馆履行教育功能的主要形式和手段。博物馆不能忽视社会公众的需求和愿望，应不断推出能丰富民众文化生活的陈列展览，通过宣传，使社会公众了解这些陈列展览的信息，并产生兴趣。近年来，首都博物馆不仅仅停留在对古代文物的重视上，还开始记录北京城市发展进程，在北京工业遗产调查、北京声音调查与展示、北京地区非物质文化遗产保护与展示等方面，发挥着一座城市博物馆应有的作用。由此进一步丰富了陈列展览的手段和形式，以现代时尚元素诠释神秘而悠久的古代文明，令人产生耳目一新的感觉。

要使更多的观众走进博物馆，实现博物馆服务社会的最大价值，就必须提供具有吸引力的精品陈列展览，并且要不断更新展览内容，使陈列展览更加贴近民众现实生活，让更多不同生活背景的观众能够接受陈列展览、喜欢陈列展览。要发挥省级以上大型博物馆和国家一级博物馆的龙头作用，整合现有文物藏品、陈列展览、技术力量、人才资源等，加强馆际交流与协作，设立陈列展览专项经费，支持各地博物馆特别是中小型博物馆的陈列展览和服务水平提升，推动博物馆资源共享，发挥群体优势和整体效益，提高陈列展览的更新频率，通过多样化的博物馆活动，吸引观众经常走进博物馆。

博物馆陈列展览应该以最易于接受和理解的形象化手法，启迪不同年龄、不同文化修养、不同职业的人们的思维，激发他们的探索精神和创造灵感。美国纽约自然历史博物馆重视馆藏文物的教育实效性。自美国"阿尔文号"载人潜艇在东太平洋中脊发现海底黑烟囱后，该项研究成为当时全球海洋地质调查最重要的科学成就。为了取得更加详细的资料，进行更加深入的研究，该馆成立了两个远洋科考队，对海底黑烟囱进行全面研究，同时采集了 4 个重达几吨的海底黑烟囱，对外展出了其中的 3 个，并配合海底拍摄的声像影视片全面展示深海环境。该展览及时满足了社会公众对海底黑烟囱的了解需求，教育传播效果明显。

多项研究报告指出，一些结合社会热点话题或突发事件的临时展览，往往比固定陈列更具吸引力。这种现象符合公众的求知心理，人们总是会对新的事物更具好奇心，更希望亲临其境探求真相，而时间会让这种心理慢慢减弱。因此，博物馆要有效发挥功能、承担社会责任，必须在注重本馆藏品性质和特色的基础上，发挥博物馆的社会化职能，适应和满足社会需求和环境需要，提高博物馆教育的实效性。近年来，营口博物馆每举办一个临时展览，都对宣传进行精心筹划，做好展前铺垫、展中介绍和展后跟踪，并根据展览的内容和观众群体，选择适宜的宣传媒介。

每一座博物馆均应深入发掘文物展品的文化内涵，将其置于社会文化生态和历史背景环境之中。由于基本陈列更新周期较长，博物馆增强吸引力的一个主要手段是加强馆际交流，引进临时展览。博物馆之间也可以通力合作，调集各馆的文物藏品共同举办具有社会影响力的专题展览。例如，美国的一些现代艺术博物馆收藏有某一画家不同时期的代表画作，他们经常联手将该画家分散于不同博物馆的藏品，通过合作展览的方式组织起来集中展示，并在这些博物馆间轮流展览，使观众对这一画家的作品和艺术风格有深入全面的了解。

博物馆陈列展览的内容就是人类生活本身，是人类自身的文化创造。博物馆陈列展览中的每一件文物展品都与人类生活息息相关。因此，无论是反映物质生活还是精神世界的文物展品，都是人类历史的见证。苏东海先生曾回顾新中国成立初期我国博物馆在陈列展览方面的反复变化："我们建新馆、建基本陈列时，虽然一度强调"文物说话"，但很快又强调反对"文物挂帅"，接着又强调"一条红线"。所谓"一条红线"，无非是思想挂帅。我们基本陈列探索中，从强调"文物说话"到反对"文物挂帅"，又到"思想挂帅"，经历了这个反复，不是更博物馆化了，而是更教科书化了。"

如今，博物馆通过在社会生活中的角色，树立博物馆的文化形象，从而产生深远的文化影响力，对一个国家、民族起到重要的作用。这是博物馆所要承担的责任，也是更具难度、更为艰辛的事业。首都博物馆推出的"中国记忆-几千年文明瑰宝展"正值奥运会这一重大国际盛事举办期间，展览汇集了全国各博物馆所收藏的各个历史时期最重要、最具代表性的文物，使中外参观者看到了一生中难得一见的中国瑰宝。中华文化的精彩瞬间凝结于一件件文物本体，通过展览沉淀到人们的记忆深处。外国观众通过展览可以领略到中华文明灿烂悠久的历史，国内观众通过展览可以认识本国文化的内在价值，增强民族文化的认同感和自信心。

博物馆作用于社会和服务于民众主要通过陈列展览活动来实现。近年来，一些博物馆在举办临时展览方面，突出特色，形成系列。例如，陕西西安秦始皇兵马俑博物馆举办的"秦文化系列""帝王及帝王陵墓文化系列""重大发现及重要中外文化交流系列"等主题临时展览，上海博物馆举办的"古代人类文明系列展""边远省份和文物大省文物精品展"等系列临时展览。为迎接奥运会，全国博物馆系统协作举办了"奇迹天工-中国古代发明创造文物展""世界瑰宝-中华人民共和国外交礼品展""中国记忆-几千年文明瑰宝展""长江文明展"等。

众多博物馆的展览大多以历史文物、艺术品为主，所展示的实物年代跨度大，或为文物重器，或为名家之作，距离人们的实际生活相距甚远，人们往往靠解读文字了解展品的来龙去脉，想象当时的历史面貌。但是，文物展品与观众之间缺乏足够的交流，观众往往仅会用一种崇敬而好奇的眼光看待这些稀世之宝。湖南省博物馆深知博物馆必须以社会需求为导向，才能发挥最大的活力，因此在管理和运营中，根据社会和观众的需求设置各种展览，举办各种活动，即从对文物藏品本身的重视，转向对观众的重视，提出不但要让观众满意并且要让观众愉悦的目标，将服务观众摆在首位。通过分析、了解观众的需求，进行社会分析，确定目标观众。他们所举办的每一个临时展览都会针对不同的目标人群，制定详细的宣传方案，充分利用媒体的力量，取得了很好的成效。

由于博物馆的临时展览小型多样，经常更换，文物展品选择余地较大，因此成为博物馆基本陈列之外十分重要的业务活动。一些博物馆往往认为临时展览展期较短，而不重视展览质量，但是对于观众来说，并没有固定陈列和临时展览之分，对他们而言，博物馆的每一个陈列展览都代表着博物馆的专业水平，代表着博物馆的社会形象，具有同等重要的意义。因此，博物馆应该从观众的角度出发，强化临时展览的精品意识，做好每一个临时展览。某年，浙江省博物馆从意大利引进"庞贝末日一源自火山喷发的故事"大型考古文物展。在 87 天的展期内，有近 21 万观众冒着酷暑排队争相观看展览；同时，配合展览推出了"庞贝城的最后一天"专家讲座，组织了"庞贝记忆-某青少年暑期走进庞贝有奖系列活动"，以及浓情小说博客大赛等与观众紧密互动的系列活动，使该展览成为具有一定影响力的城市文化事件。"

今天，对于一些大型博物馆，临时展览的"大手笔""大制作""高投入"屡见不鲜。但是，精品展览不一定只能通过大制作与高投入才可以实现，同样可以出现在小规模与低成本的陈列展览中，而且应该成为当前博物馆临时展览的主流。这种精品展览体现在陈列内容的选择和严谨精心的制作方面，以及体现科普化和大众化的特点。与固定陈列展览相比，临时展览的内容更加丰富多彩，形式更加灵活多样，也更加具有实效性的优势，为博物馆的社会教育提供了更为广阔的平台。四川汶川大地震后，建川博物馆在较短的时间内，创建了地震博物馆，用于记录地震灾区实况，对社会公众免费开放后，每天接待 7000 多名观众。陈列展示大量来自地震中遇难者的遗物，参观者无不动容，博物馆墙上贴满观众留言，其震撼效果为此前任何文字宣传所不能及。

由于某些原因，目前许多博物馆只注重于体现人类历史的展览，而忽视甚至排斥体现现代文明的展览，这就从一定程度上限制了博物馆功能的发挥。首都博物馆推出"城市记忆-百姓之家"

专题展览，以北京城市生活为背景，展现几十年来社会生活的变化。"城市记忆-百姓之家"是反映普通民众生活的展览，以艺术的角度和手法来提炼、升华生活中的平实，用相似的经历来勾起观众深藏在心底的记忆。这些看似平淡无奇，伴随百姓生活几年、十几年甚至几十年的老物件，存留着美好而难忘的生活记忆，真正让观众感受到家的温暖与变化。"城市记忆-百姓之家"带给社会公众的启示还在于：通过博物馆保护文化记忆，而留住精神家园的行动从珍惜、收藏这些老物件开始。

"城市记忆-百姓之家"专题展览的"我家叙说"部分，当代三个阶段为背景，恢复不同时期的生活场景，以"家"的变化来叙说城市生活方式的不断改善。"家"里的每一个房间陈设都是人们曾经熟悉的，那木桌长凳所在的地方曾经既是餐厅又是书房；洗衣盆里还留着未洗完的衣物；纸筐内装着补过袜子的针线和纳过鞋子的工具；写字台，上红白两键的台灯又伴随过多少人考大学的梦想。"岁月留痕"部分，用近百件生活用品，讲述不同时代北京人家庭生活环境的改善和提高。这些为人们熟悉的小人书、和面盆、台灯、录音机、收音机、黑白电视机等，让观众在引起共鸣的同时，在其心中重构起自己过去的生活片段。

深圳博物馆是我国首个以改革开放历史作为核心内容的博物馆，在全面反映深圳的古代、近代、现当代历史及民俗风情的同时，重点展示深圳改革开放的历史、特区建设的成就与国际大都市的风貌。展览用大量的实物和图片证明，这一成就的取得主要靠数百万深圳移民的共同努力。深圳重点发展外向型经济，数百万打工者从四面八方来到深圳，用他们的肩膀扛起了深圳建设的半边天。展览展出了他们的学习和生活用品：各种书籍、家信、日记、工资条、皮箱、板凳，每一件展品都记录着打工者经历的真情实感和五彩生活，更传达出他们在艰苦的劳动环境中对美好生活的追求。这些珍贵的实物无不见证数百万打工者对深圳建设做出的贡献。这个展览展出后，引起了很大的轰动，许多当年的建设者携家带口前来参观，展览不仅给了他们温馨的回忆，也增加了他们作为城市主人翁的自豪感。

成功经验表明，对于市县一级博物馆来说，只有紧紧抓住地域特色，体现地域文化个性，强化博物馆展览地域文化特色的理念，才是当前陈列展览发展的正确思路。地域文化特色集中反映一个地区文化与自然遗产的特质，也是当地自古至今人文精神的集中反映，蕴含深刻文化意义，带有浓厚个性色彩，是一个地区区别于其他地区的显著标志。地域文化特色是当地独有的文化资源，博物馆的陈列展览唯有把握地域文化特色，发挥自身文化特点，才能使博物馆在文物藏品数量和质量方面优势突出，变得强大而有意义，在共性之中呈现出鲜明的个性，从历史和社会文化的角度，丰富和深化陈列展览的内涵，方能在众多博物馆中脱颖而出。

博物馆在陈列展览的创意、设计、制作等方面，应不断引进新的理念，做保护生态环境的绿色使者，自觉走向低碳生活。例如，位于慕尼黑的布兰德霍斯特博物馆，选择了极少主义的内部展示空间，所有展厅的材料都采用白墙和橡木地板，为馆内的艺术品展示提供了最纯粹的背景，灯具在自然采光系统引入展厅后被完全隐匿，甚至连空调系统的出风口也被减弱为墙根地板处的一排细长格栅孔，远看似有若无，墙面的各类插座及开关被全部抹去，只留下一片纯净的白色，凸显出那些悬挂于墙面或摆放于地上的艺术品的魅力。

第二节　坚守陈列展览的正确导向

博物馆的陈列展览是在一定空间内，以学术研究资料和文物标本为基础，以展示空间、设备和技术为平台，按照一定的主题、序列和艺术形式进行组合，实现面向大众进行知识、信息和文化传播，具有高度综合性、专业性和前瞻性的工作。当前博物馆的陈列展览理念，需要更加注重通过文物展品之间的相互联系，构成明确的思想主题，以解读文化为线索、空间规划为载体、形式语言为手段、艺术表现为辅助，深入揭示历史的演变规律，关注人类发展的前瞻问题。

一、实现陈列展览的思想性

今天，博物馆不能仅满足于举办多少陈列展览，更重要的是陈列展览的质量如何。质量才是决定陈列展览价值高低的尺度，才是赢得社会效益的关键。博物馆应该具有精品意识。博物馆推出的陈列展览应该成为精品之作，才能与博物馆的性质相一致，与博物馆的文化品位相符合。那些缺少思想内涵、设计制作粗糙的陈列展览，对于社会公众的文化生活没有吸引力。要持续推出精品陈列展览，需要有熟悉文物藏品的专家团队，能够不断从文物藏品的文化内涵中提炼出好的陈列展览主题，深入研究采取何种设计手段使文物展品恰到好处地表现陈列展览的主题，根据陈列展览的内容设计，精心挑选文物藏品，然后通过好的形式设计将文物藏品组织成内涵丰富的精品陈列展览。

由此可见，如同科学研究项目一样，优秀的陈列展览是精心研究的结果。那些"原始质朴的石器陶片，精致典雅的商周铜器，凝重生动的秦砖汉瓦，色彩艳丽的漆木瓷器，流畅沉着的碑刻书画，以及优美新奇的纹饰图案，精巧别致的器物造型等，这些足以让人们心动，让人们目不暇接，让人们幽思不息"。人们面对令人荡回肠的历史画卷，面对跨越历史长河保留至今的文物珍品，情感得到净化，心灵得到陶冶，精神得到升华，进一步认识到人生的意义和价值，从而树立社会责任感，情操更加高尚，人格更加完美，努力开创更加美好的未来。

宋向光先生认为，如今陈列展览的内容设计工作面临新的挑战，"怎样在中华民族历史背景下表达当地社会历史文化特色，能否在历史发展的因果链条中凸显本地社会人文的亮点，如何将人地潜藏般的地域历史发展脉络与当地建设的辉煌成就有机结合，如何协调严肃的学术题材与轻松的休闲需求，如何统筹线性的内容线索与交织的多元信息；在信息化和学习型，社会的背景下，在文化产品成为市场新宠的环境下，博物馆陈列内容的选择和设计是否仍要坚守学术的严谨，是否仍要坚持对民众的教化。对这些问题的思考，并不是要求我们在历史与现实之间做出选择，也不是要评判正误，而是要正视它们对陈列的影响。将这些新的思考包容到博物馆陈列中来，并在应对挑战的努力中创造博物馆陈列表达的新方式"。

陈列展览的思想主题内容与陈列艺术形式之间的关系，一直是人们关注和探讨的热点话题。不同历史时期存在着"重内容、轻陈列"或"重陈列、轻内容"的不同倾向，而目前"重陈列、轻内容"的倾向比较突出。实际上，思想主题内容是博物馆陈列展览的灵魂，陈列艺术形式必须服从于陈列展览所要展示的思想主题内容。文物陈列展览是一项科学性很强的系统工程，包括展览策划、内容设计、形式设计、展厅安排、展览制作、展品布置等多项内容。其中内容设计是陈列展览的灵魂和核心，包括遴选文物、提炼主题、拟定展名、撰写文案等各个环节。更为重要的是，要将思想主题贯彻始终。

博物馆的陈列展览并非简单意义上文物的叠加与组合，而是一个复杂的艺术创造的过程。利用工业遗产建筑筹建的南京明孝陵博物馆，基本陈列颇具特色，以朱元璋与明孝陵为主线，内容分为人、天、地三个元素。即朱元璋由平民成为皇帝或者说"天子"，这是从"人"到"天"的过程；而由皇帝到"驾崩"，葬入孝陵，则是从"天"到"地"的过程。陈列展览抓住这一人、天、地的变化主题，通过展示空间中高度的抬升和下降，得到了很好的展示效果。展示空间从平面到登基场景，形成高度的抬升，随后展示空间转入下沉，通向模拟地宫，形成高度下降。

好的陈列展览是观众到博物馆的理由，观众能用心、动情参观才是好的陈列展览。好的陈列展览应集思想知识内涵、文化学术概念和现代审美标准于一体，既反映真实生活，又生动感人。作为博物馆工作的核心内容，博物馆通过对文物藏品的组合陈列展示，传播知识，履行社会教育和服务职能。每一个展览都不应该是简单的文物展品排列与组合，而应该为观众营造良好的欣赏展品的氛围。陈列展览中的所有元素之间应相互作用，形成整体，将孤立的文物还原到当时的历史文化体系之中，让观众充分理解其独特的价值，在一定范围内产生预期的效果，拉近观众与文物展品之间的距离。

大英博物馆完成了第一展厅的改造，以"启蒙运动展览"对公众开放。展示空间和陈列展览内容经过精心改造和设计，保留了最为传统博物馆的状态。陈列展览沿用了以前大英图书馆的老展柜，尽管这些没有内部照明的老式展柜展示效果并不理想，但是文物展品却连同展柜一起讲述着历史，观众能够从中感受到启蒙运动的意义。展厅内的文物展品仿佛没有进行严格分类，只有笼统、简单的文物展品说明。恰恰可以和其后的100多个展厅形成反差，"代表着现代文明的起点"。陈列展览设计者精心构建这样一个启蒙运动时期的语境，就是希望启发观众自己寻找历史线索，自己组织知识结构，按照自己的方式理解文物展品，从而带给观众深刻的参观体验。虽然有人认为大英博物馆的陈列展览方式原始，但是它在提示人们空间环境对于观众理解陈列展览和文物展品的重要性。

博物馆举办展览应关注社会、关注现实、关注民生，关注"人文精神、艺术哲学、科技美学"等要素的结合与体现，着重研究个性化、差异化、感知化、人本化的设计理念。陈列展览工程虽然包含普通装饰内容，例如展示空间的吊顶工程、地面工程、墙体基础装饰装潢工程，以及陈列展览中使用的基础电器工程。但是从总体上来讲，陈列展览工程应该是一项兼具学术性和科学性的艺术工程。费钦生先生认为："我们面临着大、中、小的陈展空间，高、中、低的陈展经费，面临不同内容、不同性质的展览，都要倾心去设计，不是只有场景，只有声光电才是好的设计，而是要认真做好陈展空间的整体，每个细节的设计要为主题服务，并且做到人文关怀。"

因此，必须坚持博物馆陈列展览的工作目标，遵循陈列展览的工作规律和业务规范，实现学术成果与实物展品的有机结合、知识内容与视觉表达的融会贯通、社会教育与自主学习的协调配合、文化传播与大众休闲的相得益彰。"一个优秀的博物馆，不在于馆的大小及豪华程度，关键在于是否有思想。一个没有思想，只有文物陈列的博物馆，实际与文物仓库或文物商店并没有什么区别。没有思想的博物馆，等于没有灵魂，只是城市点缀风景的花瓶，虽然具有观赏性，但缺乏启迪社会的作用。"

博物馆的未来正在朝着集历史教育、艺术欣赏、公众参与、文化传播和娱乐休闲一体化的方向发展。博物馆陈列展览的特点主要通过思想主题、题材结构、表现视角等内容方面的特点，以及信息呈现方式、视觉表达手段、传播媒介类型、艺术表现风格等传播方面的特点反映出来。当代博物馆陈列呼唤多样化，社会公众对博物馆陈列的需求趋向多元，希望看到更多不同题材、不同视觉表达方式，给人们以创新启迪和审美愉悦的陈列展览。各类博物馆也希望通过陈列展览突出本馆特色，陈列内容的多样化呈现，有助于使文物藏品以更加深刻的内涵呈现在观众面前，有助于观众在比较中获取更多的文化信息，在比较中深入思考。

当代博物馆陈列展览应该鼓励创新，鼓励创建具有鲜明特色的陈列风格。正如加拿大康宁玻璃艺术博物馆馆长所说："我的使命就是让人们对玻璃感到兴奋。"这句话直观地解释了有趣的博物馆对于观众的影响。陈列展览形式的多样化表达，可以更加有效地激发观众参观的兴趣，改变观众在博物馆的视觉疲劳感，实现愉快的参观体验，使观众多维度地接触展品信息，在愉悦的参观体验中丰富知识、技能和学习能力。观众在博物馆里不仅能以愉悦的心情学习知识，还能得到身心的放松和文化的享受。

突出功能是现代主义的准则，主张"形式服从功能"，"功能就是形式"。在博物馆陈列设计方面，现代主义认为只要能完美地表达展示功能的设计形式，就是好的陈列展览设计，人们就会理解接受，以此作为评价陈列展览设计是否最佳的重要标准。但是形式仅仅表现单纯的功能，不是设计真正的全部内涵。上海博物馆绘画馆的窗格、竹子、假山石，它们的真正用途与绘画作品的内涵本无多少关系，而是为营造一种展厅氛围，传达一种江南地域文化、审美情趣，使观众产生美感和对美的追求、向往，这种文化气息浓郁的氛围是一种有趣联想，一反过去单调疲乏的功能性的设计。

因此，在陈列展览设计时既要符合基本功能的构成规律，又要克服现代主义对功能理解的局限性。也可以说，既要否定现代主义片面反对传统和装饰的做法，又要反对忽视甚至损害使用功能的矫揉造作。以展板上的装饰布为例，除了要阻燃、吸音、结实以外，在设计时还要考虑美观，创造出富有视觉感染力的陈列效果。放置文物安全是展柜最基本的功能，但是在设计时还要注意款式的美观，与陈列展览内容展厅整体效果相协调。所以，陈列展览设计是包括了人的生理、心理、物质、精神等诸多方面因素的综合性设计，其中有意义的氛围营造，不仅反映陈列展览内容和观众审美需要的真实感受，而且折射出设计功能的丰富层次。

中国历史博物馆（现中国国家博物馆）的"中国通史陈列"，自原始社会开始，至清朝灭亡结束，结合中国历史发展特点划分历史阶段，其特征是以考古发掘及传世文物为基本展出材料，力求全面、系统地展现中国历史，这不仅在世界上独一无二，也是我国博物馆事业历史上具有划时代意义的重要陈列。"中国通史陈列"的展览模式，在相当长时期内，影响了全国的省级博物馆，甚至市县级博物馆。很多陈列展览都是以每个朝代和时期的政治、经济、文化四大部分进行划分，形成固定的陈列展览模式，于是很多博物馆应有的特色难以突出，也影响了观众参观博物馆的兴趣。

上海博物馆新馆落成，作为一座艺术性博物馆，陈列展览突破以往惯例，取得创新性效果，获得普遍赞扬。于是很多博物馆又争相学习上海博物馆的陈列展览形式，同样地忽视了自身的特色，走向另一个极端。"有人讲要让文物自己说话，其实文物自己是不能说话的，还是要靠我们的展陈工作者通过内容设计和形式设计把文物内在的信息揭示出来，展示给观众。"但是，目前陈列展览内容中必要的文字说明和辅助材料太少，只是简单的描述文物名称、时代、出土地点等基本信息，过于简单笼统，普通观众往往看不懂陈列展览希望表达的文化内涵，兴趣索然，如此博物馆的陈列展览难以抓住观众。

美国媒介批评理论家 N·波斯曼继《童年的消失》《娱乐至死》之后，又推出《技术垄断：文化向技术投降》一书。针对美国一切形式的文化屈服于技艺与技术统治的弊端，他不无忧虑地告诫世人："我们容许一种技术进入一种文化时，就必须要瞪大眼睛看它的利弊。"在我国，尽管高科技尚未在博物馆这种文化体中生根，但是我们也必须密切关注、冷静分析其利弊得失。今天，当一些博物馆出现娱乐化倾向之时，当有人倡导博物馆要"尽可能地满足观众的娱乐性需求"，要"与真正的娱乐一样，本身必须具有足够的娱乐性、刺激性和发现性"，应该"与其他娱乐形式或娱乐设施相结合"时，博物馆专家们应对此予以高度关注。

苏东海先生强调，娱乐固然是文化的一种重要功能，却不是文化的核心价值。文化的根本意义在于提高人类的精神境界，满足人类心灵上的需要。应当指出，虽然审美与娱乐存在着内在的关联，但是绝不能将二者混为一谈。审美过程虽然可以使人愉悦，但其终极追求则是"善"与"美"。如果陈列展览设计过分追求消遣、娱乐，充其量也只是迎合了一些人寻求刺激和娱乐的浅层次需要，就会放弃审美追求，降低艺术品位，最终沦于低级趣味。思想性和艺术性是博物馆不可放弃的基本追求，陈列展览的目的不应该转归于寻求感官刺激和世俗娱乐。

免费开放后，博物馆观众呈现出新的特点，低收入人群、劳动阶层人群和离退休人群的比重显著提高，家庭群体观众也有明显增加，参观活动的"休闲"色彩更为浓厚，观众在博物馆中表现出更大的自主性，学习和文化休闲成为观众的主要需求，而且学习与休闲的结合更为紧密。观众在博物馆中的学习，不再会满足于单纯的记忆，而希望享受发现、推理和验证的乐趣。因此，应该改变以往博物馆给予观众枯燥、单调的印象，尝试通过多样化的科学普及方法，使参观者在博物馆得到休闲式学习体验。观众喜欢参与互动的体验，娱乐性应该成为观众在博物馆体验的一部分内容。

二、实现陈列展览的学术性

作为知识和思想传播的载体，陈列展览首先要符合展览传播的需要，即它们的创作必须服从展览传播目的展览主题和内容表现的需要，必须要有学术支撑，要符合现代人审美的需要，既要有较高的艺术水平或相当的技术含量，还要有较强的艺术感染力。观众进入博物馆的展示空间，参观活动主要包括阅读文字、聆听讲解、欣赏展品、观看视频、亲身体验和动手操作等。因此，陈列展览应该力求造型简洁、语言鲜明、色调和谐、创意新颖、特点突出。今天，应当重新审视、评估博物馆所拥有的文化资源，并将其整合、转化为博物馆文化赖以深化的资本，通过各种新颖、多样的展示内容和手段，经常更新文物展品，展示历史文化的内涵与魅力，使博物馆保持长久的吸引力。

湖南省博物馆定位为历史艺术类博物馆，特别强调自身拥有的马王堆馆藏文物资源在历史性、艺术性方面的重要地位，形成以马王堆汉墓展览为核心，辅之以青铜、陶瓷、书画、考古发现等内容的常设展览，向社会提供独具特色的陈列展览，赢得了普遍的好评。博物馆陈列展览水平的高低，取决于科学研究质量的高低，其中对文物藏品的研究，往往不局限于对一座博物馆的个别馆藏文物的研究，更要对相关文物藏品整体进行深度研究，只有对文物藏品的特点进行长期不懈的探索，发掘其文化内涵，提炼出具有鲜明特色、使观众耳目一新的选题，才能为举办高水平的陈列展览创造必要的前提和基础。

文物展品既是观众到博物馆参观的主要对象，也是实现博物馆文化传播的主要途径。走向盛唐展是近年来举办的规模最大、规格最高、展品最丰富的展览之一，也是学术和社会影响较大的展览。自开始，先后在美国、日本以及中国香港等地的6家博物馆展出，观众总数达到127万人次，取得了空前成功。"走向盛唐展"具有鲜明的主题与丰富的展品，其思想的精深、艺术的精湛、展品的直观形象，不仅给人们以美的享受，而且通过所蕴含的和谐之美，向观众揭示出一个多元、开放、包容的辉煌时代。

国家文物局决定启动河南博物院功能提升工程，从陈列展览、服务设施、藏品保护、数字化建设等方面实施整体功能提升，在展示艺术和表现手法上寻求新的突破，注重高新技术和材料的合理运用，探索新思路，尝试新模式，积累新经验。其中"中原古代文明之光"基本陈列，在对中原地区的历史进程、博大精深的文化内涵，以及文物特征进行综合研究的基础上，以河南出土文物和考古资料为依托，通过丰富的文物藏品和知识信息，力图表现中原地区在我国文明进程中的核心地位，表现各重要历史阶段的文化面貌和文明成果。

历史考古类博物馆展示的是过去的历史，是对人类文明发展历史和文化遗产的研究、认知、保护和再诠释，有着更多的历史厚重感，明显地透射出凝重、庄严和悠远的深层文化内涵。长期以来，出土文物对于历史学家、考古学家而言，其价值的重要性毋庸置疑，然而对于社会公众来说，理解和认识出土文物的价值，则存在着明显的困难。这种理解和认识的困难，成为文物藏品资源转化为文物展品资源、实现文化传播功能的主要障碍。消除这种障碍不仅有赖于人们文化素质的提高和历史知识的积累，更需要博物馆认识、理解这种社会需求，用科学普及的方式，更为主动地向社会公众阐释出土文物的综合价值。

博物馆中的出土文物展品，由于年代久远，损毁严重，完整器物较少，往往仅局限于一些质地普通，但是不易腐朽的石质、陶质、玉质等器具，更由于受社会生产力发展水平的制约，其审美价值与艺术价值相对较弱。虽然这些文物展品的学术研究价值珍贵，然而对于普通观众而言，其重要意义却不易理解，所隐含的一些文化内容甚至容易引起争议。为此，陈列展览设计必须借助田野考古发掘报告中的第一手资料，通过对内容枯燥的考古发掘报告的细致释读，归纳其中的内容，详细介绍文物藏品来源、文物分类、出土地点、收藏时间、历史背景等文化信息。

良渚文化距今约几千年，是中国新石器时代晚期的一支重要的考古学文化。良渚遗址位于杭州市余杭区良渚镇一带。对遗址区内祭坛和贵族墓地、大型建筑基址等遗址的考古发掘，引起世界性的轰动。良渚遗址区内保存的诸多大型遗址点及其周边环境，以及通过考古发掘出土的数以万计的精美玉器、石器、陶器、漆器、木器和骨器等各类器物，共同构成了良渚遗址丰富的内涵，揭示中华文明起源进程的重要历史，成为中华几千年辉煌文明的实证。良渚博物院的展览主题，注意用文化时空坐标阐明良渚文化在人类文明史上无法取代的崇高地位，以及良渚文化对中华文明的起源探索所起到的巨大作用。

良渚博物院展览主题为"良渚文化实证中华数千年文明"，从良渚文化的考古研究、良渚古国的再现、良渚文明的揭示三个方面，向公众传播发现良渚遗址、认识良渚文化、确立良渚文明的考古历程，以及良渚文明在中国和世界同时期或同类文明中的重要地位。陈列展览的内容和形式，均以遵从科学性、学术性为前提，无论是前言、说明等版面，还是对环境氛围的把握和艺术形象的表现，都依据考古发掘报告所提供的科学信息，尽量减少不必要的考古学术描述和历史资料铺陈，而充分利用出土文物本体特色，展示文明的魅力。同时，在陈列展示过程中，运用多样化的方式和手法，来弥补内容枯燥的缺陷。以一个又一个针对良渚文化之谜的发问形式，引导参观者去探寻良渚文化的未解之谜，感受良渚文化和良渚古城的魅力，体会良渚玉器的杰出成就，理解良渚文化"文明之光"的文化特征。

同时，良渚博物院对基本陈列进行不断地充实，注意吸收新的学术研究成果，对文物展品进行适当的更换和调整，增加新的内容。例如某年发现的良渚古城，是目前我国所发现的同时期营建规模最大、配置级别最高、出土文物最精美的古城遗址。为此，良渚博物院对此前已经基本定稿的陈列展览策划文本，及时做出重要调整，对展览目标重新定位，增加良渚古城的陈列展览内容。目前，良渚古城的地位和价值从博物院前厅到第三展厅、尾厅，都有充分、连贯的反映。例如在第一展厅，把有关古城发现的社会历史文化解读，作为良渚文化几十年探寻道路的重要一步加以展示，也相应地推出了遗址-文化-文明三个递进式的概念。通过良渚博物院这一平台，不但把良渚文化的专业知识尽量准确地表述出来，并且让观众既看得懂，又爱看，获得一座可观、可玩的博物院的美誉。

我国农业历史悠久漫长，有着自身的发展规律，如果以历史朝代横向展开，无法清晰地展现农业发展变化的脉络，而且文物展品本身也往往不是随着朝代而出现。但是梳理万年农业历史，不难发现，我国古代农业对世界农耕文明的贡献突出地表现在四个方面：一是物候的利用，二是作物育种，三是生产工具的发明与传承，四是水的治理与利用。这是我国农业文明的核心价值。因此，中国农业博物馆的"中华农业文明"陈列，坚持选取上万年农业历史中的文明点纵向延伸，而不是采用以往通史陈列的手法横向展开。例如，生产工具的发明与传承部分，没有全面展示各式各样的农具，只选取了犁、锄、镰、磨四种。犁是耕种工具，锄是中耕工具，镰是收获工具，磨是加工工具，四种工具大体上概括了我国古代农业生产的主要方面。

目前，陈列展览设计制作有两种模式，一种模式是设计与制作分别由不同的单位承担。另一种模式是设计与制作由同一个单位承担。一般推荐后一种模式。因为陈列展览设计与建筑设计不同，建筑设计公司一般只搞设计，不搞施工。而陈列展览则不同，选择由陈列展览设计水平高、制作能力也很强的单位统一实施，便于组织协调。一般来说，陈列展览设计制作的单位主要负责展览的总体设计、结构设计、版面设计和版面制作，至于油画、雕塑、多媒体景观模型等内容，大多是委托其他专业公司和艺术家进行设计制作。因此，即使由同一个单位承担设计与制作任务，也需要通过适当方式，将各方面的优质力量和优秀人才吸引进来，实现既定的目标。

博物馆的陈列设备是为陈列服务的工具，它的设计思路，关系到文物的安全、使用的便利，与观众视觉效果也有着直接的关联，同时还要与博物馆的性质、建筑风格融为一体。此外，陈列设备本身又要具备艺术的造型，不能只注意实用而忽略了美观，也不能只顾美观而忽略了实用，应贯彻经济、实用、美观的原则。陈列设备对华丽图案的追求，以及繁琐的雕刻、沉重的装饰的使用，都会吸引观众而起到喧宾夺主的作用，因此应当避免。陈列设备的材料并不是价格越昂贵越好，有时珍贵的文物展品配以朴素的展具也会相得益彰，关键在于运用得当，能够突出文物展品的形体美、色彩美、质地美，并形成色彩层次，增强陈列展览的艺术气氛和效果。

目前，我国博物馆陈列展览的精品意识普遍不强，推出的高质量精品之作不多。博物馆陈列展览水平不高的原因，往往是因为没有将陈列展览看做是一项综合性很强的文化创造。一些博物馆的文物藏品征集和研究等基础工作与陈列展览工作脱节，缺少明确的思路和目标，直接造成陈列展览中的文物展品缺乏系统性和内在联系，难以形成专业性的展示主题内容，或展示主题内容缺少专业研究成果的支撑，导致博物馆的陈列展览缺乏鲜明个性和地方特色，其结果必然失去观众的参观热情。

在我国，陈列展览设计不应失去中华民族千百年来形成的文化积累，应具有鲜明的艺术个性和时代特征。例如，我国古代文物展品的文化内涵非常丰富，具有特殊性，无论是纹饰、色彩、器形，还是铭文、质地等，都能从不同的角度展示文物的特色和个性，给人们以历史的感悟、科学的启迪和艺术的享受。但是，古代文物展品与现代人们生活之间往往存在着较大距离，需要必要的文字说明给予帮助。通过通俗易懂、生动优美、简洁流畅、富有趣味的文字说明，将陈列展览的内容主题、时代特征、文化寓意，以及学术观点等清晰地描述出来，这样可以使观众能够准确，快捷、方便地获取博物馆文化信息。

实际上，实现博物馆陈列展览内容的通俗易懂，并不意味着展览设计和制作的水平可以降低，反而要对陈列展览的各个方面提出更高的要求。通常在博物馆展柜中，呈现在观众面前的各种器物，是孤立的终结制成品。对于这些文物展品的原料成分、制作过程采取的工艺和技术、使用过程中所承载的文化信息在陈列展览的说明介绍中往往并不涉及。应通过鲜明的陈列展览主题，将文物展品的生命历程和社会联系串联起来，揭示其所反映的传统生活方式与技艺、蕴含在文物展品中的情感与智慧，共同叙述文物展品生动的背景故事，将文物展品置于与之相关的"人""自然"和"社会"环境之中。

此时"文物实物展品不再仅仅是欣赏的对象，也不再是博物馆展览中唯一的陈列要素，而成为故事叙述系统中的要素之一，扮演着故事叙述中物证的角色"如此，文物展品才能成为陈列展览的传播重点，成为观众最关注的内容。面对这样的要求，文物展品研究就不能再囿于物质的层面，而应努力揭示其背后的精神因素。将文物展品研究纳入整体文化背景下，强化文物展品研究与相关领域学术研究的关联。例如，陈列展览设计与文物展品布置要取得良好的传播效应，还应当熟悉认知心理学、教育行为学和人体工程学等相关知识，使观众以自然轻松的心态，在良好的情绪环境中参观。

由故宫博物院主持研发，微软亚洲研究院、北京大学提供技术支持的"走进《清明上河图》"数字展示，是一项全新的历史文物数字化展示项目，技术应用与内容诠释结合得非常紧密，堪称国内具有较高水平的历史文物数字化展示范例。该项目利用三维声音定位技术，复原《清明上河图》诸多场景中的人物对话、背景声音等，使观众了解画面中人物的身份、行为，从而较为准确、细致地理解《清明上河图》所表现的社会生活面貌。当观众参观时，可以看到鲜活生动的展示方式：当画面以原尺寸放映时，画面缓缓移动，并播放背景音乐；当放大某一局部时，背景音乐减弱，在这一局部画面中人物的对话响起，宛如电影的一个片断。

"走进《清明上河图》"数字展示项目中的对话共有700多段，全部由故宫的研究人员依据画面中人物的衣着、动作进行考证、分析，撰写出符合这些人物身份、性格与环境的对话，并具有一定的故事性。这一项目在充分尊重历史文物完整原貌的前提下，利用现场感很强的声音，使表现宋代社会生活面貌的这一著名历史画卷，呈现出令人身临其境的展示效果。这种展示方式，强调通过视频、音频等多种媒体形式，使观众能够在参观陈列展览的同时了解更多的知识，并且通过使用观众能够参与其中的多媒体手段，增强互动性，从而加深观众的理解和记忆。

第三节 改善陈列展览的社会形象

博物馆要很好地为观众服务，其陈列展览必须要以观众为中心，不仅仅考虑"我能给观众什么"，而且要考虑"观众需要什么"。吸引公众参观是博物馆发挥传播与教育功能的前提。今天的观众获取知识与信息的方式已经和过去有很大不同，人们往往并不需要在博物馆里接受系统的知识传授，而希望了解文物展品背后的故事，期盼在从未有过的体验中获得知识和信息。因此，陈列展览首先要让观众充满好奇，要激活观众情趣，使观众参观之后回味无穷。

一、实现陈列展览的观赏性

一般民众对参观博物馆毫无兴趣，不仅对内容看不懂，而且视觉上也感到疲劳和不适。英国著名的工艺美术家 H·寇尔（H·Cole）首次提出要把工艺美术与陈列展示内容有机结合，例如，通过油画、水彩画、雕塑、木刻等帮助观众了解陈列展览内容及重点，既减少疲劳，还可以在身心愉悦中得到美学享受。此后，陈列展览的理论与技巧不断创新，博物馆领域也出现了专职的陈列展览设计人员，极大地改变了陈列展览形式设计水平，影响着博物馆的公众社会形象。今天，博物馆的陈列展览向着艺术化、人性化、数字化等方向发展，努力寻找更符合现代博物馆陈列展示特点的传播手段。

随着科学技术手段的发展，陈列展示形式远远超越了传统的图文展板的静态展示，例如模型演示、景观再现、视频展播、幻影成像、主题剧场、互动体验项目等各类动态展示，通过视觉的新颖性和冲击力，很容易激发公众主体参与意识，唤起共鸣。陈列展览技术在博物馆的合理应用，依托于文化创新的设计理念，实现陈列展示功能需求与新技术、新材料的合理把握，陈列展览设计与艺术表现形式的相互渗透，陈列展示空间与自然环境的和谐共生，体现出博物馆专业人员与展览设计与施工制作等方面的高度协调配合。

每一个陈列展览都应具有独特的品质，审美风格应当与展示内容相呼应，绝不能因为盲目追求形式美，而伤害陈列展览的思想性和科学性。反之，如果陈列展览所表达的视觉感受、所营造的环境气氛与展览主题和内容设计互为表里，就可以使陈列展览的主题、内容、信息，知识与形式、视觉、环境、感受相映生辉，使陈列展览的思想性、学术性和知识性，伴随观赏性、趣味性和互动性，浸入观众的脑海心田，给观众留下深刻的印象。"那么这种审美不仅有利于观众理解展览内容，甚至美本身就成为参观学习的动力。"

杭州茶叶博物馆通过环境整治，将周围的户外场所作为展览的辅助空间，有效地创造出活泼有趣、生机盎然的景观。龙井茶和虎跑水是杭州的"双绝"。首先，博物馆充分挖掘茶文化内涵，展示出100多种丰富多样的茶树品种，对各品种的产地、名称、类别详细说明，营造出内容丰富的室外展区。观众不仅可以看到常见的灌木型茶树，还可以观赏5米多高、自然生长了几十年的大茶树。其次，博物馆做足"水"的文章。通过环境整治工程引西湖活水，采用深潭蓄水、分层筑坝、涌泉、山涧、溪滩等手法，对水系进行处理，营造多种水景，形成室外品茶区域。通过种种努力，茶叶博物馆拓展了博物馆文物收藏、公共展示、旅游休闲、美育启智等多方面的功能。

近年来，一些博物馆结合自己的地域特点，构建突出自己特色的陈列展览的同时，不断推出新的陈列形式，应用先进科学技术手段，摆脱过去以展板为主的说教式的展示形式，加入多媒体技术，对灯光、温度进行运用调节，采用可操作模型、触摸屏等动手参与项目，使观众在轻松愉快的活动中学到知识。陕西西安秦始皇兵马俑博物馆不断探索陈列展览的形式创新，通过现代科学技术的合理应用，增加观众的文化体验。在展厅中设置了多媒体演示系统，展示秦始皇陵区的航拍录像、俑坑发掘过程、俑坑结构的三维动画图、兵马俑修复过程等，这些都有助于观众了解秦始皇陵的全貌，有助于深入理解与秦始皇兵马俑相联系的深层文化内涵。

浙江自然博物馆新馆的"自然、生命、人"基本陈列较多地运用景观和高科技手段，但是并没有给人们留下过度的印象。"地幔对流""高仿真达尔文机器人剧场""抛物线观测仪"等与陈列展览内容相得益彰，有力地支撑了努力追求体验、探索和发现的设计目标。"绿色浙江"的山地、湿地和海岛等生态系统景观，都是组织专业技术人员赴实地考察，择取生态系统景观信息并进行模拟设计，高仿真翻模制作而成。这种通过对于细节精益求精的制作，维护博物馆真实性、科学性和直观性特征的做法，值得提倡。

在博物馆的复原陈列中，通过选取某一历史现象的场面或某一自然生态的场景实现"情景再现"，深入挖掘真实的历史氛围和生动的生活情景，挖掘特定人物有血有肉的精神世界内涵，通过文物与环境组合、文物与模型组合、文物与图像组合等方式，在不改变文物原状的基础上，对展示空间进行技术处理，恰如其分地再现历史氛围，恰到好处地模拟历史情景，强化时空中的历史真实感，摒弃脸谱化、符号化的表现模式，改变传统陈列展览呆板、单调、静态的方式，通过各种表现手段的应用，丰富陈列展览的艺术语言，达到内容设计与形式设计的和谐统一，在带给观众视觉享受的同时，使之能够更好地感悟陈列主题。

营造博物馆内不同区域的光照亮度，是陈列展览照明设计中常用的一种方法。"光是一切存在的赐者。"一般而言，亮度分布比较均匀的环境会令观众感到愉快，使参观者视线集中，如果亮度差别过大，就会引发观众视觉疲劳，甚至会造成不愉快的心理感觉。但是如果亮度过于均等，则会使观众产生呆板、单调和漫不经心的负面情绪。因此，陈列展览设计应更加注重研究观众在参观过程中的心理活动规律，灵活运用照明环境艺术，用光照亮度的科学合理变化来增强陈列展览和文物展品的观众亲和力。

在欧洲部分传统建筑的博物馆展厅中，可以看到进入陈列展厅的自然光同时与灯光配合使用。德国布兰德霍斯特博物馆顶层的展厅设计，将光从顶棚上方引入室内，通过用半透明纤维材料制成的天花板过滤，使明亮的顶光均匀地播撒于展厅内，参观者可以在静谧与光明的展厅里，欣赏和探究文物展品背后所隐藏的故事。同时，下面一层展厅的采光方式，通过吊顶上方侧墙上的窗口，将光线引入室内，再经过白色百叶，把从顶部折射下来的自然光线柔化，并散布于展厅内的各个区域。另外，部分补充的人工光源也是必需的，特别是在天气不好的情况下。统计表明，经过一段时间的运行后，50%至70%的开馆时间，可以单纯使用自然采光系统而无须耗费一度电，这不仅为艺术品提供了最理想的光源，也节省下了一大笔博物馆的电能费用。

希腊雅典的新卫城博物馆开馆，蓝天是这个博物馆的设计概念之一。博物馆展厅环绕着明亮的自然光线，这里用于展示雕塑的光线，不同于用来展示油画和素描的光线，从博物馆展厅里可透过玻璃幕墙看到不远处的帕提农神庙。在陈列展览中，采光与色彩的定位应由陈列展览的主题内容所决定，陈列内容是环境设计的基础，采光与色彩设计是表现形式，来烘托和表现陈列展览的主题，传达陈列展览的韵味与氛围。例如"云南文明之光-滇王国文物展"所采用的明亮效果，给人耳目一新的感受。

博物馆陈列展览不是任意的艺术创作行为，而是受到博物馆使命、博物馆学理论、博物馆藏品、陈列展览主题和博物馆观众的制约。尽管如此，博物馆陈列展览的创造空间并不狭小，涉及专业领域众多。例如在陈列艺术方面，涉及博物馆学、历史学、建筑学、艺术学等；在实际操作方面，涉及空间设计、平面设计、电气设计、结构设计、多媒体设计等；在制作工艺方面，涉及装饰装修工艺、摄影印制工艺、雕刻油漆工艺、绘画雕塑工艺、金属制造工艺、文物保护技术、安全防卫技术等。所有设计、工艺和技术都为陈列展览的完成而服务，这充分表明了陈列展览的综合性。

在陈列展览场所会有各类展柜、展具、灯光、音响、视频设备，以及其他多媒体展示设备，在展览设计中必须精心地进行配置，才有可能取得良好的展示效果，并有助于表现陈列艺术的感染力。例如，陈列展柜设计必须遵循实用与审美相结合的原则。陈列展柜直接服务于文物展品，是博物馆藏品公开展出时的保管器具，因而必须满足安全防范的各项要求，诸如防盗、防火、防虫、防尘、防潮、防光害等。同时，陈列展柜必须具有良好的展示功能，各个部位的尺度比例均须符合人体工程学的原理，使得观众参观时感觉舒适。陈列展柜的开门方位、开方式、构造亦须符合使用方便性的原则，以利工作人员提高效率。此外，陈列展柜是决定整个陈列艺术形象的主要因素之一，结合陈列展厅内部装修，它可以创造出博物馆环境特有的艺术气氛和气质，提高文物展品的表现力，给观众以美的享受。展具是文物陈列中文物与展台对接的部分，是观众视线最敏感的部位之一，往往需要特殊的工艺制作。展具的首要功能是保护文物安全，而后是美观精致，不影响文物展品的美感，不影响观众的观赏。灯光不仅是满足人的视觉功能需要和照明的主要条件，也是创造空间、美化环境的基本要素。灯光可以构成空间，改变空间，美化空间，但是也能破坏空间。因此，博物馆陈列展览照明灯具的选择和运用，直接影响展示空间设计的效果。

形式设计和技术运用的终极目的，都是张扬文物展品的文化个性，而不是为形式而形式，为技术而技术。应该信守博物馆陈列的基本理念，避免不顾主题特性、背离艺术规律、混淆艺术和技术、盲目追求高科技手段，从而降低陈列展览的文化与艺术品位的问题出现。博物馆陈列是由多种展示要素构成的，其中包括文物、图片、艺术品、模型、蜡像、道具、建筑、景观、影像、符号、文字、声音、灯光、多媒体等。一方面，陈列艺术寓于技术要素之内，前者要通过后者来展现，另一方面，艺术效果也不是技术要素的简单堆砌。在博物馆的陈列展览中，技术从属于文化艺术，而不能僭越或替代文化艺术。

外国博物馆学家评论我们的陈列是挂在墙上的教科书。这是一针见血地指出了我们陈列的弊端。当前，博物馆事业正在迎来空前繁荣的时代，为陈列展览提供了更加广阔的平台。但是，我国目前的博物馆陈列设计现状，仍然是喜忧参半。喜的是伴随蓬勃发展的博物馆事业，优秀的陈列展览设计不断涌现；忧的是量大面广的陈列展览，出现形式和风格的相似、雷同，缺乏理论研究和新的探索。身处博物馆展厅之中，仔细观察不难发现，大多数参观者属于走马观花式的浏览，参观活动结束后很多人对展出内容依然只是一知半解，这样不仅使展览的效果大打折扣，博物馆的教育功能也没能得到充分发挥。

目前，不少博物馆的陈列展览仍然缺少个性和特色，许多陈列展览选题没有新意；主题提炼不足，平铺直叙，面面俱到；内容枯燥乏味，学究气浓，通俗性不足；展览结构混乱，逻辑性不强，多为教科书的翻版，展览表述过于理性，感性不足；展览信息安排繁杂混乱，不易为观众接受。在我国传统的陈列展览理念与实践中，一般是强调思想性、学术性、知识性等，观赏性问题长期得不到重视而很少提及。有时甚至将其置于被排斥的地位，将观赏性与思想性等对立起来。缺乏空间变化的陈列展览，不仅使人们感到压抑，而且令人感到乏味，无疑大大妨碍了人们对陈列展览观赏性的认识和营造。

上海市博物馆馆长就曾指出，"博物馆是完成文化艺术使命的机关"。中国博物馆学家韩寿萱也在一次演讲中强调："陈列的本身就是一种艺术。"他在介绍欧美博物馆时说道："他们的陈列，是先选定一个展览目的，然后根据这个目的，去收集实物，研究实物，再创造适当的环境，陈列其中，使陈列品更有意义。而最重要的，是他们的陈列能将高深的学理通俗化、具体化，使人易于了解。或者把杂乱无章的实物，整理出个系统，看出了异同，鉴定了时代，使参观的人们可以了解历史上的演变和文化上的进步。"这样的博物馆陈列"有意义、有系统、富于美感、易于领受"。

造成我国博物馆展览水平不高的一个关键原因是陈列展览规划与设计不到位。事实证明，一个陈列展览精品的形成，并非仅仅取决于好的题材立意与高科技手段，更为重要的是取决于内容与形式的统一和协调。例如，上海博物馆的青铜器陈列给参观者以深刻印象，展示空间选用类青铜色织布作展墙基色，其上还镶嵌了体现金属特性的金线条，并在展柜台座上设计了仿古装饰纹样，与展品的艺术风格相映成趣、互相衬托的陈列形式和造型别致、各具千秋的一件件艺术珍品共同成就了一个颇具古雅、凝重艺术气质的陈列展览。

二、实现陈列展览的趣味性

博物馆的动态展示技术最早起源于世界博览会。受伦敦世博会启示，英国伦敦科学博物馆最早将动态陈列运用到展览中，将展品进行动态展示，使观众能够多方位、多角度地观看展品。此后，一些科学与工业博物馆仿效这种做法。德意志科技博物馆就以提倡观众参与而被称为"按电钮式博物馆",可以说是以注重教育为基本属性的科技博物馆现代流派的新起源。"在那一时期由美国F.奥本海默（F.Oppenheimer）所创建的"探索馆",成为体现这种教育思想的样板。他设计了介绍科学原理和应并让观众探索、实践、亲自动手进行参与互动的大量展品,独树一帜,其匠心可贵,使科技馆的教育思想,得到了辉煌灿烂的发展,赢得了社会广泛的认同。从此,开创了科学中心的新时代。"

在我国,很久之前的博物馆,陈列展览手段往往比较单一,基本以文物、图片、雕塑、绘画等为陈列展示的主体。北京科学技术馆第一次将高科技运用到陈列展览中,它的基本任务是向公众普及科学技术知识,传播科学思想和科学方法,提高公众的科学文化素质,培养创新精神。随着社会生活的变迁,我国博物馆的陈列展览概念发生了巨大变化,在科技类博物馆、自然类博物馆等博物馆实践中收到良好效果的基础上,高科技手段逐渐从科技类博物馆进入到以文物藏品为主的社会历史类博物馆,在各类博物馆展示中得到广泛的应用,已经成为陈列展览中不可缺少的组成部分。

今天,广大民众的文化需求呈现多样化发展,文化传播形式不断创新,所有的文化信息都有可能被纳入博物馆文化之中。随着高科技的迅猛发展,如今世界已经进,人电子信息的时代,计算机和网络技术正日益进入公众生活之中,广大民众尤其是青少年接受知识的主要途径往往依靠电子媒介等形式,它们作为一种有效的信息化手段,能够更全面、更直观、更有效地传达信息。博物馆以普及知识为使命,以陈列展览为传播手段,现代科学技术正是当今有效,也容易被大众所接受的传播方式,可以使观众获得全新的参观体验。

浙江余姚河姆渡遗址博物馆陈列展览内容的设计,力求将专业性与趣味性紧密结合,在每一个部分设计一两个亮点,营造气氛,增强展览的观赏性,以达到雅俗共赏的目的。通过播放动画短片《我的家园》,动态演示河姆渡文化先民营建干栏式房屋的过程,包括砍伐树木、裁截木料、开板取材、劈削加工、挖凿榫卯、挖坑垫木、立柱架板、铺盖茅草等建造干栏式房屋的各道程序,使静态的、不美观的木构件展品,通过生动的展示手段,加强陈列展览的观赏性,更深层次地传播中国传统建筑文化的知识。

陈列展览是一种信息传播的载体,要从观众的认知习惯和水平出发,科学合理地安排好展览的信息层次。随着当代博物馆陈列设计手段的日趋多样,应适当地借助现代科学技术的成果,直观地再现某些场景。在短短的十几年间,从讲解器到多媒体,从二维图像到三维展示,再到数字化博物馆,科学技术成果的应用和推广,使博物馆不断以更为新颖自然的手法,深入浅出地展现文物展品的博大精深与发展历程,精炼地概述历史事件的起因、过程和结果,从而在普及知识的过程中寓教于乐，达到更佳的展示效果，显示出博物馆文化与科学技术的结合，也使博物馆愈加年轻鲜活起来。

今天，以数字化技术武装的声光电技术和电脑设计技术，促进了博物馆高科技项目的研发与更新，拓展了陈列设计思路，丰富了陈列设计语言，使陈列展览中的有形展现、无形再现成为现实。通过文字记载影像化，让遥远的社会历史与自然环境得以重现，使观众有身临其境般的感动和震撼，获得"进入历史场景的感觉"。中国农业博物馆陈列展览中的"都江堰场景"，有根据地还原岷江分流的情景，利用声光电技术展现水利工程的壮观，利用多媒体演示细解水利工程的原理，使参观者看到、听到、感受到几千多年前先人是如何使桀骜不驯的滔滔江水驯服地服务于人类，并直到今天还造福于广大民众，从中体验中华文化的智慧与深厚。

"关于如何使博物馆变得有趣，这是不同博物馆根据自身特点见仁见智的问题。但可以肯定的基本原则是，博物馆不是高高在上向观众灌输、布道的古板教师，不是让观众看完就忘的枯燥课本。有趣的博物馆应当能满足观众的多种需求，能够令观众有所触动、有所思考、有所回味。"如今博物馆普遍采用触摸屏、电子书、场景复原、电动图表、高清全息投影等多种手段，突出对重点内容的表现，更加深刻生动地揭示陈列的内涵，增强内容的表现力和视觉的冲击力，丰富陈列的艺术语言，并吸引观众参与其中。但是，场景模拟必须要有确凿的史实依据，切不可随意发挥，否则反而会误导观众。

任何现代科学技术的应用都必须有实体文物和相关资料的支撑。采用新技术，是对陈列展览思想性、学术性/知识性的强化，其中任何虚拟展示都应该尊重历史，严格按照陈列展览主题和内容设计进行制作和呈现。只有文物展品才是陈列展览中的主角，现代科学技术只能是博物馆展示中的辅助手段，只是为了使陈列展览在叙述上更流畅，在效果上更直观，在形式上更丰富，最后达到博物馆文化传播的目的。新技术的应用所带来的不应该只是感官或肢体的互动，而应该追求陈列展览和观众之间思维的互动。陈列展览的思想性往往寓意其中，含而不露，意在言外而不张扬，让观众自己领悟，自己品味。

当前，应避免博物馆陈列展览的千篇一律。由于不同地区历史文化资源不同，陈列展览的主题与内涵理应存在诸多区别。因此，应保证每一个陈列展览独特的审美风格。中国国家博物馆的油画《开国大典》观赏性很强，画中的麦克风等又以实物展出，画、物组合，观众对隆重的开国大典场面的观感自然就会更加强烈。在文物展品的背后往往蕴含着极其丰富的历史文化信息。任何一件文物展品都与当时很多事物有着密切的关联，绝非孤立存在，对前来博物馆参观的绝大多数人来说，最想知道的正是文物背后的故事，以及与其相关的文化信息。但是博物馆传统的陈列展览方式较少顾及观众的感受，提供给观众的信息单调而有限。

由于科技手段与新材料、新技术、新工艺的应用，博物馆陈列展览的信息传递变得直接、快捷、便利、集中、形象、生动，并由传统的静态展示转向动静结合，全面、有效地增强了陈列展览的视觉冲击力。科技的进步是永无止境的，随着科技的不断进步，陈列展览的观赏性前景将越来越广阔。实践证明，恰当适度地运用互动和高科技展示手段，是对传统展示方式的有效补充与完善。例如陕西汉阳陵遗址博物馆的幻影成像，陕西历史博物馆的高清晰数字短片，从观众竞相观看的盛况可知，不仅没有冲淡文物展品本身的主题，影响陈列展览的科学性和系统性，反而调动了观众的参观兴趣和主观能动性，加深了对陈列展览的印象。总之，随着博物馆理念的不断更新，以泛使用高新技术为表征的展览设计，日益受到博物馆界的重视。

几十年来，博物馆界始终不渝地从诸多层面发掘高科技的正面作用，例如拓展信息载体，弥补文物藏品不足的缺憾，增强视觉冲击力，满足观众的参与和娱乐需求。近年来，现代新兴科技如光纤、激光、全息照相、立体声、多媒体等技术，普遍应用在世界博览会上，对观众产生了强烈的视听觉冲击。随后，电子影像、大型影像、多重影像、立体影像和虚拟影像、幻影成像等新技术也纷纷进入博物馆，大大提高了陈列展示的感染力。特别是上海世界博览会期间，中国馆的动画版《清明上河图》，设计者融合了动态投影和三维成像等技术，通过 12 台投影仪，将长 128 米、宽 6.5 米的《清明上河图》投影映现在展墙上，使画中的人物和场景都变得可以活动，栩栩如生，超越了这幅画作原来平面静态的表现，给观众带来一种新颖的感官体验。

采用现代科学技术必须着眼于实际效果。作为新型传播手段，新技术虽然具有不少优点，但是在具体运用时也需要注意博物馆陈列展览的特殊要求。目前，很多博物馆热心于新技术的运用，以为新技术应用得越多、技术越高端，就会越吸引观众。可现实的结果是，很多新技术由于损耗大、使用率低、布局不合理，以及与展览内容关系不密切等原因，未能很好地服务于观众。实践证明，陈列艺术不是高科技的同义词，声光电等新技术也并非多多益善，要充分考虑其必要性、适当性和综合性，高科技的运用也不能喧宾夺主，它的角色只能是衬托者，而不应成为主角。

由于高科技产品的出现与应用，丰富了博物馆陈列展览设计制作的方式方法，也为习惯于原有陈列手段的观众带来新的感受，因而受到人们的欢迎。于是，近年来无论是新馆建设还是旧馆改造，必将高科技陈列展览项目列入其中，而且投入比重越来越大。一些博物馆甚至认为只有更多地使用现代科学技术手段才是求新、求变的最佳方式，认为高科技项目使用越多，越能推陈出新，越能显示经济实力，越能提升博物馆的档次，在陈列展览设计过程中，弱化传统陈列手法，片面追求所谓创新，在博物馆之间形成"互相攀比""盲目跟风"的趋势，导致陈列展览重复模仿，展示手段千篇一律。

宋向光教授指出："对博物馆陈列性质认识的分歧，陈列目标的异化和模糊，陈列内容的同质化和程式化，陈列展示的技术化和娱乐化，陈列形式的视觉及感官至上，陈列工作体制的市场化，这些新问题摆在人们面前。"陈列展览通过对视频、音频、动画等媒体加以组合应用，可以创造崭新的参观体验，促进观众视觉、听觉及其他感官和行为的配合，扩大内容信息的传播，营造陈列展览的环境气氛。陈列展览需要观赏性，但是目的是通过观赏性，更好地表现思想性、知识性、艺术性，展现陈列展览的主题。绝不可割裂观赏性与思想性等方面的关系，不顾陈列内容适合与否，强行要求增添指定的高科技手段，造成展示形式对内容的误导。更不能本末倒置、喧宾夺主，为了追求展厅艺术效果，采用艺术品的堆砌取代文物展示，造成陈列展览效果的杂乱无章。"我们必须认真对待当代博物馆陈列表达的场景化、舞美化、影视化、虚拟化倾向。"

正如苏东海先生所说："文物博物馆事业的现代化不是什么声光电的问题，而是紧追时代，赋予时代内涵的问题"，"我们不要把声光电等同于现代化，不要以为声光电就是现代化博物馆的标志"。先进的科学技术手段应能更好地衬托文物展品，现代技术和新型设备应是表现文物展品文化内涵的工具，完美的陈列展览形式应与文物展品的文化内涵相统一，无论是场地、展柜，还是灯光、美工，以及辅助陈列等各种有效方式和手段，均应最大限度地展示文物展品的文化魅力，并给予观众美的享受。同时，应努力营造优美、洁净、高雅的参观环境，使观众一进入博物馆就能沐浴在文化氛围之中。

在博物馆的陈列展览设计中，应注重最新研究成果和新技术、新工艺、新材料的引进，这既是社会发展和科技进步的必然，也是提高陈列展览质量和水平的需要。但是，高科技项目在现代博物馆的应用过程中，日益显现出一些弊端。例如，高科技项目价格相对昂贵，一旦大量使用，势必过多占用有限的陈列展览经费；一些不是很成熟的高科技项目，由于缺乏维护经费和技术人员保障，在长时间、高频率地使用后，容易出现故障；随着现代科技的发展，新产品不断出现，高科技项目升级换代频率加快，不断被动淘汰。

博物馆陈列展览的学术文化内涵和公众参与属性，要求博物馆在陈列展览中对新技术、新工艺、新材料有选择地适度运用。应用各种现代科学技术手段，目的是深化陈列展览内容、丰富展览展示形式，而不能将科学技术手段的应用，当做陈列展览是否创新的重要标志，不能将博物馆的陈列展览变成科技博览会，那样反而使文物展品变成了配角。面对陈列展览中出现的种种弊端，博物馆应该力求技术与艺术、内容与形式、继承与创新、审美与娱乐的有机统一，谨防对技术的盲目崇拜和无度滥用，自觉抵制业已出现的庸俗化和娱乐化倾向。

因此，要重视陈列展览艺术与陈列展览技术的统一。只有用文化理念驾驭技术要素，并将各个技术要素有机地整合起来，才能使陈列展览产生赏心悦目的艺术效果。"正确认识陈列艺术与技术的本末关系，从而在尊重二者各自规律的前提下，适度界定二者之间的阈限，有助于当今博物馆陈列在满足观众日益增长的个性化需求的同时，依然坚持自己的基本理念，永远不失自己的本质特征。也只有如此，才能使观众在欣赏陈列展览时沐浴高新技术之惠泽，产生温柔敦厚之美感，并在审美体验中使情感得以升华。"

三、实现陈列展览的通俗性

公众参与是社会进步的重要标志。博物馆要把一成不变的静态知识变得生动有趣起来，就要从观众的角度出发设计陈列展览，以观众为中心提供各种相关服务，注重人文导向，使陈列展览人格化，服务人性化，使观众真正在博物馆里得到悦目、悦心、悦智的享受。日本名古屋工业大学的研究室对日本19家博物馆观众满意度的问卷调查显示，展览中如果有30%的展品可供观众参与，观众的满足感会有很大提高。日本江户东京博物馆内有一个大型微缩沙盘，展示东京桥的历史场景，而在桥的上面，有近千个表现人生百态、五行八作的小人雕塑，生机盎然，妙趣横生。为了使观众能够详细地观看雕塑的细部，博物馆在沙盘的四边设置了望远镜，体现出人性化的管理特点。

博物馆应就陈列展览的内容和形式，不断征询观众的意见和建议，欢迎观众留言，及时了解观众的心理动态和潜在需求。例如一项关于"当代大学生眼中的博物馆"的调查结果表明，针对"什么样的博物馆会得到当代大学生群体钟爱"的问题，排在第一位的是"历史民俗"类，占34.5%；"艺术"类位居第二位，占32.8%；而"名人故居和纪念馆"类所占的比例则很小，分别为3.4%和1.7%。而在对中小学生的问卷调查中却发现，"名人故居"的被选比例也很高。由此可见，博物馆应该有针对性地认清自己的目标观众群体，在展览策划运营中才能做到有的放矢。

加拿大魁北克文明博物馆，在对观众调查的基础上，确定陈列展览的内容和形式，并将陈列展览首先制作成小模型，到社会各层次的观众中去征求意见，哪怕是幼儿园的儿童也不漏掉，在大量调查摸底工作的基础上，再引进或投入制作，使每个陈列展览都具有不同的观众群体。连云港博物馆充分发挥馆藏文物的资源效应，不断丰富陈列展览内容。在四川汶川大地震发生后，为了及时向社会民众宣传防震减灾科普知识，博物馆及时与地震部门联系，举办防震减灾科普知识展览，并开展地震科普知识讲座和地震应急逃生演练，在相关媒体上进行提前宣传，许多市民前来参加咨询活动，在社会上收到良好的反响。

参观博物馆不同于在课堂上听讲，观众在获得知识的同时还希望获得一份美感和享受。陈列展览就是要在人与物之间创造出一个彼此交往的中介，为人们提供一个具有美学属性的空间，让观众赏心悦目、舒解疲劳、放松情绪。由于珍贵文物不可随意触摸，一些青少年到博物馆参观时会感到枯燥。为此，中国科学技术馆通过大量可以让观众亲自动手实践的展陈设施，生动形象地展示了电磁、力学、机械、声光、信息、核技术等多种学科的基本原理和科技成果，特别是那些光怪陆离的辉光球、五颜六色的巨大肥皂膜，毛发直立的静电反应，都令青少年观众惊讶不已，加深了对相关科学原理的理解。

上海博物馆结合书画、陶瓷、玉器等文物展品，对中小学生开展趣味墨拓、修复"唐三彩"、软陶制玉、扎染等手工体验活动，让参与者在石板上刻下文字或图像，然后制作拓片；把陶器、瓷器碎片分离，再修补完整；在白布上学染色；用软陶模仿古代玉器形状，制作成玉蝉、玉龙、玉鸟等。他们还举办纸文化系列活动，包括艺术剪纸、手工制造宣纸、掌握木活字印刷技术和做套色水印信笺。让孩子们在动手制作过程中感受传统、品味生活。当中小学生们亲手制作出一个个饶有趣味的艺术作品时，就会从中感受到成功，体验到自我价值。

博物馆的陈列展览和社会教育项目应该充分发挥体验性、互动性、参与性等特征。"让公众了解博物馆的工作人员在做什么，这实际上也是博物馆魅力的一个有机组成部分。"新西兰国家博物馆就设有讨论室，观众还可以通过预约参观文物库房或与专业人员接触、交流。这些展厅以外的相关活动能大大提高观众的满意度。博物馆既要成为文化信息中心，也要成为文化体验场所，利用陈列展览让观众直接参与，并形成互动体验，使文物展品的信息以生动的方式传递给观众，通过视觉、听觉、嗅觉、触觉等体验，获取需要的知识，获得难忘的感受。

在国际盲人日，卢浮宫艺术博物馆给北京带来一场独特展览，在"触觉从卢浮宫到世纪坛"展览上，参观者可以亲手触摸卢浮宫艺术博物馆所藏西方经典雕塑的复制品，所有复制品都是由法国国立博物馆联合会模型工坊制作而成，观众可以通过触摸感受雕塑作品的力与美。同时，在每一件陈列展品旁都放置了中文和盲文的两种介绍，使盲人也能感受到艺术家的表现和匠心。

浙江省博物馆"十大镇馆之宝"汇展及评选活动引爆杭城，在杭州的各大新闻媒体对此做了一系列连续报道，激起观众对博物馆文物的兴趣和激情，也成为社会公众关注的热点，观众积极参加投票评选活动，成为博物馆把馆藏文物精华更好地展示给社会公众的一次有益探索。

博物馆陈列展览设计要善于调动观众的审美意识和审美情感，尽力缩小陈列展览与观众的空间距离和心理距离，寻求与观众的共鸣。日本九州博物馆的藏品仅有 2000 余件，但是参观人次却位居日本各大博物馆前列。究其原因，主要是该馆紧紧抓住了观众的心理，一切展示活动都以观众为中心。如果一个展品连续6天观众停留的时间不到10秒，就进行撤换。在日本九州博物馆的实验室，公众可以近距离观看或尝试实验操作，甚至可以透过保管文物藏品的库房开窗通道，参观库房里面的技术人员如何修复、整理和保管文物藏品，深受观众喜爱。

在博物馆的陈列展览活动中，观众不应该是被动接受的一方，而应该是陈列展览的主动参与者。美国德州监狱博物馆是一家集展览、教育、旅游为一体的综合性慈善机构，该馆从囚犯和狱警的角度展示了德州监狱系统的发展历程。陈列的展品以囚犯使用的物品为主，其中除生活用品、行刑工具、囚犯带人的违禁品及自制的越狱用品外，还有囚犯自己创作的绘画、雕塑等"监狱艺术品"。博物馆还别出心裁地设计了一个模拟囚室，游客只要花上3美元就可以穿上囚服在里面照相留念，体验一下当"囚犯"的感觉。

博物馆应千方百计地拉近观众与文物展品间的距离，着力考虑观众的心理需求，追求展示空间的机动性与可塑性，着力于展厅文化氛围的创造和展品文化意义的激活，通过陈列展览将观众带到特定的情境氛围之中，使他们深入地参与其中，达到在认知、行动、反馈等方面的全方位参与。垃圾博物馆坐落在美国康涅狄格州斯特列福镇，是在垃圾分类处理厂的基础上扩建而成的，作为环保教育设施之一，免费接待公众。在这里，游客可以了解到绿色的塑料瓶可造地毯、25个汽水瓶可制作一件再生的短上衣、1吨旧报纸再生使用可少砍约17棵树和节省4100瓦电能、利用废弃金属代替铁矿石生产新钢铁等。通过参观，人们不仅了解垃圾处理的过程，还可以增强环保意识。

现代信息技术的应用，改变了博物馆藏品的陈列展览方式，也提高了人们对信息的处理效率，从而使我国博物馆的管理水平有了明显提升。多语种的自动讲解系统的应用，使博物馆对参观者的服务能力有了明显提高。良渚博物院的陈列展览，按照"雅俗共赏"的要求，解读和传递良渚文化的专业元素，让观众"看得懂、喜欢看"，并做深、做透良渚之谜和良渚玉文化两篇文章，除了运用传统的文物展示、场景营造等陈列手段外，还采用声光系统、多媒体技术、4D影院等现代科技手段，实现室内展示与室外体验相结合，提高博物馆陈列展览的可视性、可读性和参与度，给予观众更加清晰的印象和直观的感受。

在举办"天地经纬"展的过程中，河南博物院与中国地震局、中国国家博物馆、北京天文馆、中国社会科学院考古研究所、北京自动化研究所等多学科专家联合攻关，围绕古代科技成果的展示和利用、地动仪模型构造和基本工作原理，以及陈列架构、科技内涵延伸、环境创新、公众参与等方面，进行了诸多探索和共同研究。这一展览使人们在探索历史类博物馆如何通过现代技术手段展示古代科技原理的方式方法、探索陈列如何向观众传递和正确对待不断发展着的科学空间、探索如何让观众参与到陈列中并通过亲身体验来缩短陈列与观众的距离等方面，积累了一定的经验。

黑龙江省博物馆举办了"生命起航一卵的奥秘"暑期特别展览，这是针对少年儿童参观群体，集趣味性、科学性为一体的陈列展览。通过展示鸡、鸭等的孵化过程，引导大众关注生命、探索自然。博物馆购进专用孵化设备，将传统的展板展示转变为活体互动，将原有的引导讲解转变为主动吸引，将整个孵化过程完全呈现在广大观众的面前。展览以鸡、鸭等的孵化过程为载体，展示部分禽类和爬行动物的诞生及发育过程。所有孵化卵面向少年儿童实行免费幼雏征名、领养活动。凡在指定时间内报名的少年儿童，均可以亲自挑选其中一枚孵化卵自己进行命名，博物馆对其指定的孵化卵进行特定编号，待孵化出壳、展览结束后免费赠与其领养，借此提高少年儿童对自然环境的保护意识。

心理学家 M.麦克卢汉（M.McLuhan）博士说："触摸行为对于电视机下成长的一代人来说是非常重要的课题。他们从孩提时代起，就已经接受了电视图像的透视，现在需要从深度方面来处理事物了。"博物馆的少儿教育应该受到应有的重视。中国科学技术馆新馆中，有一处科学乐园展厅，专门为 3-10 岁的儿童所设计。展厅面积近 4000 平方米，是目前国内最大的儿童专项展厅。展厅共分 9 个单元，如科学城堡、认识自己、山林探秘、欢乐农庄、戏水湾、安全岛、创意工作室等，内容包括认识自然、认识自己和身边、工农业交通、环境、防灾和趣味活动等，共计有展览项目 140 多个。

科学乐园的一切，都按照为儿童服务设计安排。展厅的设施和布置，都考虑到儿童的身体和认知特点，整个展厅色彩和谐温馨，各展区都用不同的颜色区分，背景音乐舒缓优美，各类提示亲切有趣，各展项的体量、高度和手柄的松紧度都符合 3-10 岁儿童的身材和体能。为保证小观众的安全，所有设施、器材都做了防电、防撞、防扎、防磕碰等处理。小朋友在乐园里就是玩和动，展厅中不仅有动手的项目，还有动眼、动耳、动脚、动嘴、动鼻子的项目，在玩和动中激发兴趣，得到体验，获得知识，增长见识，发现喜好和特长，或者就是玩个高兴，玩个痛快。

美国波士顿儿童博物馆有一段脍炙人口的名言：我听了，可忘了；我看了，记住了；我动手了，明白了！中国古代诗人陆游也曾作诗道：纸上得来终觉浅，绝知此事要躬行。25 香港太空馆有一项让观众亲自体验在太空翱翔的滑翔项目，观众可以乘着滑翔器，遨游于太空，有一种身临其境的感觉。"陈列展览的形式可以有多种多样，有的是质朴无华、素面朝天，有的则是五彩争艳、匠心独运，但无论是哪种形式，都有一个共同的出发点，就是要从观众的角度来看，以更好的和更有吸引力的方式让观众欣赏和观摩。"

博物馆的陈列展览在内容上应科学高雅，在形式上应喜闻乐见，努力在大众化与专业性之间寻求平衡。在首都博物馆，除了设有专门的教育互动区，还在陈列展览的设计上注重参观者的感官感受，在展品、图片之外，还有多个多媒体展项，包括声光电等现代科技的表现形式，以及参观者能亲身参与互动的展区，以强调"体验、感受、互动"的方式传递展示信息。在河北黄骅海盐博物馆"天工开物-中国盐史"展览中，系统展示与盐有关的历史、技术、文化，及其在国民经济中的重大作用，采用水墨淡彩风格绘制的二维动漫"熬波图"，采用动感手段，生动再现了元代海盐制作工艺，增强了感染力和吸引力。

在大英博物馆的"日本传统手工艺展"期间，邀请了多位当代手工艺大师来做讲座，同时表演茶道和插花，并且在活动室里可以观看日本墙纸的制作过程，使观众与展示内容之间没有阻碍，实现最真实的接触，观众在这里感受到的是主动学习而不是被动接受。在英国维多利亚和阿尔伯特博物馆，介绍19世纪装饰风格的时候，设计师复制了那个年代的椅子，供观众亲手拆卸、组装。

由此可以看出，陈列展览和公众教育在今天的博物馆中结合得越来越紧密，形式也更加多元化，尤其是更加注重观众的参与、体验，从而达到信息的双向传递，这正是现代博物馆与传统博物馆的区别。

第七章 博物馆展陈设计

文物藏品展陈，是博物馆的主要职能和重要任务之一，其与藏品的开发利用，以及社会历史、精神、文化宣教密切相关。因此，在博物馆的藏品展陈过程当中，必须要高质量地做好展陈设计工作，既要能够充分、全面和详细的展现出藏品的样貌，又要能够与观众形成有效的互动，透过藏品展陈为观众传递丰富的信息，让观众可以沉浸到对藏品的观赏与学习中来。

第一节 绪论

国际博物馆协会全体大会通过的《国际博物馆协会章程》规定：博物馆是为社会发展服务的非营利的永久机构，并向大众开放。它是为研究、教育、欣赏之目的征集、保护、研究和传播并展示人类及人类环境的见证物。

人类历史上公认的第一座博物馆一。缪斯神庙公元前三世纪建于埃及亚历山大城。由英国王室建立的大英博物馆，是第一座具有现代意义的国立博物馆，也是全世界第一个对公众开放的大型博物馆。国际博物馆协会把每年的 5 月 18 日确定为"国际博物馆日"。时至今日，博物馆已经成为多功能、多元化发展的文化综合体。博物馆是人类社会发展到一定阶段的产物，其随着社会的发展而发展，也必将随着社会的进程而不断衍生出新的延伸、新的功能、新的概念和新的形式。

博物馆本身具有多样性，各个国家的具体国情也不尽相同，因此博物馆的分类也是多种多样的。大体上是根据藏品、展出方式，教育活动的性质和特点，以及经费来源和服务对象来分。目前国际上通常将博物馆划分为历史博物馆、艺术博物馆、科学博物馆、综合博物馆及其他类型。同时，将动物园、植物园、水族馆、自然保护区、科学中心和天文馆以及图书馆、档案馆内长期设置的保管机构和展览厅等都划入博物馆的范畴。

博物馆在适应社会发展的漫长历程中，成为多职能的文化复合体。随着社会的发展，博物馆的职能仍处于不断的发展变化之中。博物馆可以促进社会和谐，带来影响社会发展的正能量，最为典型的是弗兰克·盖里设计的古根海姆博物馆的"古根海姆效应"。古根海姆博物馆所在地西班牙毕尔巴鄂，曾经是废弃的工业城市，一度陷入深重的危机。为了摆脱困境，地方政府决意进行城市改造，建造博物馆便是毕尔巴鄂城市改造计划中一个重要环节。古根海姆博物馆的建立极大地提升了毕尔巴鄂的文化品位，一夜之间在欧洲家喻户晓成了一个新的旅游热点。以文化带动经济，开馆几年共吸引了五百五十万的参观人次，创造了达一亿四千四百万美元的收入。毕尔巴鄂古根海姆博物馆创造了博物馆界的一个神话。

我国现代博物馆发展现状与发达国家相比还存在着不小的差距。但随着近年来经济的迅猛发展和人们对自身文化修养要求的不断提高，博物馆在我国正经历着一个快速发展的过程，不论是数量还是类型上，都发生着翻天覆地的变化。我国博物馆立足行业特点和地域特色文化，以国有博物馆为主体、专题性博物馆和民办博物馆为补充，创建辐射全国、面向世界的博物馆资源共享平台。现全国博物馆总数达 4000 多个，每年举办展览 10000 次以上，年接待人数达 5 亿之多。除了常见的综合类、历史类、自然类、艺术类博物馆之外。还出现了综合数字博物馆、生态博物馆、社区博物馆等一些新型博物馆。过去的博物馆主要是历史和文物的陈列，更像教科书，如今博物馆则更加贴近生活。

在博物馆的空间设计中，建筑师大都将更多的注意力放在建筑形式和景观空间的营造上，对博物馆内部空间展陈设计不太重视，然而展陈设计才是一个博物馆的真正价值所在。纵观博物馆的发展历史，不难发现博物馆和空间展陈设计的发展步调是一致的，两者相互依存、相互依托。当代博物馆的职能已经被大大地扩展，但是基本功能依旧没变。展陈设计不仅是博物馆职能的载体，也是实现博物馆功能的桥梁，当代展陈空间设计也变得更加多元化、综合化。本书收录了几十个近年建成的知名建筑师设计的博物馆作品，以实际案例为出发点，配以精准的文字及高清图片，对博物馆空间展陈设计进行深度的剖析和解读，力求对广大设计师在今后的文化博览空间设计实践中起到一定的借鉴作用，对院校的设计教学提供一些参考价值。

第二节 博物馆展品陈列设计

陈列设计是指依据展示主题要求，对展示内容进行构思、确定展示风格与总体要求，并运用各种艺术、科技手段有机地组合展品的工作。

展示活动中，陈列设计综合应用美学、色彩学、光学、心理学等多门学科知识，通过展品、道具等陈列方式的变化。用直观的视觉形象吸引参观者，营造展示氛围，深化展示主题。

一、陈列形式

（一）根据陈列位置划分

各类博物馆展示活动中，根据展品陈列位置的不同。陈列形式主要可分为以下几种：

1.地面陈列

地面陈列一般将展品摆放于地面或地台上，台面可以以展台和积木的形式随意升高，可设置各式钢架展柜和道具支架等，利用各支架配件等辅助道具使展品呈现出丰满的立体感和丰富的层次感。

地面陈列可以让观众近距离参观，较适合大型、重型展品的陈列，如大型的雕塑等。具体位置选择上，作为主题、主角的展品要安放在展示空间的醒目位置，作为陪衬、点缀的展品则适宜按照既能美化、渲染展示环境却又不会太过吸引参观者注意力的原则安放在转角等位置。

2.架上陈列

架上陈列是一种将展品摆放于展架上的陈列方式、适合古玩、茶具等精致玲珑的艺术品展示。这种方式比较注重整体造型、格调与主题的契合程度，需要对展品具体摆放位置、空间背景、灯光照明等进行精心的设计，充分展现展品的立体结构与造型。具备强烈的体积感与质感，让参观者在欣赏到展品本身所具有的艺术内涵的同时，也能感受到陈列设计人员的艺术造诣。

3.柱面陈列

柱面陈列利用展区内的墙柱装置围合的框架结构和支架结构。在柱面壁上张贴图片、宣传资料，或在围绕柱面的四周柜架上放置展品进行展示。柱面陈列通常会以高展柜的形式进行空间布局和设计，能够有效地消除柱子带来的堵塞感，扩大陈列区位并扩大展示的面积和层次，容易吸引参观者的注意，比较适合中小展品的展示。柱面陈列主要有以下三种形式：

（1）利用柱面壁贴陈列。利用胶粘、挂钩、捆绑等方法，将展品贴靠在柱子表面的一种陈列形式。

（2）柱体上镶以陈列柜架和箱柜。通过合理的装饰装修，把本来阻碍视线的柱子镶嵌上造型别致的陈列柜架和箱柜，弱化柱子的存在感甚至使参观者感觉不到柱子的存在。

（3）在柱基四周地面上进行放置陈列。一般用于大型展示活动和体积较大的商品陈列。

4.壁面陈列

壁面陈列是一种利用挂钩、钉等工具将展品平展或折叠后钉、贴、挂于展墙或展板等壁面的展品陈列形式，一般用于平面艺术品或小型：立体装饰物的展示，如书法、摄影、美术作品的展示与刀、枪、弓、浅浮雕等的展示。此种陈列形式下，展示内容的布局灵活多样，在适宜的照明设计下。能够充分展示出展品的平面构成、质地花纹和色彩图案等特征，给参观者带来强烈的视觉冲击与自然感。

展示活动中，壁面陈列的使用不仅要注意展品本身质量的优劣与相互间的布局协调，还要注意壁面背景与整体空间环境的选择。适宜的背景环境能够渲染展示氛围，更好地突出展示主题。如在美术作品展示中，风格端庄的空间环境适于对称的构图或单幅画布局，风格活泼的空间环境适于均衡的构图和多幅画布局。

5.空间陈列

空间陈列也称为垂直陈列，是将展品悬空吊挂在屋顶、梁柱等展区上部空间的展品陈列形式。这种方式在全方位地展示出展品的外观形态，实际效果等的同时还可以美化空间环境、保持视觉空间的轻盈通透及底层空间的灵活使用。不过悬挂高度不宜太高以适应人们的习惯仰视距离与角度。

（二）根据视线角度划分

根据参观者视线角度的不同陈列形式主要可分为以下几种：

1.高位陈列

高位陈列是指视平线以上区域的陈列摆设，适用于仰视效果符合常规视觉印象与寻求远观整体效果的展品。

2.中位陈列

中位陈列是指视平线高度 30 度视角之内区域的陈列摆设。此角度范围是人们最为舒适的视觉范围，因此也是最佳的陈列位置，适于中小型重要展品。

3.低位陈列

低位陈列是指视平线以下区域的陈列摆设，适于能够让人们接近并清晰俯视的展品。

（三）根据与展品距离划分

根据参观者与展品距离的不同，陈列形式又可分为浅位陈列与深位陈列。

1.浅位陈列是指在距离参观者视线最近区域或展位很狭窄部位的区域摆设，应用时要注意层次感、空间感的协调搭建。

2.深位陈列是指在较大展示区域中处于深远区域的陈列摆设，应用时应注意与浅位陈列的搭配，建立丰富的层次感、空间感，提高空间通透性与利用率。

二、陈列类型

1.社会历史类

内容一般为古代史、近现代史、革命史等。设计上应表现出历史的时代风范，同时必须注意地方色彩和民族风格。历史的时间序列常决定陈列内容的组合、排列及参观顺序，需突出其系统性、顺序性的特点。

2.自然历史类

内容一般为动植物、地质、古生物、人类学等。设计上应反映学术派的气质。要避免落入俗套，多采用高科技传媒手段扩大信息量，激发观众的参与性。

3.科学技术类

内容包括与科学技术相关的各类技术，物品等，种类繁多、包罗万象。设计上要多倾向于简练、朴素、明快色调上，重对比，追求醒目、刺激的现代感。

4.造型艺术类

内容包括美术绘画、雕刻、雕塑等。设计上应以朴素、典雅、简洁、大方、沉静为审美取向，避免繁缛、平庸和堆砌。

三、陈列手法

常用陈列手法主要有以下几种：

1.系统分类陈列法，是指将展品按照一定规律特征等分门别类地摆设的陈列手法。此法较为简单明了。

2.复原陈列法，是指根据展示主题内容与展品性质特征复原布置出展品所处历史场景，或直接将考古现场、遗迹保留下来改造为展示区域。根据所用道具、手段等的不同，复原的方法可以有成套文物组合复原法、文物与环境组合复原法、文物与模型组合复原法，文物与图像组合复原法、文物与实际操作组合复原法等多种。它使某些历史现象或自然环境再现，让参观者获得身临其境的真实感。

3.景观陈列法，是指选取某一历史现象的场面或某一自然生态的场景加以仿制，让其生动地再现于展示空间中，通常会利用声、光、影像等多媒体技术手段，具有强烈的感染力。与复原陈列法的区别在于复原陈列法的仿制、模拟工作需要完全按照展品所处原始环境进行，而景观陈列法只要选择具有代表性的典型环境、形象加以概况应用即可。

4.对比陈列法，是指利用对比手法进行陈列摆设的手法。常用的对比手法有大与小、多与少、粗与细、新与旧、过去与现在等的对比。对比陈列可让人们产生深刻的印象。

5.集中陈列法，是指对某些成套的物品或体积较小的物品进行聚集陈列的手法。集中陈列能够形成整体印象。

6.中心陈列法，是指以某一件展品或某一项问题内容为中心，其他内容围绕其展开，以突出处于中心的主要展品或内容。

7.连续式陈列法，是指陈列场景紧密相接，连续不断的陈列手法。连续陈列让人有一气呵成的整体感。

第三节 博物馆展陈道具设计

展陈道具本身也是一项展示内容，与其他展示内容共同承载，传达展示信息。通俗来讲，凡是在展示活动中，为塑造展示空间形态，烘托展示环境气氛，承托、悬挂、支撑、突出、保护、陈列展品及其他配套用品的道具，都属于展陈道具。

展陈道具作为构成展示空间的物质基础，是展示空间规划设计的重要组成部分。

一、展陈道具的功能

1.丰富展示效果

任何展示活动中，展陈道具都是不可或缺的，它为展品的安置、承载、烘托、围护等提供了硬件基础，为展品的陈列效果提供了完美的保证。

为把造型、色彩、材质等展品的外在信息与结构、技术、工艺等展品的内在品质结合起来，快速、明确、充分地传递给参观者们，不同的展品需用采用不同甚至截然相反的陈列手法。展陈道具为所展示的实物、模型、图片、文字等提供了必不可少的载体。可以说，展陈道具是实现和保证展示活动的物质基础，也是决定展示形式的特点和风格的重要因素。

2.增强安全防护

博物馆有许多珍贵展品，需要用封闭式的展柜加以保护。尤其是文物、名画、名人作品等展品，对展具的要求更是相当严格不但有防光、防湿、防热的要求，还要有防盗的功能。这样的展陈道具，无论从材料的使用上，还是在结构的处理、照明与通风等方面，都要很慎重地选择，甚至需要有关专家的配合。还有一些展品或商品属于易碎和高精密的物质必须利用展具加以保护，避免人为地损坏。

3.提高传播效果

展陈道具必须在实用性的基础上对色彩、造型等进行设计，用强烈色差对比形成视觉冲击、结构拟形引起主题联想等方法吸引参观者，使之具备宣传、推广的作用，更好地吸引参观者，凸显展示主题与理念。

4.多样空间结构

经过合理的设计搭配，展陈道具可以对展示空间进行良好的限定、划分，将展示区域和其他区域密切地结合起来，构成和谐统一的整体。使参观者能够有层次感、节奏感地进行参观，获取到更多的展示信息。

展陈道具的种类繁多、形式各异，使用方式、方法多种多样，所起到的作用自然也各不相同。如展板以及能构成墙壁的展陈道具可以直接有效地分隔、组合展示空间，实现对展示内容、空间功能分区的规划；高大的或悬挂在空中的展陈道具，可以有效形成空间占据，实现展示空间的纵向利用；低矮的展陈道具可以有效占据展示空间的平面，实现平展的展示空间的有效利用。可见通过不同展陈道具组合设计的应用，可以形成新的空间形态，直接影响观众的活动，引导参观者按照一定顺序参观，完成不同展示空间的过渡，创建一个方便参观者与展示内容沟通的硬环境。

二、展陈道具的分类

展陈道具形式多样、风格繁多，可以按多种方式分类。如按标准化程度分类，有标准展陈道具组合系列与非标准化展陈道具系列两大类别；按使用价值分类，有临时性与永久性展陈道具；按使用次数分类，有临时性、可持续性、循环租用式展陈道具；按结构方式分类，有梁架类。网架类。积木类、帐篷类、充气类、壳体类等展陈道具；按功能要求分类，有展架类、展板类、展台类、展柜类、屏障类、装饰织物类等展陈道具；按材质分类，有以木材为主的、以金属材料为主的、以人工合成材料为主的及以软体材料为主的展陈道具。

展架、展台，展柜、展板是各展示活动中应用较多的展陈道具。

1.展架

展架是展示空间内展墙、展板、展台、吊顶与屏风等众多展具的支撑结构器件，起着连接固定、承载支撑的作用，是空间造型的骨骼结构。同时也可以用它作为直接构成隔断、顶棚及其他复杂的立体造型的器械，对空间进行分割，形成丰富的展示空间。

（1）展架的结构方式

常用的展架连接构件可以根据构成与组合方式划分为以下几种主要类型：

1）管（杆）件和连接构件组合的拆装式结构系统；

2）网架和连接构件组合的拆装式结构系统；

3）连接构件夹联展板或其他材质板材的夹联式结构系统；

4）卷曲或伸缩的整体折叠式结构系统。

（2）展架的组成材料

展架管件、插接件、夹件等常采用铝锰合金、锌铝合金、不锈钢型材、工程塑料、玻璃钢等材料制造，其他小型零部件多采用不锈钢、弹簧钢、铝合金、塑料和橡胶等材料。

实际应用非常广泛的拆装式、伸缩式合金展架，具有质量轻、强度高、加工精度高、易组合、拆装方便等特点，能够比较方便地组合搭建为展墙、展台等其他空间形态的支撑骨架。

2.展台

展台类道具是承托各种展品实物、模型、沙盘和其他装饰物的器具。展台既可使展品与地面相隔离从而衬托和保护展品，又可以相互进行组合起到丰富空间层次，增强空间节奏感的作用。

展台形式种类也非常多，可以根据展示主题与空间构造灵活选择，常用的主要有以下几种：

（1）中心展台

展示场地中心独立存在的展台，规格一般大于展区内其他展台，一般用来展示重要的或具有代表性的展品，具有浓缩展示内容、体现展示主题、表达艺术风格的作用。

（2）组合展台

组合展台一般是根据展示的实际需要，按照一定的模数关系组合形成大小，形状相同或不同的形体，实现展示效果。同时也可与其他展陈道具搭配形成多种组合形式，如与展柜、展板、展墙等进行组合等。

（3）标准展台

标准展台是按照一定的规格标准设计制作的，用标准化的构件搭制，便于计算出陈列面积。具有整齐划一、规范有序的视觉特点。标准展台并无通用的规格尺寸和造型样式，一般依据不同的场地条件和构件组合规律进行确定。

（4）异型展台

异型展台规格和造型区别于标准展台，具有丰富自由的变化形式，通常是为了适应某一特殊展示内容或空间而制作的。如在追求某种特殊的艺术风格或场地受限情况下，就需要有针对性的专门设计制作某种异型展台。异型展台具有鲜明的风格特点和形式感，能够强烈有效地烘托展示主题，吸引参观者的注意力。

展台一般采用木材、金属、石材等材料，设计中要能够与展品匹配，统一和谐。

3.展柜

展柜（橱）主要起保护和突出展品的作用，是展示小型贵重物品常用的一种展陈道具。通过展柜可以达到直观展示的效果，比通过媒体宣传更具有说服力和真实感。展柜一般由木料或金属配以玻璃构成，形式多种多样。

展柜可以分为通透式展橱、半通透式展橱以及封闭式展橱。每个展橱都有一些基本的构成元素，如道具、背景、灯光等、设计师可以根据不同的需要，选择不同的元素进行组合。根据不同的分类标准、展柜可分为多种：

（1）按照开启方式，可分为平开式、折起式、推拉式等。

（2）按照展示方式，可分为单面展柜、多面展柜、展橱景箱、灯片灯箱等。

（3）按照高矮尺寸，可分为高柜和低柜。

（4）按照样式结构，可分为立柜式，桌柜式和布景箱。

（5）按照使用功能，可分为标准装配式展柜和特殊展柜。博物馆中带有自动调温调湿、防紫外线、防盗报警等功能的特殊展柜也常被使用，用来更好的保护展品。

4.展板

展板主要用来承载展示图片和文字等信息，也可以对展示空间进行分割。

展板一般放置于视域范围，距离地面 1000~2500 mm。常用的规格有 900 mm×1200 mm、1200 mm×1200 mm、1200 mm×1800 mm，其中以 900 mm×1200mm 居多。展板可依据展示空间要求专门设计制作，也可采用标准化系列，与展台、展柜等展陈道具相配合使用。其材料多为木框贴面、多层板、密度板、木工板、KT 板等。

展板设计和制作应遵循标准化、规格化的原则，大小的变化要照一定的模数关系兼顾材料、纸张尺寸、降低成本、方便布置、运输和存储的要求。

5.辅助设施

展示中，常用的护栏、导向标识、说明标牌等设施道具均可归属为辅助设施。

辅助设施的选择根据展示内容的不同而不同，一般可用标准化构件装配组合而成，也可以根据展示的主题风格、空间造型等专门设计制作。

三、展陈道具的设计原则

1.安全性原则

安全是红线，任何展示活动都必须在能够保障安全的前提下举办，安全是首要保障问题。

对于展陈道具的设计来说，一是展陈道具选用材料要具有一定强度，坚固耐用，要能够有效保护展品，同时结构设计合理，便于制造与维修；所使用的电、气等能源安全可靠确保使用中不出事故。二是展陈道具不能存在威胁参观者安全的因素，如容易被参观者触碰到的毛刺，锐利的尖角、炫目刺眼的灯光，刺激性的气味等。

2.方便性原则

展示空间规划设计中，所选用展陈道具尺度应符合人体工程学的各项要求，除特殊要求外尽量标准化、通用化、系列化，以组合式，拆装式为主，以方便拆装组合、互换使用、运输存储、节省运输、存储、安装、搭建时间及人力、物力成本。

3.美观性原则

展陈道具的设计要注重造型、色彩等方面的简洁、美观，与展示主题、展示环境的风格、展示性质和展品特点相一致；避免单纯地为美观而设计脱离甚至相悖于展示内容需要的展具形态；不做过多的复杂线脚与花饰，使参观者眼花缭乱，喧宾夺主；表面的处理既要避免粗糙、简陋，又要防止过分华丽或产生眩光，给参观者的视觉造成不适。

4.经济性原则

展陈道具的设计，要强调坚固、耐用，选用优质材料和合理结构，便于制造和维修。这样在制造、使用过程中可以尽量避免材料、空间、资源的浪费。

同时，展陈道具要能反复使用、一物多用，增加使用率。尽可能少做特殊性或一次性展陈道具，减少成本支出。

第四节 展陈设计中的材料应用

材料是人类用于制造物品、器件、构件、机器或其他产品的物质的统称。展陈设计中，一切现实内容都是应用各种材料构建而成的，是让参观者获得触觉、视觉综合体验上良好感受的物质基础。为了达到更好地展示效果，了解材料本身特性、加工方法及如何正确合理的应用，对展示空间设计来说是一项极其重要的基础工作。

一、材料的属性

1.材料的内在属性

（1）物理属性

各种材料都具有一定的物理属性，如密度、硬度、抗压强度、抗拉强度等，展陈设计中要综合考虑后进行合理的搭配组合。此外，具有独特热学、光学、电学、磁力特性的材料也经常被使用，以满足各种温度、湿度等特殊条件下的应用。

（2）化学属性

展陈设计中所采用的各种材料。一般会根据展示环境或用途的不同要求其具有一定的耐酸性、耐碱性、耐热性、抗氧化性等化学性质。

（3）其他属性

除物理、化学属性外，材料的尺寸误差、平整度、色差等，也都是在展陈设计中要重要考虑到的因素。

2.材料的外观属性

除了客观存在的物理、化学属性等自身属性，材料还具有能够让人们通过视觉、触觉、联想等产生美感的颜色、光泽、花纹图案、规格尺寸、质感等外观属性。

（1）颜色

材料所表现出的颜色是对光线的选择性吸收的结果。颜色能够对人的心理与生理产生影响，不同颜色材料的合理搭配能够让参观者在视觉、情感等方面都获得温度感、重量感等与展示主题相适宜的感受。如蓝、绿冷色容易使人产生清凉、寒冷、平静的感觉红、橙、黄等暖色容易让人产生温暖、热烈的感觉。

（2）光泽

光泽是指物体表面上反射出来的亮光。展陈设计中所用到的各种材料。可经过表面处理后具有明暗程度不同的光泽度，满足扩大视野、实现更好的虚实对比等功能的需要。

（3）透明性

透明性表述的是材料能够透过光线的性质。根据透明性的强弱，可以将材料分为透明体、半透明体、不透明体。通过具有不同透明程度材料的运用，可以调整展示空间特定区域的光线明暗，让参观者感受到不同位置空间的同时存在，使得空间从明确的限定中解放出来，丰富展示效果。

（4）花纹图案

很多材料具有天然的纹理，再辅以人们的加工处理与联想，能够形成样式精美的花纹图案。加工处理的过程中，一般会根据点、线、面以及色彩的视觉心理，运用对比与统一、对称与平衡、节奏与韵律、条理与重复、比例与权衡等形式美的原则、结合材料、工艺、技术及功能等方面进行总体设计。

（5）形状尺寸

展陈设计中，所用材料的形状尺寸能够直接影响展区的布局规划与景物设置。改变材料的形状和尺寸可以获得不同的空间感。

（6）质感

与色彩相似，质感是人主观上对材料表面或内在组织构造等特质所产生的一种感觉特性，是建立在触觉、视觉基础上所产生的心理感受，同样也受到人的经历、经验、学识等的影响。

由于质感是建立在人的触觉、视觉基础上的，因此一般可以将质感分为触觉质感与视觉质感两类。

1）触觉质感

触觉质感是人们依靠身体的触觉系统来感知材料的表面光滑度、质地软硬度等特性而产生的一种偏理性、客观的认知。

材料的触觉质感与其表面组织构造的表现方式密切相关，如蚕丝、绸缎的顺滑表面、精加工的金属表面、精美陶瓷的釉面等可以让人们产生细腻、柔软、光洁等触感；粗糙的砖墙、未干的油漆锈蚀的金属器件等让人们产生粗、黏、乱、脏等触感。

2）视觉质感

视觉质感是人们依靠视觉系统来感知材料的表面光滑度、质地软硬度等特性而产生的一种认知。

相比触觉质感，视觉质感具有间接性、经验性、知觉性、遥测性等，它与人们的经验、知识储备等因素关联更为密切，具有相对的不真实性。如当踩在透明玻璃楼板上时，很多人会由于存在玻璃易碎的经验常识而担心楼板发生破碎。

通过对视觉质感特点的利用，展陈设计中可以采用模仿等手段来丰富创意，如利用带有纹理的平整表面营造物体表面的层次起伏感，利用橡胶喷漆制作巨石等。

3.材料的心理属性

不同的材料能够给人们带来不同的心理感受。采用玻璃围造的展区，能够给人通透明亮的舒畅感；采用原木制作的展具，能够给，人古朴、踏实的感觉。根据展示主题选择材料。丰富了展陈设计的表现手段，为展陈设计营造了良好的氛围。

二、材料的分类

展陈设计所涉及的材料范围广泛、种类繁多，根据不同的需要与标准主要可分为以下几种：

1.按照材料的形态，可分为点状材料、线状材料、片状材料、块状材料。

点状材料指能在视觉上产生感觉的小形体如灯具、五金小饰品等。线状材料主要指各种线型或制成线型的材料，如木条、竹条、金属棒、塑料管等。

片状材料指以金属或其他材料制成的呈片状的材料如铜片、竹片，铁片等。

块状材料指天然存在或通过化学方法合成的呈块状的材料，如石块、木块、金属块等。

2.按照材料的属性，可分为自然属性材料和人工属性材料。

3.按照工程的部位，可分为结构材料、饰面材料、照明材料、美工材料。

4.按照材料的材质，可分为木材、金属、玻璃、石材、塑料、纺织品、皮革、陶瓷、涂料和油漆等。

三、常用材料

1.木材

木材是经典传统的常用材料具有质量轻、强度高、易加工等特点应用十分广泛。展陈设计中方木可用于展台、展板的支撑架、木板可用于展台、展板的台面或面板。木材可以营造古朴、自然的展示氛围。木材种类多样一般可分为硬木、软木和合成木材三种类型。松木、杉木、细木工板、纤维板、刨花板、胶合板、复合木地板等都是展陈设计中常用的木材种类。

2.金属

金属材料质地普遍比较坚硬，具有良好的韧性和弹性，相比木材更具耐腐蚀、防火等特性。一般可用作连接构件与结构骨架以增强整体结构强度，如展台框架。

常用的金属材料主要有铝合金、不锈钢等。铝合金材质轻、强度高、塑性好，具有良好的导热，抗腐蚀性，可以加工成各种型材。不锈钢具有美观、耐腐蚀、强度高、韧性大、塑性好的特点，而且表面经过加工后可形成镜面、亚光等多种效果，应用范围十分广泛。

3.玻璃

玻璃具有透明、耐蚀、易清洗，隔声、吸光、保温等特性。展陈设计中，利用玻璃的透明特性、结合灯光的运用，可以形成隔而未断的空间形式，在视觉上造成空间的相互渗透。形成干净、利落、深远、视觉感通透的展示空间。

常用玻璃材料有钢化玻璃、镀膜玻璃、中空玻璃、夹层玻璃等。

4.石材

石材与木材相似，是一种经典、传统的常用材料，如大理石、花岗岩、雨花石等。石材具有抗压、耐磨的特点，但加工，运输方面不太方便。多用于局部的空间设计，如地板和部分墙壁的装饰等。

5.塑料

塑料种类丰富，可塑性强，易成型，可根据不同的需求具有高强度、耐腐蚀、隔热、绝缘、防紫外线等特点。

6.陶瓷

陶瓷砖广泛用于各类建筑物的地面墙面装饰。瓷砖表面光亮细腻，色彩和图案丰富、风格典雅，具有很好的装饰性但一般只做重点使用。

7.纺织纤维

纺织品较为柔软，具有一定的透光性、时尚性。不同质地给人们带来的感觉也不相同，如亚麻布给人以素净、质朴之感，丝绸给人以华丽、珍贵之感。

8.涂料和油漆

涂料和油漆可以改变展具及空间界面的表面质感，如亮光、哑光，平整、起伏等。

9.复合材料

复合材料一般为再生材料和合成材料，常见的有 KT 板、压缩板、纸浆板、塑铝板等。通常被做成展板使用。

四、材料的加工方法

材料的加工一般有成型加工与表面处理两大类。

为了将材料做成想要的形状需要采用冲压成型、拉伸成型、切削等工艺手段对材料进行加工，使材料从形态到肌理都符合展陈设计要求。

表面处理是指通过电镀、表面涂覆、蚀刻、喷砂、切削、抛光等工艺对材料进行表面加工，从而显示出一定的表面特征。如表面涂覆工艺可以使金属获得符合设计要求的色彩，还可获得仿木纹、仿皮革、仿织物等各种肌理效果。

第八章　博物馆展陈空间的光环境设计研究

博物馆作为重要的公共建筑，有着保护和展示文明遗产、发展教育、提供休闲的功能。随着人们对于越来越丰富的精神文化需求的增加，博物馆作为公众服务空间、艺术陈列的空间越来越受到人们的关注。越来越多博物馆设计者在深入研究如何为观众们提供愈加丰富的展现，拉近与大众的距离。本次研究就从有着与陈列设计同样重要的位置与研究价值的光环境入手。根据近年人们对国内博物馆的普遍印象是光源单一、照明效果单调、参观过程中容易视觉疲劳、产生光污染等现象，对现状进行反思。

第一节　博物馆光环境设计概况

一、光环境的相关概念

从宏观上来讲，研究光环境就是研究光与建筑空间环境的关系。光环境的形成涉及三个基本要素：光、空间、媒介。光会通过实体或虚体媒介发生相互作用、共同分隔和营造室内空间，他们相互影响、紧密相连，共同演绎完整的光环境系统。

1.光环境的基本概念

（1）光："光环境"这个词中"光"是这个系统种最基本要素。光作为世间一切生物的源泉，它的存在为世间事物自身的施展与相互关系的反应提供了先决条件，对于全部人类而言更是不可或缺的。日常生活我们能够利用就是自然光和人工光。其中自然光的最主要来源是太阳和月亮，很清洁，不消耗自然界的资源；而人造光源一般都要消耗自然资源，其中电气照明是人类独有的一种技能，利用发光原理，并通过复杂的化学过程将电能转化为光能，同时产生一定的热量。那么在进行光设计前，我们首先要对光特性及如何控制和转换等方面深刻了解。

光的辐射包括紫外区、红外区和可见光区，其波长限度分别是 100-400nm（纳米）为紫外区域，380-770nm 为可见光区域，而红外区域是从 770-106nm，由于波长越短，能量辐射就会越强，其损害反而更大。由此可见，不可见的紫外光辐射对事物的损害性最大，那么在博物馆中紫外线对艺术品（多指文物）或有机材料是最有害的，它能使文物褪色、变黄、发脆、龟裂甚至粉化。然而，我们在光的功能研究中更多的关注引起人视觉感受的可见光谱。可见光谱中包含各种可见的彩色光，我们通常把它们分为三原色（红、绿、蓝）和三个二级色，当三原色光合在一起，就形成了白光。其中光的显色性是空间光环境设计的以一个重要衡量数据。下列是常见光源的色温。

除了光色指标以外，还有照度的差异，同样影响空间环境的塑造。在低照度低色温环境里，暖色光让人们有舒畅、温暖的感受，驱散建筑本身的冰冷和黑暗；较高照度中色温环境下的可以表现出环境本身的色调，使空间显得宽敞等。色温与照度相适应，照度提高，色温也相应增加，相反，低色温与高照度很明显会有种闷热的感觉，高色温与低照度会表现出恐怖的氛围。对色彩类型丰富的陈列品进行展示时，需要对其慎重选择，才可以防止色彩偏离现象。亮度则是主观评价与感觉，不同于照度，主要是被照面的单位面积做反射出的光通量，所以与物体表面的反射率有关，还有照度、表面特征、背景、持续时间以及人眼特征都是影响亮度评价的因素。

光的精神特性：表现在光展现了整个物质世界，也赋予我们视觉的能力，让空间与形状有了联系。当建筑师在追求设计创作时，光是一种语言，是一个隐形的软件，是建筑材料，积极参与到城市与建筑的功能运作上，从方案规划到设计图、施工图的完成，全过程地融入进来。对于室内空间来讲光的精神特性还包含光与影和光与色彩的相互影响，这都是光表现出来的特征，形成绚丽夺目的光环境。

（2）空间

建筑的目的是创造空间，空间的价值表现在和人工因素发生关系并为人所利用。这里光环境系统中空间就是相对于自然空间而言的有限的、多维的室内空间，包括地面、墙面、天棚、家具陈设、照明、绿化配置等。由于范围、尺度上的有限，为光的反射光、折射等特征的发生提供了可能，光在传播中无论是光色还是照度都会发生变化，整个环境将变得更加丰富多彩。但空间的内涵及概念会跟随人为和时代变化在不断补充、创新和完善。

（3）媒介

它是可以让人和人、物体与物体以及人和物体相互产生联系的任何物质，也可以认为是介于传播者与接受者之间的用作负载、传递、延伸特定符号和信息的物质实体。而这里光环境中的媒介包含了室内使用的装饰材料、物品或家具乃至展品本身。他们的共同特点是在空间中与光发生作用，光照在这些物体上会出现透射、折射、反射、散射以及吸收等现象。

2.相互关系及内涵

（1）光与空间的关系

光作为界定空间的要素，可以对空间进行体现和雕塑，丰富而变化莫测。光在空间中传递，可以使空间从物质性的存在上升到一个精神高度，有着特殊、自由、灵动的个性。光和空间总是彼此相互作用、相互渗透，我们无法离开光去营造空间，因为光的存在，空间才可以贡献出视觉的影响力。

（2）光与媒介之间的关系

光与媒介本质是光传播的过程当中之所以产生了作用是因为受到很多种介质的影响。媒介又分成实体和虚体两种，实体媒介的特征是能阻碍光或吸收光，使光的传播过程中受到阻挡或是调换方向，就形成了此媒介外轮廓的影子，形成光影；虚体材质是能够透过光线的物质，如玻璃、透光石片和透光灯罩等，光在照射过程当中产生折射、透射等现象以及媒介自身色彩的选择性过滤作用。光会根据材质性质和形式发生变化，通过独特的实体材料创造一个虚体透光墙的视觉体验，形成富有肌理和纹路的光照空间。然而，媒介有着各自的特性，包括自身色彩、质感以及纹理等。

二、光环境的光源类型

按光源分为天然光和人造光，其中采用的照明方式都不一样，按产生的作用分为功能照明与装饰照明。

1.自然采光

自然光包含了阳光、月光、星光等，而主要讨论来源于太阳的阳光，阳光是万物之源，是延续和撑持生命的能量源泉，是人与自然最直接的交流，像是一个纽带联系着这个环境中的人与自然。它有亮度高、光色齐全与显色优良等优点。这种综合性能相当优异的光，在现代生活里人们都是由衷热爱并善加利用。太阳光在采暖、加热和发电等方面起到重大的作用，更重要的是它是完全清洁、零耗能的生态能源，室内设计师从中受到启发并对太阳光产生的社会、生态作用进行考虑和利用。

自然光在人类的日常生产生活中扮演着极其重要的角色，如今，自然光又在建筑行业显示出它独特的优势。现代建筑设计师们对自然采光系统显示出了前所未有的浓厚兴趣，极大地提升了建筑采光设计的水平。从创建建筑艺术美的角度来看，在建筑照明设计中太阳光作为重要的元素。之所以把自然光纳入思考，首先是因为优秀的自然光使建筑呈现了形体之美以及丰富又多元的光影效果。阳光勾画出建筑的外轮廓，其背光面与产生的阴影形成对比，这个建筑也都成了阳光下的雕塑品。其次，自然光进入建筑内部，整个内在环境会随着时间的推移，表现出各异的光与影。

同时，太阳光会受时间、自然条件（天气）、建筑空间条件的限制，例如季节变化、时间变化、天气变化等等，天然采光在陈列设计中最大的不足就是不能根据人的需求随时可用、明暗可调，以及由于天气原因很大程度影响其色彩和表现能力。在博物馆光照设计中将环境照明与展品的局部照明区分开来还是很难实现的，所以在建筑师或设计师对太阳光的利用时深切感知太阳运行规律。要想成功运用自然光，就应该把光用在必要的地方，同时又要防止过度对比度、眩光以及不必要的过热和过高的照明水准。

自然光是把建筑里边的人与建筑外边的自然联系起来的一条最基本、最有效的纽带。从建筑学角度来讲，世界上许多优秀建筑师往往在整个建筑设计过程中，至始至终都会把自然光当作重要的建筑设计元素来考虑，正如路易斯·康（Louis Kahn）所说"没有自然光的空间不算是有生命力"；从全球化的视野来看，面临日益枯竭的自然资源，日益恶化的环境问题，在总能源消耗中超过一半的建筑，让更多建筑师不约而同的选择了走绿色建筑、生态建筑的道路；从我国社会发展现状来看，目前我国正处在工业发展的关键时期，对能源的需求更为迫切，面对有限的自然资源，我们的建筑师应该考虑如何通过建筑设计的手段，充分利用自然光在建筑中的优点，设计出功能合理、造型美观、又能达到一定节能降耗水平的建筑。

墨西哥地域性建筑大师路易斯·巴拉干他的设计现代而又传统，典雅而又富有乡土气息，形成了地域性建筑的典范。路易斯·巴拉干的建筑价值观源于自然，他是一位把自然光作为重要设计元素运用的建筑师。

自然光在建筑设计的应用，本身就是具有可持续性的。美国建筑师玛丽·古佑夫斯撰写的《可持续建筑的自然光运用》，并提出了"可持续建筑的自然光运用""适宜技术下自然光运用"等概念，并将自然光设计与建筑的可持续性设计加以统一等等。

2.人工照明

人工照明包含电灯光、焰火、灯笼、烛光等，在这里我们研究的是电灯光，它不受时间、自然条件（天气）、建筑空间条件的影响，可以依据空间与展品的需要及适应展品更换，随时对光色与光亮的强弱调节，既可以强烈，也十分柔和、细腻；灯光的方向可以随意改变，可结合展品作局部重点照明做到强调效果；人造灯光的色彩十分丰富，实际运用上比较广泛，转换调控灵活多样，能给参观者营造自由想象的心理空间。但在性能上与使用天然光相比，亮度、光色等方面有较大的不足，有些照明质量对艺术品的表现缺乏真实感。此外，博物馆的整体相对于封闭，需要装置相应的空调及通风等措施，以致造价高、能耗大。

人工照明主要采用电光源，分三大种类：第一类是热辐射发光型灯，即白炽灯、卤钨灯类，这种光源发光效率较低而且相对使用寿命较短，如白炽灯光效值为 10-15 流/瓦，平均使用寿命为 1000 小时。但和其他相比这类光源显色性很高；第二类是气体放电灯类，如荧光灯、高压钠灯、金卤灯等，这类灯具功率较大、发光效率较高、寿命很长、体积较小，但显色性较低，近些年广泛用于建筑室内照明中；第三类是半导体光源，主要是 LED 和光纤。这类半导体照明不仅节约能源、保护环境、寿命长，而且维护便捷减少了维护费用、灯光品质优良、视觉效果和安全性有所改进，半导体光源与传统光源相比有着无可比拟的优势，这些优势使半导体技术在现代设施建设中应用越来越广泛。

博物馆对展示品的保护特别重要。某些外界条件，如照明、辐射光、温度、潮气以及大气中的活动性气体污染等，都可能对展示物品造成损伤。而人工照明的作用有化学作用和热作用两种。光化学作用会造成展品表面褪色和脆化。主要注意以下几点：

（1）辐射能的光谱特性。即照明设计中应尽量减少短波成分。随着入射光线的波长移向蓝光甚至进入紫外波段，光线对展品的损害程度增大。因为紫外光对物质有很大的破坏性。因此，博物馆照明中要选用紫外光辐射少的光源。

（2）光照到展品上的辐射能强度（照度）的大小和展品照明时间的长短。即照明设计中要限制照度和暴露时间，要减少因温度上升而导致的展品损坏。限制照度和暴露时间是相辅相成的。100lx 的照度作用于展品 1000h 的破坏程度相当于 50lx 的照度作用于展品 2000h。光线入射到展品上，一部分被展品吸收，导致展品的温度升高而使其干燥，如果室内空气湿度不足，就会损害展品。又由于照明的开和关，致使展品的温度反复上升和冷却，产生热胀冷缩也可以损害展品。热作用来自红外线部分，因此要尽量滤除光源中的红外线。

（3）展品材料本身吸收和抗辐射能力的大小。即照明设计中要考虑不同展品的性质。不同性质材料的物品对光的敏感程度不同，根据不同敏感度的展品考虑使用的光源和不同照度。对光损伤不敏感的展品照度可较高；对光敏感的展品照度就要受到限制，一般不超过 200lx；而对光特别敏感的展品，应保持低照度照明，一般应在 50lx 以下，在关闭展览时应使作品处在黑暗条件下。

所以，博物馆照明设计中应选择合适的人工照明光源，并尽量滤除紫外辐射和红外辐射。不同展品选择合适的照度水平

三、光环境的视觉特征

1.明适应与暗适应

人的视觉系统能够为适应视野范围内的各种亮度、光谱分布情况而自动调整，称为视觉适应，包括明适应与暗适应。无论是在照度高的阳光下，还是照度低的月光下，我们想要看清物体或识

别对象，视觉感受肯定随之变化，这是正常的生理现象，眼睛无法很快适应突然的明暗变化，适应通常需要过渡时间。

当人从明亮的环境进入暗的地方，一开始是看不见物体的，经过一段时间慢慢适应黑暗的环境，需要几秒甚至几十秒，开始轮廓逐渐看清，这个过程称为暗适应。而明适应则是在暗环境进入明亮的环境下发生，开始同样看不清，需要一定时间眼睛才适应这个亮度逐渐清晰。所以对于博物馆室内环境及展品照明来说，为满足视觉适应性，就需要多关注明暗转换位置的照明，采取措施以促进视觉适应，如设置明暗过渡区。

2.眩光问题

眩光（glare）是在视野范围内出现的与整体环境的亮度相比过亮的光源、窗口或其他光源直接或间接的被看到而造成，从而引发物体可见度降低以及参观者视觉不适等问题。当参观者在观看展览中的物品时，视线可能会被外部光源、受光的物品或其它背景部分的反射光扰乱，形成反射眩光。其中光源照射在立面或平面上的展品，尤其是光滑表面或带有玻璃等镜框的画面形成的反射眩光是一次反射眩光；因此，在博物馆照明设计中，对展品特性、光源形式、观众的相对位置等方面的控制能有效做到避免眩光问题。

眩光是博物馆照明重要考虑的元素之一。因为通常博物馆里比较重要的文物会用玻璃隔断或玻璃展柜维护起来，对一些高反射材料，设计师布灯时要尤为注意。即：

（1）在观众观看展品的视场中，不应有来自光源或窗户的直接眩光或来自各种表面的反射眩光。

（2）观众或其他物品在光泽面（如展柜玻璃或画框玻璃）上产生的映像不应妨碍观众观赏展品。

（3）对油画或表面有光泽的展品，在观众的观看方向不应出现光幕反射。

第二节　博物馆展陈空间自然采光和人工照明的形式与方法

1.空间功能与光序列

从博物馆的空间功能上分为：公共共享空间和展示空间，从参与性的角度来说，公共空间包含了交通空间和服务空间，例如博物馆入口大厅、中庭、特色商店、内部咖啡厅、餐厅、休息区等。通道空间包括人们参观的路线、走廊、过渡空间以及楼梯等等；服务空间包括服务咨询台、餐饮空间、卫生间、行政办公厅、机房等等。展示空间在整体空间中占据一定的场所，为展品展出的专门空间，通过实物展示、灯光布置、道具运用、色彩烘托、音像等综合性的媒体手段展示给大众的一个实体空间。

这在光的序列上说，其亮度应大致分为明（室外）、暗（展厅）、半明（门厅、中庭）、半暗（过道、休息区）四个等级，相邻亮度等级的空间可直接相邻，从而构成了渐变的光的空间效果；如果亮度相差较大的空间相邻时，明暗对比相对变大，使参观者在视觉适应和心理上受到刺激。所以，光的空间序列与建筑空间的组成变化要与设计意图保持一致，以免破坏整体的空间序列。在调研的过程中的很多博物馆在光序列上都遵循了此设计规律，例如参观的河北省博物馆的光空间序列，从明亮的室外空间到稍暗的入口壁棚下，随后进入更暗的门厅，同时也使参观者有了进入文化殿堂前的兴奋到安静心理的调适过程，接着，展现在人们面前的是一个光线充足而崇高的大厅，为将要到达的光空间高潮部分一中庭做铺垫即欲扬先抑。经过大厅，进入更明亮的中庭空间，即可经过稍暗的过道的过渡，进入相对宁静光线较暗的展览室。

博物馆的公共共享空间与展示空间相比更容易展现出自然光的艺术价值。公共共享空间中，自然光设计限制更小且自由度更大，通过建筑形式能够自由的展现，不只起到空间照明作用，也已经上升为对美学价值的追求；而展示空间内受展示文物的限制，一般不考虑自然光的引入。

2.室内形式的光表现

博物馆空间的室内光表现是受空间与媒介互为作用的。空间形式包括地面、墙面、顶部、家具陈设、灯光、设备，而光表现的媒介是室内环境中空间表面形状和使用的装饰材料（质感、颜色、肌理）以及物品形状、材料，甚至是展品本身，他们的共同特点是在空间中与光发生作用。

（1）玻璃：在透光与功能上分为三大类，透明玻璃联系了内外空间，形成多层次的空间构成。磨砂玻璃、玻璃砖和其他的玻璃不同，属于扩散漫透型材料，相对于室内暗的环境，反而能变成柔和明亮的光源，像是晶莹剔透的玻璃砖自身散发的光芒。

（2）石材：选择建筑砌体时，砖石是经常被应用到实际中的，也总是很容易获取的材料。其分层叠合砌筑排列以及勾缝方式等表达样式在光照射下，形成独有的表面，形式体现出材质粗犷、坚实有力、朴实凝重，并且有很强的雕塑感和建筑艺术表现力。

（3）混凝土：是一种可塑性很强的石材，越来越多博物馆为体现其样式使用不同表面质感的混凝土，在自然光下给人丰富效果。混凝土有着传统、质朴、粗糙、厚重的特性，在影响建筑空间结构、质感、色彩等要素中起着很大作用，所以混凝土建筑与其他材质的建筑创造出不同的美学效果。

（4）木材：木材本身就有丰富的肌理与色彩和温厚的个性，它与光相互渗透，相互感染，不仅能够产生温柔的光泽，还能表现出木材温厚并且富有人情味的性格。它们都借助一些简单或特殊的构造方式通过与光的作用，富于平淡的界面生气与活力，以此表现更大的自由度和创造力。

（5）金属：对光极度敏感的材料。使用较多的是抛光金属与亚光金属饰面，其中抛光金属表面如镜面一般使光线流离不定，日照强烈时，会反射产生大量炫光，所以要谨慎使用。相比亚光金属饰面被看作灰色的连续均匀面，大面积使用会在光的照射下体现整体性，呈现硬朗的感觉，视觉上更加舒适，但是缺少灵敏活跃流动的现代感，所以有节制的穿插一些抛光金属饰面很有必要。

3.采光形式与方法

一个建筑的采光口通常是在建筑外围结构上预留的各种样式的洞口，是为了在内部的空间引入自然光使其与外界产生联系。

在美学价值上讲，博物馆建筑的采光口设计不同于其他类型建筑，由于博物馆更加注重其展示功能，致使博物馆在采光口的构造设计上更为严谨，从而引导外部的天然光线向建筑内部延伸，不仅起到照明作用，还制造出别样的环境体验。在实际表达中，采光的形式、特征与采光节能性息息相关，不仅表现在能耗上，与博物馆内其他的物理环境相关联，同时也涵盖人与环境共生的心理诉求。从室内空间来讲，采光口亦窗，是自然采光的主要设施，按照所在位置常见的形式大致分为顶窗采光和侧窗采光。由于建筑形式的多样性，采光口的方式也出现了各式各样的可能性。

（1）顶部窗采光

主要是由屋顶天窗或采光屋面进行采光，有照度均匀，采光效率高的优点，采光的位置和方式一定程度上影响陈列品的布置，一般用于单层或顶层。

1）中庭空间

辽宁省博物馆中庭设计中的光线是来自中庭上端的面积颇大的采光顶，从玻璃天窗倾斜而下，这种光照射的方式向中庭内给予了充足的自然光，并成为该建筑空间艺术的主角。离采光罩距离近的墙面上，将框格式的落影投射在上面，产生的自然形的虚实落影，从上至下形成了多层次的亮度空间，丰富了光环境的视觉效果。随着时间变化，太阳位置将一天中的日光投射到大厅的各个角落，强烈的太阳光和界面的虚实落影使这个简洁、空荡的大厅构成了一个动态的美景，随时都成为观众视觉的焦点。

2）走廊

苏州博物馆走廊天窗的自然光的运用和浏览的展览线路结合，主要是利用建筑界面和建筑空间的自然光引入与处理手法来创建出符合建筑特性和人为节能的光感，创造了该功能区光的空间序列，让自然光成为空间的主角，形成明朗而灵动的光影效果。

3）展示区

这里针对于专题性博物馆，主要是对太阳光限定性较小的金属等不敏感、低感光物品，展厅的环境照明，就需要把自然光线引到展示区，这种类型的展览有很多，例如苏州博物馆青铜器展厅顶部的锯齿形天窗；法国巴黎的卢浮宫大理石雕塑展示部分顶部透光罩采光；路易斯·康的金贝尔艺术博物馆的天窗等，都允许一部分自然光的进入，丰富了照明效果的同时减少了能耗。

（2）侧面窗采光

侧窗式的采光光线相对充足，针对性比较强，窗户结构相对简单，易于管理。但是，离窗户近时，会接收到大面积的照度很高的直射光，在离窗远的地方，自然光减少，单凭室内反射的光照明，照度根本不够。这种侧面窗采光方式限制了进深，适用于进深小的走廊、休息廊、陈列室等。离地面 2.5m 以上的就属于高侧窗，当一个空间选择高侧窗形式，在扩大墙面展陈的面积的同时提高了对应墙面的照度，但需要加到一定高度，才可以避免眩光的存在。

河北省博物馆展品室统一利用人工光展示照明的方式，导致环境光线昏暗，当观众走出此环境，就到了利用侧面窗做主要采光的休息区，这里天井照射下来的自然光亮度较大，进入休息廊，使它的亮度介于天井与展览室之间，达到空间与空间相连接的目的。休憩区部分的自然光，应用了中庭、休憩廊、展厅的明暗差异和具有导向作用的光环境形式设计的技巧，不光起到了连接不同的展厅的作用，还连接了展厅与中庭空间，参观者就可以在这个亮度适中，环境优美的休息廊休憩，使得视觉与心情得以调整。

荷兰梅赛德斯·奔驰博物馆根据建筑的粗犷形式设计的高侧采光口，这样有效的避免一般侧面采光所带来的眩光问题。光主要是投射到建筑的顶部，通过漫射的方式对这部分的展示空间做环境照明，对于采光口下方产生阴影部分，专门设置了人工补光或反射面来调控光效。

一、博物馆展陈空间人工照明的设计要点研究

博物馆的展示区有着双重任务，不仅要布置展品还要引导观众在博物馆内的活动，所以陈列空间是博物馆最重要的功能空间之一。一般来说，展览室的面积大概是博物馆总建筑面积一半甚至一半以上，展览室的数量也最多。那么，在陈列区选择什么样的照明方式，与展览的展品自身形式及展示位置、高度、尺寸等有着至关重要的关系，因此要认真选择适合博物馆陈列区的光源类型、照明方式，同时，也要考虑到光的照度、光的色彩及所使用的照明控制方面的设计。

1.光源与灯具

照明所使用的光源选择都会受到很多因素的影响，包括光色、显色性、照度、物理尺寸、成本以及寿命等。任何一个因素都将可能关系到光源类型的选择。

（1）白炽灯：又称为钨丝灯、灯泡，是最早出现的灯泡。为防止灯丝氧化，将灯胆内的气抽去，或是再充入惰性气体（如氩），这样就降低了钨丝受热过程中挥发。它是一款结构相对简单、成本低廉、显色性好的灯具，适用于要求显色性较高的空间或场所，更容易创造出轻松、温暖的氛围。白炽灯可以瞬间发光，适用于频繁开关或应急照明的地方，而且其寿命不受开关影响，使用寿命相对延长。这种光作为艺术照明或装饰照明，适用于各种空间环境，也更容易表现一个建筑空间的主题。

（2）荧光灯：是通过触发电压启动，并通过紫外辐射激发管内壁涂的荧光粉而发光的光源。另外，荧光灯在启动后必须有稳定的电流来维持，所以需要配置镇流器。在博物馆中是用管型荧光灯和紧凑型荧光灯，在用于展示照明时，它的光辐射紫外含量必须控制在规定范围内。这种荧光灯光线柔和，发光体呈线状，因此不适合用它来做高亮区以及三维立体展品区。

（3）金属卤化物灯：简称金卤灯，是目前优质的照明光源之一。其特性是发光效能高，寿命相对长，显色性好，视觉感受舒适，还有精准的光束调焦等，其中石英玻璃电弧管或陶瓷管都可以把很多紫外辐射过滤掉，因此得到普遍应用，博物馆照明也不例外。但是启动比较慢，不能立即点亮，需要时间升温才达到全亮度输出，需要配置恒功率节能型的镇流器。

（4）LED灯：又称发光二极管，将电能直接转变成可见光新型半导体光源。这种灯寿命长、耗能少、适用性好、启动时间短、结构牢固，能够经受较强的震荡。在博物馆照明使用多用于展柜，以及与漫射发光板配合形成均匀的漫射光。由于价格比较昂贵，光效有待改善等，致使这种光源不能完全代替传统光源。

（5）光纤：即光导纤维，是一种远程照明装置。光纤有着低能耗、自重轻、抗干扰能力强、保真度高等优点。通常分为端面发光和侧面发光两种，在对博物馆中需要保护的物品的照明多用断面发光的光纤，光纤能够减少展柜中对光敏感的物品的周围产生的热量，降低对展品的损害。侧面发光的更多用于装饰空间以及展品轮廓的塑造上。同样也存在着不足：价位高，相对脆弱，易于损坏，不应广泛用于照明设计。

2.照明方式及方法

（1）照明方式及特征

1）顶棚照明：顶棚照明常见的方式有发光顶棚照明和格栅顶棚照明。发光顶棚一般是由人工照明缔造天然光的效果（局部或顶层的展厅是由天然采光和人工照明结合使用），发光顶棚内部照明光源常用可调节光的荧光灯管或白炽灯，运用磨砂玻璃、遮光玻璃等作为漫射板过滤掉一部分光，光线柔和并均匀的投射到室内空间和展品上面，这类顶部照明更适用于净高较高的博物馆，有效的与展品的局部照明（如 LED 轨道灯）结合，这也可以与天然光组合，以适应不同的展陈模式。

2）悬吊式照明：多用于无吊顶或没有特别设计的房间。这种照明方式通过灯具的巧妙布置，使得展示空间看似活泼绚烂，照出重点。这种照明更重视灯具与空间所表现的艺术形式，可以设计的更有层次感，但会造成光源不足，要注意增加室内需要的光线，避免眩光。

3）嵌入式照明：这种照明方式又分为洗墙照明和重点照明。嵌入式洗墙灯照明能灵活布置成光带，更可以将 LED 灯具（部分卤钨灯，荧光灯也可）的反射罩根据实际特点进行定制加工，将光投射在墙面或展品上，增加其照度和均匀度，把灯具做隐蔽，会形成"光檐"，光线柔和，不容易产生眩光。嵌入式重点照明，对于灯具的要求相对严格，要具备灵活性，如光源能够在灯具内旋转，并可以精确锁定，可依据展品需要更换不同光源。

4）导轨投光式照明：顶棚的顶部吸顶，或是在上端空间吊装、架设一个可以移动的导轨，安置在轨道上的光源。这种轨道的安置位置不仅可以任意调整，灯具安装也比较方便。这种照明方式通常用作局部照明，突出重点，特别展台照明。

5）反射式照明：这种照明方式通常采用白炽灯、荧光灯作为光源，一般通过特殊灯具或者建筑构件把光源隐藏，使光线投射到反射面再照到展示空间里或者展览区域的展品上。瑞士有一家博物馆使用了一个灵巧的系统以减少来自照明装置的入射光和热量：照明装置安装在展板上方，将光投射到活动的屏幕上，既降低了照明照度，又减少了眩光。这种照明方式形成的灯光不会对观众的视觉造成眩光，而且光线也很柔和，形成舒适的视觉环境。需要注意的是反射面为漫反射材质，反射面的面积不可以过小，不然会成为潜在的眩光源。

6）展柜照明：多数是在陈列柜里设照明装置，有时也会在外部，光源主要用射灯。照明设置内部的展柜形式要保证内部照度的平均，加防紫外线的措施，如在照射光源的装置前加上滤光片，同时使用单位照度发光量偏小的光源。河北博物馆大汉绝唱满城汉墓展厅的金缕衣的展柜，展柜中光源与展品之间隔烧结玻璃，提供均匀的漫射光，再用 LED 灯做辅助对细节进行点缀照明。

（2）环境照明与光源形式

以下是可以达成博物馆光环境的各种照明形式以及适宜选择的灯具形式，并针对具体光源列出与其对应的使用特征。

一些雕塑展品除了利用室内泛光照明外，还要根据雕塑的特征设置直射的光照明来强调重点，通常运用产生光束的点光源来实现，涉及光束尺寸、形状（光束角范围、光线边界、光强分布）光照强度等。

二、光的投射方式

对于博物馆节能光环境研究中，光线投射的方式颇有讲究，投射方向的不同都会为受光物体创造不同的效果。经过调查研究博物馆展示空间的光线投射方式大致总结为：顶光、侧光、逆光、底光以及内光。

顶光是从物体上方垂直照射下来的光，还可以分成平顶光与顶侧光。这种光照符合人们的视觉习惯和视觉心理，比较容易的表现出展品顶部的构件和造型，特别是带有浮雕饰件、纹饰、线条的物品，并且起到营造氛围的作用。但同时它的不足之处就是，由于照度不能过高，导致展品上下明暗差距拉大，一是形成照度不均匀，二是下部存在阴影致使参观者忽略下边的肌理与纹饰。所以，在采用顶光或是顶侧光的同时，物品的下方要设置辅助性的光，或者利用一些反光材料、反光板对下部的展示部分进行塑造，从而创造出相对理想的照明效果。

侧光主要是用于物体侧面的照明，和顶光不同之处就是不太符合人们观察的习惯和心理，但是它可以充分展示物品左右两侧的造型、纹饰以及凹凸明暗。这样物品下部的肌理和纹饰不会受到光照阴影的影响。一般都是侧光组合型应用，以免左右明暗差距过大。

逆光又称背光，是光源从物品背面照射的形式，主要是为勾勒展品的外轮廓线条，多体现外形线变化的丰富性与物品的立体感。对于透明物体像玻璃、琉璃等用逆光照明形式，更能表现出晶莹剔透的特殊质感。所以这种照射形式多用于雕塑、人物、动物以及外轮廓变化大的物品陈列的背景。但是在调研参观辽宁省古生物博物馆时，第一展厅的展板是利用背光式照明，由于展板是展示文字内容的载体，不仅没有达到预想的效果，反而影响观看展板上的文字，参观时很容易产生视觉疲劳。

底光是和顶光投射相反，是从低于物品底平面处投射上来的光，适合表现下部的造型纹饰。这种照射方式，照射的物体通常给人产生一种威严、凶恶还有恐怖的氛围。当底光和顶光结合使用，物体就全裸清晰的显现在观众的面前，给人塑造出精品展示的视觉效果。调研过程中，河北省博物馆名窑名瓷展览厅瓷器展示的采光处理，就运用了顶光和底光相结合的照射形式。

内光是用于物品内部照明或特殊展柜内，多采用微型或小型射灯，创造独立光空间。

三、光照强度与空间氛围

光照强度是整个陈列环境与展品照明的基本条件，决定了人与物之前的"交流"程度，影响特定氛围的形成，这就要针对舒适的照度水平和环境的亮度分布的设计要点展开研究。就光照强度来说，不管是博物馆空间与空间之间的亮度变化，环境与展品之间的亮度对比，还是展品与展品间的相互影响，都要求了照度范围，这就需要在满足照明基本要求的基础上寻求最合适的光照，塑造良好的视觉环境和视觉适应，使参观者在欣赏物的过程中，眼睛在任意时刻都能适应，并感受光对物形成的氛围。当强度过高，文物会受到破坏，造成人的视觉压抑、刺激。而光照强度过低，造成模糊，影响参观者对物真实面貌和细节的观看，也会导致观众花费更长的时间去适应这个暗的环境和物品。光照强度通常能决定塑造出什么样的空间氛围，但是针对特定的或是专题性的博物馆在光照设计之前通常就必须提前确定要创造的环境氛围，所以不能单纯的判定谁决定谁，两者之间相互转换，相互影响。对永久性的专题博物馆来说，从整体上把握想要达到什么样的光照来实现空间氛围的要求，如九一八博物馆主要展示东北人民从沦为亡国奴走向抗战胜利的历史，馆内收藏的都是珍贵历史照片文献资料以及历史文物，照度及亮度上都符合博物馆贵重文物照明控制要求。为体现出其独有的历史特征，特别是那段黑暗、残暴的历史，该博物馆的整体展示环境相对于科技类博物馆会暗很多，特别是固定的场景利用低照度、局部照明的方式带给参观者一种抗争、沉痛气氛感受。

因此，在研究节能照明设计时，首先明确展示空间与光的相互关系，根据展品保护的照度标准、原则、物品本身的照度要求以及参观者观看的适应需求进行设计与布置。

第三节 博物馆展陈空间中光环境设计的节能策略

一、节能光环境设计的出发点

（一）明确目标

为满足国内现代博物馆光环境节能设计的需求，首先要明确研究的节能目标：

1.始终坚持展品保护性原则

2.运用节约能耗的自然采光

3.重视兼顾自然通风的采光口

4.灵活多变的人工照明整合与调节

5.体现空间环境视觉效果及空间体验性

利用建筑因素及相关技术因素，明确光源与照明形式，从照射方式中去寻找设计方法。节能体现在两个方面：一是在公共共享空间中（非藏品区）为了节约能耗，最大限度引入自然光；二是展示空间中的人工照明，主要为各种展示类型探讨出合适的节能照明方式，包括展品自身形式、尺寸和展示位置，决定着光源选择、光色选择、投射方式以及到展品的距离与照度值的大小（如距离远，则照度就大，用电量就大一这样就需要重新布置光源与展品，尽量做到节约能耗）；其次表现在光对展品的照射形式、照射状态与人之间的节能关系：照明形式是否给人创造了舒适的视觉环境，包括眩光问题、展品与背景的明暗对比度、均匀度等问题上。然而，在整个设计过程中，节能设计达到的人文艺术、空间体验同样实现博物馆光环境节能设计的目标。

（二）量化分析

博物馆的光环境设计与其它类型的空间有很大差别，对光的要求十分严格，主要是考虑到博物馆中的展品性质、展示的主题、室内材料以及建筑形式等方面。就要求对光的特性进行量化。为了整体上把握光设计及分布，在该博物馆设计之初就要综合考虑怎样与"光"结合，首先是计划阶段，然后就是概念设计阶段，强调在概念设计阶段要把控采光照明对整体建筑的环境氛围和各种能调动观众情绪的基调，做到整体照度的规划，更要严格的分析与构思，做到统筹规划、合理安排，达到的功能与审美的统一。

对于节能环保的自然光来说，它的方向和位置对博物馆建筑的采光及可用性影响很大，这涉及太阳的运动规律：日期的变化、不同的高度变化、一天中时间的变化以及天气的阴晴变化等，这些看，上去复杂的东西，对于一些规律性的数据是可以被仔细调查的，优秀的博物馆建筑中的采光设计都会根据不同太阳位置和天气条件控制进入空间中的光分布，并精确评估空间和展陈品表面亮度的平衡性和照度水平。通过这种量化的分析，来诠释节能采光策略的实际效果，控制自然采光的核心技术。另外，对于不同藏品的分类需要不同保护措施，特别是对光非常敏感或是较敏感的物品都需要控制可见光，包括限制照度水平、限制曝光时间以及年曝光量等。为呈现良好的视觉环境，室内表面以及展品表面的照明亮度的分布、光色色温等照明质量也要建立相关的数据进行量化分析。

（三）控制为主

国内很多博物馆基于藏品的保护，无论是对自然光还是人工照明设计和使用过程中都坚持以调节与控制为主，利用遮阳材料与照明系统进行区域控光与自动调光等控制方式，控制引入自然光与人工照明的比例关系，达到空间所需的照明质量，提高对环境及资源的利用率，降低展品损害与不必要的光害污染。

（四）适宜技术

实现博物馆光环境的节能设计除了通过建筑因素（建筑形式、采光窗口的形式、尺寸位置）以外，技术的运用也不容忽视。技术就是通过改造原有的环境来实现特定目标的一种客观手段，在光环境设计中，体现在建筑遮阳、受光材料、照明设备以及室内作业等方面。但是技术运用的可能性往往与经济的发展程度存在矛盾，导致在实际应用过程中层次的高低。"适宜技术"就是从博物馆所处经济、环境条件出发，充分考虑适用性，并合理选择技术形式，即便使用传统的技术手段，也要尽可能的按照节能光环境的要求结合先进材料和工艺做到满足功能、经济适用、技术先进。

二、节能理念下博物馆自然光环境的设计策略

（一）自然采光的节能目标与设计策略

1.自然采光的节能目标

虽然我们极力关注并利用可再生的自然光，不代表自然光就是健康安全的载体，不受控制或错误控制的太阳光都会损害展品和影响参观者的视觉适应，国内的很多博物馆不希望在展示区域出现自然光，这也是最主要的原因。所以我们研究的对自然光的需求不是盲目的引进来，而是由具体的展品内容决定，但在非藏品区最大限度利用自然光是可以更好地研究的节能理念。由此，对自然光源建立的节能目标。

2.自然采光的设计策略

在进行自然采光设计时，建筑的朝向和采光方位是很重要的。他们的确受到地理位置、场地环境以及局部的气候条件的影响。由于地理位置的不同使得太阳的运动轨迹的差异，太阳的高度

及方位是随着不同季节、不同天气、不同时段的变化而变化，并具有不同照度及分配方式。因此，对于一个建筑来说，建筑的朝向通常都是根据当地太阳光线运动变化的性质来决定。基于 Ecotect 节能模拟软件，城市建筑与太阳的运动的模拟概念。

以下是从博物馆空间自然采光是以最大的采光潜力而且防止过多辐射与眩光的角度判定采光朝向：以北半球为例，最佳采光方向是北侧，因为北边没有直射的阳光，光线比较稳定，可获得均匀、变化少以及无阳光直射的天然光，其中博物馆的这个北侧窗部分适合展示竹、木、藤器、动物标本、金属类、工业产品类、石材、玻璃以及陶瓷等多种对自然光及照度值要求不太严格的物品，其中采光口或展品可做处理。而南侧采光口作用更大，朝南方向获得的光照相比其他方位的都多，但需要添加控光构建（遮阳板等），防止直射阳光带来的过多热量，在阴雨天气也能提供较多的采光，这部分最好选择对光不敏感的金属、石材等物品。如果是立体式雕塑，为突出展品，则采用高侧窗或顶窗，光线可直照射到该物品上。在严寒地区，南向的采光口会使室内形成温室效应，提供额外的热量满足部分采暖，这种情况更适合朝南方向采光。当是东向或西向时，由于太阳停滞时间较短，光照强度不足，不能单独承担采光任务，要辅助于南北方向的采光设计。

运用以上分析与设计方法，在博物馆节能采光设计过程中不仅可以适应太阳的变化，还可以针对这些变化满足观众的室内活动和舒适性要求。

3.采光口形式及尺寸的节能设计

一个建筑的采光口的形式对于自然光的引入至关重要，当进一步研究节能采光问题时，就更加深入关注到它的位置、尺寸以及细部的设计，这都成为光引入与光控制的关键因素。博物馆建筑的采光口设计不同于一般建筑，对自然光性质与数量的要求很高：有的展厅需要还原展品质感与色彩，就需要均匀照度的非直射光；有的要暖色调的直射光引到建筑内部；还有就是作为展示环境光需要的较弱背景光线。

（1）采光口形式及位置

在第四章中提到采光口形式的几种可能性，包括顶部窗采光，侧面采光等，这是一种宽泛的概念性的手法，面对现代复杂的建筑形式、各式各样的展品，所需的自然光性质以及光照量的多少等，必须做到具体问题具体分析。传统的开窗方式只能取得单向光源，开窗墙面也一直处于阴面，还会给建筑内部造成一定的眩光。为转变这一传统的采光形式，在卡诺瓦博物馆的扩建设计中，建筑师卡诺·斯卡帕在展馆的顶部转角处设计三面体的玻璃窗，使空间得到了多角度的光源，照亮了所有的墙面，并在各个方向起着漫射作用。

无论采光口位置是在墙壁上还是顶棚上，都会影响光线的分配、照明任务以及人在空间内的活动与感受。对采光要求较高的博物馆，尽量使用顶部采光方式，特别是需要突出展品时，用顶部光直接照射展品，获得足够照度光。但由于侧面光线进入到室内过程中效率衰减很快，所以，室内展厅的进深也决定了采光的具体位置与具体形式。因此，平铺在地面上低矮的博物馆建筑和层高较高、进深较小的博物馆，更适合采用自然采光，并在建筑中可以独立承担展示照明的角色。

（2）采光口尺寸与节能

当采用顶部采光时，采光口的尺寸、面积以及在屋顶的分布情况都直接影响进光效果。其实，有很多的博物馆建筑，改变原来大面积、大体量的采光方式，在不断减小采光口的体量及规模，增加采光口的数量，因为每个采光口都有自己的光线分布，这种做法使每个采光口引入的光线，相互补充，相互协调，从而达到均匀的采光效果。在条件相同的情况下，一个天窗采光形成的照明梯度，空间中有明显暗角，而利用多个小面积的顶部采光口能获得相对均匀的自然光线，做到相互补充，减少暗角。如有需要还可用可调角度的顶部装置。

当侧面采光时，窗户尺寸可以适当增大，甚至可以使用落地窗，北方地区为了室内保暖可以采用夹层玻璃等。

（3）在具体的博物馆采光照明设计中，不仅表现在单纯利用光源方面，其实，采光口设计中形成的自然通风，也降低了机械式通风产生的能耗，并能与其他物理性环境相协调。

（二）自然光的控光装置与应用

如果选择在不敏感物品（金属、理石、玻璃等）的展览空间中使用自然光，由于自然光是随时间不断变化的，为避免阳光直射到展品，除了从室内采光口形式的改善或利用界面反射的角度考虑之外，还应该对采光口的材料或装置进行细化，在采光口处设置光的调光装置，如扩散式散光片、遮阳片、反光板、低透光性玻璃，热反射玻璃等来改变光的照射强度及投射方向，对日光的入射量进行手动控制或利用光电设备自动控制与调整，做到防止直射阳光进入展室，照度不超过标准值，并一定程度避免眩光。下面是除了透光玻璃、烧结玻璃以外，既经济、美观又容易更换的几种控光材料：

1.控制格栅和可调百叶：这两种材料一般是与固定的玻璃材料以及遮阳装置相结合使用，它们只用于漫射和阻隔光线，在需要的时候能够改变光线的方向。通常情况百叶都是活动的，可用于控制一段时间内形成的眩光。百叶更多的用于垂直布置的侧窗或顶窗来控制自然光的进入量，而格栅的使用限制性相对较小，重要的一点是两者在使用范围上都不宜过大。

2.调光板：建筑采用顶窗或是侧向窗形式时，利用固定或转动的调光板，调光板的不同角度控制太阳照射的方向，调整室内的照度。

3.紫外线滤光片、特种防护玻璃：要减少天然光中的紫外辐射和红外辐射，在采光口使用防护设施，使紫外线到达展品表面的相对含量控制在 75μW/1m 以内。

三、节能理念下博物馆人工光环境的设计策略

（一）人工照明的节能目标与设计策略

1.人工照明的节能目标

同样由具体的展示对象决定，选择与空间功能要求吻合的光源形式与合理的照度水平，优化照明资源，控制单位面积内照明功率的密度值（区域控制）。由此，对人工光源建立的节能目标。

2.展示空间中人工照明的设计策略

为了实现节能目标，达到视觉要求，实现高品质的光环境，下面是从光、物、人相互的节能关系角度探讨各种展示类型中合适的节能照明方式。其中每种展示类型都考虑照明形式、投射方式以及如何控制眩光等。

（1）光源的选择：由于国内多数博物馆的展示空间中展示的都是珍贵物品，考虑文物保护的需要，自然光不容易控制，而且紫外线含量相对较高，不宜直接对文物照明，那么，展览室的文物照明宜采用人工照明，原则上应选择低紫外线和低发热的光源，避免照明过程产生紫外线与热辐射等危害。

人工照明主要是电光源，包括荧光灯、无紫荧光灯、白炽灯、金属卤化物灯，还有使用含红外辐射、紫外辐射极低、寿命长、耗能少、适用性好的光纤和 LED 半导体光源。其中发热低的荧光灯使用最普遍，但紫外线含量较高。无紫荧光灯是经过防紫外处理，比起普通的荧光灯更适合博物馆内照明。然而与荧光灯相反的是紫外线低、发热高的白炽灯。卤钨灯是在白炽灯的基础上克服了白炽灯发热的问题，属于冷光源，这种低紫外冷光束的光源在展示空间照明得以推广。近些年发展起来的 LED 与光纤照明，都比传统光源优质，都适用于展厅文物的局部及重点照明，特别是光纤照明系统中，光源本身的热量与红外不能通过玻璃或丙烯酸纤维照到物体表面。其实所有博物馆都用到人工照明，特别是阴天下雨的天气以及日夜交接时，用于环境照明、重点照明、展柜照明等，可依据空间与展品的需要进行更换。方向可以随意改变，作局部重点照明强调效果，

也可以为了减少环境光与重点照明的对比，用于环境背景照明进行补光。由于人造灯光的色彩十分丰富，转换调控灵活多样，能给参观者营造自由想象的心理空间，现在声光互动的形式运用越来越广泛，或明或暗的变化，让观众沐浴在灯光与声频组成的环境中，也算是一种艺术装置。

（2）室内形态与照明形式的节能表现

在高级照明设计师高峰论坛中，室内照明设计大师施恒照讲道：让室内的每个光源都发挥出作用，在实现它功能性的基础上，尽量做到节约能耗，以下是相关设计原则：一、陈列物品的背景颜色采用浅颜色，因为淡色背景可降低物体对光辐射射的吸收，形成多次折射；二、为降低建筑室内的照明能耗，建议设计建筑照明时，最大限度降低非必需的电能浪费；三、为避免或减少各种展示类型中光形成弦光的可能性，在照明设计之初，就应正确定位照明设施与供光方向。在博物馆陈列设计中主要强调展品的展示效果，不同展示形式、展品的不同位置、光源的位置、投射角度以及对展品的照度设定所反映出来的节能效果都是不同的。

1）光源的平面布置：在人工照明设备的选用中，设计更节能的照明形式。当设计师在对展览室照明形式进行设计时，根据展品的位置，确定光源的形式和位置进行规整。同一展览室，悬吊式照明可以设计的有主有次，更有层次感，这种形式除展品以外的环境（背景）照明都为衬托展品，一般采用间接光漫射照明形式，加上垂直面或水平表面的反射形成环境照明，但会造成光源不足，要注意增加室内需要的光线；嵌入式的白炽灯或卤素灯照明，顶部均匀布置的灯，作环境照明，要调低照度，避免破坏整体环境。

从灯光照度量化角度分析，首先明确展品的照度限制，然后对特定的灯源照射到受光面的照度具体分析，这样可以对展品及空间各个界面有的放矢的设计并控制光源的距离与照度。

2）墙立面展示照明：运用在书画、照片、动植物标本等二维物品，这要通过悬吊式或导轨式照明形式作成角照明作均匀墙面照明和顶侧光重点投射，清晰显现画面内容、色彩及质感。

3）立体展示照明：主要针对"岛式"展示的三维展品（浮雕、雕塑、瓷器等），力求表现其立体感，要通过漫射照明和重点照明结合实现，运用直射光源加强效果，投射方式采用垂直入射角度30°，从侧面或底面照射，充分展示物品三维立体感和表面结构造型。重点或定向照明为展品提供主光源，其照度是一般照明照度的3-5倍，漫射照明则是为展品的背光部分提供辅助光，使之突出立体感，从而展现更多细节。

4）展品表面的颜色和反射比：照明效果还取决于室内表面材料光泽度、色彩。所以，要控制陈列室表面的颜色和反射比，墙面宜用中性色和无光泽的饰面，其反射比不宜大于0.6；地面宜用无光泽的饰面，其反射比不宜大于0.3；顶棚宜用无光泽的饰面，反射比不宜大于0.8。

（二）人工光源的防护措施及控制系统

1.展品保护的防护措施

由于人工光源无法直接满足文物保护的需求，必须采取防护措施，避免或降低光辐射危害。应减少灯光中的紫外辐射和红外辐射，使光源的紫外线相对含量小于 $75\mu W/1m$。经过实践研究，可以采用以下做法：一种是在灯具外加防紫外线的特种玻璃（含铅、氧化铈、氧化钴等），这个介质会吸收一部分光与紫外辐射，同样提高隔离紫外线某些波段辐射的能力。另一种是采用有机材料的紫外吸收剂，它类似于紫外滤光片，既能强烈吸收紫外线的物质，又能透过可见光。这种吸收剂有三种使用方法：一是将其制成薄膜材料，贴在灯管或者玻璃表面；二是制成溶液，喷涂在灯管或防护玻璃表面；三是直接做成有机玻璃，设在光源与展品之间。

2.控制及优化系统在自然光作环境照明的建筑物内，自然光很充足时，适当关闭人工光源会减少大量能耗。当没有关掉时，这就有了多余的亮度，但是对于参观者来说并不反感多余的亮度，与暗环境相比，观众很容易适应较高照度。所以，想要利用生态采光来节约用电，就要采取智能控制系统：充足天然光时，可调人工光源能调到低档，必要时关掉等，保持亮度平衡。这种系统设施，有利于局部光的控制以及光的从新调整。设计这种控光系统既要满足博物馆内部多功能的需要，又要经济、灵活、安全、易操作，达到合理使用可再生与不可再生能源的目的，增强管理程度，从而获得需要的照明质量与数量。控光系统必须考虑：不同天气条件；观众在室内的视觉任务及停留时间；灯具的老化等特点，通过室内开关、中控、传感等方面进行优化设计。

（1）手动控制：是适用范围最广的控制形式，无论是能预计的还是无法预计到的空间，都必须用到手动控制。但面对博物馆如此复杂的照明形势，在建筑设计时不需要过多的设计预设开关，这样工作人员在使用过程中容易混乱，建议考虑做智能网络式的开关系统，方便对博物馆室内照明进行集中式管理与控制，这样开关控制模式就可以满足不同的使用情况，如布展、清扫、展览等。

（2）时钟控制：要提前设定时间，根据给定的时间开灯和关灯，适用于能预计到的空间使用情况，形式可以是机械式或是电子控制。时间值可以基于一天、一周或者几年，甚至可以根据季节性设定。这样的控光系统具有高效性和节能性。

（3）人员流动传感器：又称运动传感器，主要是通过探测参观者人体发出的红外辐射，根据人员流动进行控制照明设备的开关。尤其是对光敏感的文物展品以及观众数量较少的展厅内，文物附近的局部照明最好采用这种感应开关，自动控制发光情况，当观众靠近时自动打开，观众离开时自动关闭。这不仅对展品起到保护作用，更是一种节能的光控模式。

（4）光电控制：这种光电控制是采用光感元件进行设计的自动化调控。无论空间中使用太阳光还是人造光，当照度能够满足观看展品的要求，可以考虑把人工光源适当调低或关掉，主要是来控制建筑室内所需的照明数量和照明质量，减少不必要的能源浪费。

第九章　博物馆陈列展览中说明文字的运用

我国博物馆作为有中国特色文化建设的基础设施之一，担负着提高全民族思想道德素质和科学文化素质，为经济发展和社会全面进步提供强大的精神动力和智力支持，培育有理想、有道德、有文化、有纪律的公民的历史使命。其基本任务是：适应现代化建设的需要，收集、保藏文物、标本和其他实物资料进行科学研究，举办各种陈列展览，传播科学文化知识，进行科学文化教育和思想道德教育。

第一节 陈列展览中说明文字的运用

凡是陈列展览中所运用的文字，都属于说明文字的范畴，它是陈列展览的重要组成部分之一。在进行说明文字撰写工作时，根据不同种类的文字采取相应的撰写方法，更好地达到展览的目的，产生更好的展览效果。

陈列说明文字主要包括标题、标题说明、展品说明三大类。各大类中还细分为若干小类，基本囊括了一个陈列展览中所需要用到说明文字的范围。陈列展览的文字说明不同于课本、科普读物或产品说明书等，它有自己独特的内容要求和运用方式，每一类文字承担的功能和起到的作用都是无可替代的，需要进行细致的类别分析。

一、标题

标题分为两类，一类是整个陈列展览的标题，这是整个陈列展览的名称，也被称为"大标题"，是陈列展览指导思想和内容的高度概括，集中反映该展览的主题思想，因此如果说标题是一个展览"龙头"上的"眼睛"也是不为过的。

另一类是陈列展览中单元、组、要点的标题，这是一个陈列展览的骨架，各标题依照展览主题内容的不同应为平行或递进关系，概括本部分主要内容和陈列思想，为陈列主题服务。

（一）陈列展览标题

观众进博物馆看展览，第一个接触到的说明文字就是展览的标题，包括主标题和副标题（副标题有时可省略）。它起到的作用就是吸引观众和帮助观众构建参观期望，表达陈列的主要内容、主题思想、价值取向和陈列目标。作为整个陈列展览文字说明的"眼睛"和"灵魂"，其重要性不言而喻。

1.定位准确

面对浩如烟海的历史，闪光点和高峰不计其数，重要的人物、事件、作品、成就等比比皆是。陈列内容的设计者首先应该是陈列表现内容的研究者，通过全面深入地了解和研究陈列展览涉及历史阶段该地的情况、历史文化和文化遗物的主要特点以及本馆藏品、展厅等因素等等，从而提炼和归纳出最具有表现力和感染力的主题定位。在《国家一级博物馆运行评估指标体系》中，将"定性评估指标体系"按照百分比的形式分出一级、二级指标和不同权重及考察要点，其中"展览富有创意，主题明确，符合博物馆使命、目的及社会需求"是代表性原创临时展览的考察要点，占全部指标体系 1%的权重，说明展览主题的重要性。

中国国家博物馆是以历史与艺术并重，集收藏、展览、研究、考古、公共教育、文化交流于一体的综合性博物馆，隶属于中华人民共和国文化部。中国国家博物馆已经走过百年的光辉历程，百年来中国国家博物馆积淀了深厚的历史文化底蕴，已发展成为中国博物馆事业的旗舰。这里记载着中华民族数千年文明足迹，展示着我们伟大祖国的历史文化艺术和社会发展的光辉成就，是中华儿女传承历史、开拓未来的精神家园。同时，这里也是中华文明与世界文明对话的重要窗口，是展示整个人类文明的宏伟殿堂。

2.词义清晰

大标题是对整个陈列的高度概括，几个字包含了很深的寓意，因此需要反复斟酌，仔细考量，选取最精炼、最合适、最能表达中心思想的字眼作为题目。很多博物馆的基本陈列都采取"直抒胸臆"的标题编写方法，格式一般为"地名+历史文物陈列"，让观众一眼就能明了该陈列所要讲述的主要内容和发生地域，虽欠缺一些艺术性，但不失为一种表意很清晰的命题方法。例如上文《复兴之路》采取无副标题的形式，仅用四字命题，显得极为精炼，并准确高度地概括了这是"中国近现代史陈列"的陈列主题。

3.富有艺术性

光做到定位准确、词义清晰还不够，为了增加美感，还要进行适当的修饰，提炼关键字，做到语句精炼、富有文采、饱含感情。观众看到后会引起参观兴趣，激发感情上的共鸣，获得美的文学享受。在国家博物馆展出的《小品大艺-明清扇面艺术展》的标题就是一个很好的例子。副标题用来揭示本展览主题内容，主标题取自两方面，"小品"和"大艺"。"小品"，就是"小的艺术品"，扇面是中国丰富而多样艺术中的一个特殊的类别。扇面是盈尺小品，但书画家在创作时需要布局精准、技法娴熟，盈尺小品往往能体现创作者在自然情态下的艺术造诣和笔墨意趣，因此扇面书画在美术史中占有不可或缺的重要地位。所以展名定为"小品大艺"，一语道破实质，并创造出充满中国传统艺术文化的氛围，格调高雅。

（二）单元、组、要点标题

如果说一个陈列展览是一个"人"的话，单元、组和要点的标题就是这个"人"的"骨架"。在确定大的主题之后，每个部分应开始确定相应的标题。划分单元、组、要点时宜紧紧抓住陈列展览主要内容的"闪光点"，结合相应的文物优势，充分展示陈列展览的特色。单元、组、要点标题也应该抓住本单元、组、要点的"闪光点"，简明扼要、突出重点，并与大标题和前言风格一致，能吸引观众注意，有耳目一新之感则更好。

各单元、组、要点标题之间有递进和平行两种关系。各部分按照时间顺序依次延伸的是递进关系，没有时间先后顺序的是平行关系。这两种关系在单元、组、要点标题的确定过程中夹杂使用。

由于艺术陈列不像历史陈列那样必须按照历史发展顺序布展，依据门类的不同可平行划分为若干部分，因此在艺术陈列展览中，不同门类的陈列是处于相等地位的，而在各自门类中的组标题之间的关系则由分类方法的不同存在平行或递进的关系。

前文提到的《小品大艺-明清扇面艺术展》展示明清扇面书画艺术，扇面与书画结合以后超越其实用性，成为一件艺术品。该展从中国国家博物馆所藏扇面中精选了约90幅明清时期的书画作品，分为山水、花鸟、人物、书法四个单元，各单元之间呈平行关系，各成体系，分别进行展览。

山水单元标题为"山水寄情"。在中国的文化传统中，自然与人息息相关。古人很早就有"天人合一"的理念，人与自然融为一体被视为最高境界。因此在饱受传统文化熏陶的文人墨客们便将注意力放到了自然界广泛存在的山水之上。他们认为明山秀水不仅仅是美丽的自然景致，更是修心养性、寄托理想的精神家园。明清时期画派纷繁，立意、用笔各有不同，烟江草树、幽谷溪泉，或空寂旷远，或蓊郁深邃，所描所绘都是人们心中的世外桃源。

花鸟单元标题为"花鸟娱心"。大自然不仅有动静皆宜的明山秀水，充满生命力的鲜花鸟兽也给文人们带来了无尽的灵感和体悟。红花绿叶有意，禽鸟草虫含情，花鸟画在尺幅墨色之间曲尽生命之美。观赏之余，令人市井之心稍去，田园之意渐萌。明清时期，花鸟画突破了宋代院体的写生模式，水墨写意、没骨花卉等技法的创新，给这一方天地带来了新的动感与活力。

"容影随性"是人物单元的标题。这一标题乍看或许让观众一时无法联想到是人物单元，但在得知单元主题后顿觉标题确定得准确恰当。在文人画的美学思想中，图写人物当以精神气质为首，外形的真实与否反在其次。因此人物画"容"纳身"影"，追"随"心"性"，透过一幅幅人物肖像画，观众可以感受到当时人们的生活和精神状态，也可以细细品味这一时期人物肖像画的新颖之处。

"诗文咏志"的标题让观众一眼看去就能明白该单元是书法单元，并可得知书法内容是诗歌文赋，达到了一箭双雕的效果。文人墨客以吟诗作赋的方式表达自己对生活的感悟，书法不仅是其载体，也是艺术化了的诗章。勾、提、点、捺，飞白、顿挫之间写出了形意之美，也张扬了书写者的个性与激情。

以上四个单元围绕明清扇面艺术的主题，用平行并列的山水、花鸟、人物和书法四类文物来体现中心内容，普及与弘扬了中国传统艺术的精华，给观众带来中国传统书画美的感受。

二、标题说明

标题说明是在标题之下将标题进行拓展说明的文字，由标题覆盖范围广狭决定篇幅长短。也分为两类，一类是对大标题进行说明的前言或简介，以及陈列展览最后作为呼应升华的结语；另一类是单元、组、要点的标题说明，介绍该单元、组和要点的主要内容、中心思想，点出该部分重点宣传的关键点，并与其他单元、组和要点相联系，显示本部分在整体陈列展览中的地位。

（一）陈列展览标题说明

1.前言或简介

前言或简介是一个展览的开场白和引言，将该展览涉及的主要历史阶段、人物或事件的时间跨度、表现的主要内容和主题思想等做一个大概的介绍，并通过各具特色的语言风格奠定整个陈列展览的基调。如同一篇文章开头的点题句一样，开门见山，迅速切题，前言或简介能让观众迅速抓住展览的中心，切入主题，很快进入到陈列展览创造出的情境中，从而受到教育和美的熏陶，达到陈列展览的目的。

《中国古代瓷器艺术展》是国家博物馆常设专题陈列之一。中国陶瓷艺术历史悠久，是贯穿中华文明发展进程而从未中断的物质文明。展览分为颜色釉瓷艺术、釉下彩瓷艺术和釉上彩瓷艺术三个单元，展品年代由西周贯穿至清末，其中不少展品均为陶瓷史上的精品。

2.结语

也称"结束语",与前言相对照,是对整个展览内容进行归纳、延伸总结,升华中心思想,使观众对展览体现内容的认识产生感性到理性的飞跃。如同一篇字字珠玑的美文,最后的结尾也应达到"凤尾"的效果,一个成功的结束语能让观众对展览留下深刻的印象,对展览表现的主题也会铭记得更加长久。

一个陈列展览应如同一部文学作品一样,讲究内在的逻辑发展关系。如果在陈列展览开头设置有前言或简介的话,最后就应该有结语来前后呼应,帮助观众搭建好个人知识体系房屋的最后一根木料。如上文《中国古代瓷器艺术展》结语为:

中国古代瓷器的产生与发展,历经几千年而连绵不绝,生产出不同品种且精美绝伦的瓷器艺术品。有些瓷器还大量输出到国外,深受世界各国人们的喜爱。中国瓷器是最富民族特色的艺术品之一,它凝结着我国古代制瓷工匠的聪明才智和辛勤劳动,反映出古代文化、艺术与科技在制瓷方面所取得的辉煌成就。中国古代瓷器艺术是中华民族为世界贡献的巨大物质财富和珍贵的历史文化遗产,展示并保护好这些宝贵的物质财富,也是我们传承中华文明的责任和历史使命。

结语与前言相呼应,对中国古代瓷器的历史进行总结并进行主题的升华,揭示美妙绝伦的瓷器背后反映出的关于我国历史、文化、艺术和科技等方面的情况。最后表明陈列所希望达到的社教目的,呼吁人们能一起保护并传承好我国传统文化,使陈列在思想性上达到了一个更高的台阶。

但是在很多博物馆的陈列展览中存在有前言但没有结语的情况。这在国家博物馆中也有出现,例如前文所举《小品大艺-明清扇面艺术展》就是如此。一个陈列或展览就如同一篇文章,在开头进行了背景介绍,开始引入正题之后,应该在结尾处进行总结升华,才能真正做到完整不留缺憾。观众在入口处看到了前言,按照常规就会认为结尾处应有结语,但看到最后发现不了了之,对陈列展览整体的把握和认识可能就达不到一个高度,也影响了博物馆社会教育功能的实现。或者不用前言直接开始单元、组的展览,如果使用前言就一定要有结语,避免破坏展览的整体性,也给观众的观看和学习带来不必要的麻烦。

(二)单元、组、要点标题说明

一个陈列展览中不能只有单元、组、要点标题这样的"骨架",需要一些"血脉"来将整体鲜活地联合起来。在确定各单元、组和要点标题后,也需要写一些篇幅较短的文字来把标题做一定延伸,说明该单元、组、要点的主要内容,以及其与整个陈列展览和其他单元、组、要点内容的关系，起到一个承上启下的作用。这就是单元、组、要点标题说明。同时，单元、组、要点标题说明也能够帮助观众预先了解该部分的主要内容，确定该部分在整体发展过程中的位置，更好地理解展览和构建自己的知识体系。

与对陈列展览标题进行说明的前言和简介一样，单元、组、要点标题说明也应做到概括、简练、有文采。受概括内容多少的限制和对观众参观情绪的考虑，对这部分说明文字不可能像前言简介一样篇幅较长，宜用最确切精炼的语言说明主要内容，语言风格做到与整体一致。

不同类型的陈列展览，单元、组、要点说明的表达方式也是不同的。以下分类来进行讨论。

1.历史（包括事件、艺术等）陈列

对于历史（包括事件、艺术等）陈列，理清本单元、组、要点涉及时间跨度内历史事件的发展脉络，如有重要的遗址、文化、人物、类型等也宜清晰点出。

另外，在语言风格上，传统表达方式不外乎两种，循循善诱的讲解式和干脆利落的说明式9是最常用的。讲解式如一条小路，带领观众渐入佳境；说明式像一条小溪，明晰而清亮，让观众一目了然。近年来随着观众欣赏水平的不断提高，陈列展览内容、形式的不断翻新，说明文字语言风格也在进行着转变。例如一些博物馆的说明文字开始引入散文式的表达方式，或美文，或散文诗，将充满文学气息的文字带入人们印象中一丝不苟、严肃古板的博物馆中，令观众眼前一亮，身心愉悦。

该展览单元标题颇具特色，以正副两标题命名，副标题为本单元主要展示内容，主标题为古籍中对这一方面描写的语句，所涉及古籍有《左传》《论语》《礼记》《淮南子》和《说苑》等，显得古色古香，充满悠远的韵味和深厚的底蕴。以第一单元"天有十日人有十等一等级制度"单元说明为例：

殷商晚期，商人建立了内、外服兼施并用的复合制国家体系。王畿之内，百僚庶尹各司其职；方国之外，侯甸男卫各服其事。商王成为天下共主，王朝上下等级分明，贵族平民各有等差。殷商等级制度不仅在衣食住行间彰显无遗，从丧葬风俗中也可以窥见一斑。王室贵族筑宫作室，用金使玉，极尽奢华之能；平民百姓却简屋陋居，弄土作陶，受尽辛苦之事。王室贵族的陵墓规模宏大，随葬品制作精美，数量丰富；平民百姓的墓葬则偏狭窄小，随葬品也多粗制滥造，品类单一，甚至一无所有。

这段文字讲述了晚商时期等级制度实行的情况，从生活各个方面展现了等级制度下贵族和平民生活的不同场景，切实反映出主标题"天有十日人有十等"的情况。文段多处运用对偶手法，将贵族与平民生活进行对比，形成强烈反差，配合奢华的文物展品，使观众对当时社会阶层不同的生活状态有更深刻的了解和感悟。并且由于采用了文学修辞手法，对偶的两句字数基本相等，叙述方式相同，读来朗朗上口，给人以美的感受。

2.人物陈列

对于人物陈列的单元、组、要点说明，可以有两种方式，这也是与陈列展览表现对象不同有关的。但凡以人物为对象做陈列展览，该人物必定是某一方面非常优秀和突出，在所在领域做出巨大贡献，得以青史留名的人物。因此人物陈列的单元、组、要点说明，乃至整个展览的前言结语甚至是标题，都是对该主题人物的评价，因此评价对一个人物展览来说是十分重要的。对一个人物作评价，必然要求真实、全面、客观、准确，这就引出两种人物陈列展览说明文字的表达方式。

一种是采用重要人物的权威评价，即评价者本身就是具有很高地位的人，他对主题人物做出的评价比较有权威性和影响力。一般人物陈列展览多采用这一说明方式，以达到客观、准确、令人信服的要求。在此不做举例说明。

另外一种是直接采用人物个人自述来做说明文字，文本设计者不做任何评论。这种表达方式能让主题人物"活"起来，仿佛在向观众讲述自己的故事和经历，拉近了观众和人物的心理距离，观众能够更真实鲜活地感受到人物的内心世界，对主人公的认识和了解也会更加深刻清晰。

总之而言，这种用人物自述来做说明文字的表达方式能营造出一种轻松自然、平易近人的浏览氛围，观众仿佛能听到伟人自己在讲述人生经历和心路历程，对展览内容和中心思想的理解也能更加深刻。但这种方式有自己的局限，只能在留下自述资料比较多的人物中选择展示，如果资料较少或表意模糊，或与展览中心思想不符，则不能选用。

三、展品说明

无论一个陈列展览是什么类型，运用怎样高科技的展示手段，归根结底，其基础都落在展品上。观众进博物馆来看陈列展览，最重要的是看其中布置的各种展品。因此展品说明的地位在整个陈列展览说明文字中是非常高的。

这是博物馆说明文字中的重头戏。展品说明根据展品种类的不同分为两类，一类是文物展品说明，绝大多数展品说明都属于这一类；另一类是图表照片说明。

（一）文物展品说明

文物展品说明在博物馆陈列展览中通常以说明牌形式出现，因此也被直接称为"说明牌"，它所起到的作用是在固定位置引导观众参观展品，解答观众对展品"是什么、怎么样"的疑问。为解答观众的这种疑问，文物展品说明应包括展品基本情况介绍和延伸出来的内涵介绍。

1.基本情况介绍

介绍一件出土器物的基本情况有这样几点：名称、类型、时代、来源、出土地点、出土时间等，创作展品还应写明创作者姓名、创作时间等，一般在说明的开头位置，基本上所有博物馆说明牌都能做到明示这些内容。这样的说明方式与博物馆库房的文物登记卡形式比较类似，将一件文物分门别类，清晰归属，第一时间告诉观众面前这件展品"是什么"，解答他们心中的疑问，扫清观众获取知识道路上第一个障碍。

2.展品内涵介绍

在知道这件文物"是什么"之后，观众就想搞清楚这件展品"怎么样"，也就是了解它的用途、价值、历史（学术）地位等，即展品的内涵问题。

一件文物流传到现在，在一个博物馆庞大的藏品库中能脱颖而出成为展品，尤其是国宝级的重要展品，其内涵必然是十分丰富深沉的。在一面小小的说明牌上，用寥寥数语表达清楚展品内涵是相当困难的。因此，这就需要陈列展览设计人员灵活把握，根据陈列展览的主题、整体的氛围，落脚到本部分所要表达的主要内容和角度需要，来进行相应介绍。

但这样带来了两个问题。其一，对展品基本情况介绍详细，但对内涵延伸不够或完全没有内涵介绍。这在很多博物馆的历史文物陈列中都普遍存在。前文所述，展品基本情况介绍类似于文物登记卡，但说明牌的作用不同于登记卡。库房登记卡的作用是将藏品清晰分类，便于查找、保存，面向的是博物馆、研究所等专业人员；而说明牌是陈列展览说明文字的一部分，是向普通观众传递知识，激发他们的观赏兴趣，满足他们的学习需要。仅仅写明名称、时代和来源，苍白干瘪的程式化说明无法让他们对这件文物留下深刻印象，宜多延伸一下展品内涵，将最根本、最有价值的内涵明确写出，增加通俗性、知识性和趣味性，使他们能够了解到这件展品与众不同或极具代表性之处。

国家博物馆与新疆维吾尔自治区文化厅主办的《新疆古代服饰》特展在国家博物馆展出，展览汇集新疆维吾尔自治区博物馆珍藏的近百件别具风格的民族服饰，年代跨度从先秦时期到明清，充分展示了新疆地区多民族交融与不断创新发展的多元文化。

（二）图表照片说明

图表和照片在一个陈列展览中也是不可忽视的说明方式，根据主题内容的不同，图表照片或本身就是一件文物展品，或是对文物展品的辅助展品。以下分两类来进行分析。

1.图表说明

在通史或事件类陈列展览中图表运用的比较多，由于这类陈列展览是以时间顺序为发展脉络的，所以图表作为必要的辅助展品大量出现在通史陈列展览中。

图表类型有分布图、器物部位示意图、年表、序列表、统计表等，用来补充文物不能表达的内容，或将细微之处放大，标示出每一部分的名称和特点、纹饰等，让观众对文物的基本情况和内涵能了解得更加透彻。

例如山西博物院基本陈列《晋魂》中"民族熔炉"专题，主要讲述汉、魏、十六国、北朝时期山西地区各少数民族和汉族交流融合的过程。在正对着展厅门口处的圆弧形墙壁上，张贴了几乎占满一面墙壁的《西汉北方疆域图》，一方面将本部分讲述的历史背景介绍清楚，大尺寸的地图也方便观众清晰了解各民族所处区域；另一方面也成为展厅一道夺人目光的辅助展品，不仅方便了观众观看，使站在墙前看地图成为一种享受，也渲染烘托了展厅的气氛，展现出大汉朝包容天下的非凡气度。

总体而言，图表更多是作为文物展品的辅助展品来使用，补充文物展品的不足之处，使陈列展览讲述内容更加有条有理。

2.照片说明

照片运用在通史陈列展览基本都是近代史阶段，在摆放好文物展品后，为介绍它的背景，讲述发生在这件展品身上的故事，或直接用照片来表明该部分的主要内容，照片成为很好的见证者和记录者。

对于历史陈列展览，照片说明主要以陈述句式介绍该照片拍摄时间、地点、人物，拍摄事件背景、照片呈现内容等，简洁精炼。有时还可附带精炼的评价用以强化主题。在人物陈列展览中，照片说明根据主题人物、展览定位和风格等因素，可以考虑选用其他风格的说明方法进行照片说明。

第二节 说明文字的运用要求和作用

通过上文对博物馆陈列展览中各种不同类别说明文字运用实例的分析，不难看出，作为博物馆发挥自身社会作用的一大工具，说明文字有自己内在的独特要求。一个好的陈列展览文本必然达到了这些要求和标准，也只有按照这些要求进行撰写的说明文字才能把自身的作用完全发挥，让一个陈列，一个展览联合成为一个整体，实现博物馆的社会教育功能。

一、说明文字的运用要求

博物馆陈列是以本馆保存、收藏的文物为基础构建的，一个陈列展览无论辅助展品有多么丰富，展示手段有多么新颖，归根结底，主角都是文物展品。展品是无言的，作为展品补充的说明文字就必须搭建起与观众沟通的桥梁，将文物内在的"语言"传达给观众。对于陈列语言的要求，国家文物局颁布的相关文件中已经说明："博物馆的陈列要以它特有的语言向观众说话。"因此以下几点是需要注意的。

（一）科学性，准确性

顾名思义，博物馆就是以"物"为基础，收藏文物、标本和其他实物资料进行科学研究是博物馆的基本职能和重要任务之一。博物馆的实物资料包括经济、政治、科技、文化艺术等各方面，是进行科学研究和相关活动富有价值的资料。

在对这些资料文物进行文字说明时，需客观、准确地反映文物本身的基本情况、历史内涵和社会价值，也就是要达到科学性和准确性的要求。捷克学者奥索尔索认为："陈列就是使人参与认识。使人通过某些感觉器官（视觉、听觉、触觉）或者通过全部感觉器官认识事物。"在这个认识过程中，文字说明作为帮助人们认识事物的辅助工具，是建立在人们通过反复观察、比较、分析、研究的基础上而形成的一种概仑和判断形式、它在揭示社会历史发展的规律，每件文物的科学内涵，所处的历史环境、文物的社会价值及文物与文物之间的联系等问题时，必须具有高度的科学性。因此，说明文字的科学性是博物馆陈列最起码的要求，在使用说明文字时，保持高度的科学性是最根本的条件。

准确性这一要求是紧跟上一要求提出的。博物馆要将科学知识传播给大众，就必须要求有高度的准确性，一点小小的错误或偏差都有可能造成严重的后果。高度的科学性带来高度准确性的要求，离开了这一点，文字说明就失去了应有的作用，甚至会起到相反的作用。观众可能会从此记住错误的知识，再进行错误知识的再传播；或是造成观众对原有知识印象的混乱，搞不清到底什么才是正确的。因此无论是什么类型的陈列展览，高度准确的文字说明都是最起码的要求。

还是以前文所用过的《新疆古代服饰》展览"毡帽"文物说明来举例。毡帽的名称、年代、来源标示清晰，这里主要概括出两个知识点：一是这是我国迄今考古发现最早的帽子实物之一；二是先秦时期，新疆地区的帽式+分丰富，多使用毡、皮、毛布等制成。该说明文字对文物断代准确，内容明晰而所概括出的两个知识点都不是撰写者随意编造，空穴来风，而都是通过对大量先秦时代的当地实物进行科学的分类、比较，并结合考古学的研究成果、古籍文献资料等反复研究之后得出的结论，达到了科学性、准确性的要求。

（二）概括性，简练性

文物是博物馆的根本，展品是陈列展览的中心。观众进博物馆，最想看的是展品，最想了解的是展品的内涵和背后的故事。说明文字作为引导观众观看展品的工具，不能像教科书一样包罗万象，洋洋洒洒：也不能像讲故事一样滴水不漏，娓娓道来。它需要有高度的概括性，简明扼要，将所要表达的内容用几句话甚至几个字表达出来，在纷繁复杂的展示内容中将重点、闪光点提炼概括，提醒观众这些是值得注意的部分。

概括性带来的就是简练性的要求，二者是连为一体，不可分离的。在我国，很多观众参观博物馆是和游览结合在一起的，或者说，是作为一种游览活动来进行的。在这种情况下，他们一般对新奇的展品、新颖的展示手段、有趣的互动游戏等更有兴趣，因为这些更符合他们的心理期待，所以简练性要求的提出就显得更有必要。很多观众进博物馆看展览时都把除展品说明外的其他文？说明忽略不看，有时去看时都希望能在最短的时间内就把摧到该部分的中心和重点从中提取到他们最感兴趣的要点有针对性的去观看。语言不简练，拖沓冗长，会消耗观众的耐性和注意力，并容易增加他们的疲劳感和厌倦感。

因此，从博物馆说明文字内在特性和观众观看心理两方面来说，文字说明的概括性和简练性都是最基本的要求。

（三）思想性，艺术性

"思想性"的要求早已有人提出，崔利民《关于陈列展览文字说明的思考》中就提到：坚持文字说明的思想性。这不是要求在文字说明中去凭空说教，而要用马克思主义的立场、观点、方法去认识历史，介绍文物、图片，揭示事物的本质，提高展示文字说明的思想性，应客观表述历史，而不能生拉硬拽，搞牵强附会。过去有的地方史馆为了突出某些人和事，迎合某种政治需要，获取经济利益，往往在评价上任意拔高，甚至不惜歪曲历史。这里提到的"思想性"主要含义是运用马克思主义历史观，真实、客观地记录和评价历史，不能因政治、经济等外在要求而扭曲事实真相。在当时那个时代，"思想性"代表这样的含义是无可厚非的。

然而随着时代的推移，社会在日新月异地发生着变化，观众的思想道德水平和科学文化素质都有了显著的提升，仅仅只有"真实反映历史"的"思想性"已经不能满足他们日益增长的知识文化需要了，包含有"阶级斗争"等内容的部分则早已被时代抛弃。当今环境下我国博物馆说明文字也应该达到思想性的要求，并不是如上文所说的"思想性"，而是"不仅能客观真实地反映历史，还能运用适当的表达方法引起观众深思"的"思想性"。

引人深思的文字必定能先吸引人阅读，而能吸引人阅读的文字必定充满了艺术美。语言本身就具有奇特的美感，阅读一篇优美的文字，能给人如沐春风，如饮清泉的感觉。加之在博物馆内本身文字就属于司空见惯易被人忽略的部分，没有艺术美的说明文字更难引起观众阅读的兴趣。因此无论是出于实现思想性的要求，还是发挥文字本身的美感，抑或是更好地实现陈列展览的效果，说明文字的艺术性都应该是值得重视的。至于选取什么体裁，选用什么风格，应该与整个陈列展览的主题、定位、中心思想和目标观众的文化品位等结合在一起考虑。

《美成在久-金丝楠艺术展》在中国国家博物馆展出。金丝楠是中国独有的珍稀树种，古时为皇家御用之材，由于其产量稀少，历史上对其珍视程度远远超过普通木材。展厅分为"慧心怀古""楠庭集萃""心悟精微"三个主题，从金丝楠木与中国传统人文的关系、金丝楠木对古代建筑传统的影响以及家具礼仪文化等方面，向人们呈现和解读金丝楠家具独特的气质与书房文化的深厚内涵。这是中国第一场在博物馆以金丝楠木艺术为主题的大型展览。

二、说明文字的作用

说明文字在博物馆陈列展览中具有不可或缺的作用。观众需要它介绍展品，展览需要它链接整体，对整体视觉塑造文字说明也有独特的作用。具体来说有以下两个作用。

（一）信息传达作用

这一作用主要体现在展览的内容设计中，也是博物馆陈列展览说明文字最基本的作用。说明文字在发挥这一作用时，主要功能就是传达文字的内在信息，帮助观众从中获取到自己想要了解的知识，并把整个陈列展览的展品都有机连接起来。因此，说明文字可以被称为"博物馆的桥梁"，它不仅链接起整个陈列展览，也成为陈列展览与观众之间沟通的工具。

1.辅助与链接作用

陈列柜中的文物展品原本是在一定社会历史条件下创造出来的物品，有其独特的社会历史背景。但经历了岁月变迁后，保存下来的文物已经与原有环境脱节，有些文物的颜色、形状等都已经有所改变。如果不借助于文字来传达展品信息，还原它的环境和原有情况，观众是无法了解到这件文物是什么，展示的意义和价值又在哪里。说明文字在这里就起到辅助展品的作用，将文物无声的语言化作有形的文字，观众通过阅读展品说明牌了解该文物的基本情况和内在价值，从而更好地理解该陈列展览的主要内容。

展品说明牌的文字主要起到辅助展品的作用，而链接起整个陈列展览就是各标题和以下的标题说明的作用。说明牌和展品是"一对一"的说明，而标题和标题说明则是"一对多"的说明。如前所述，各单元、组、要点标题概括本部分内容，其说明主要表达本部分重点、亮点和值得注意的闪光点，并说明本部分在整体中的位置以及和其他部分的关系。这样就像一条线一样把各部分串联起来，最后形成一个密不可分的整体。观众看展时也能遵循一定的顺序有序观看，脑海里构建的知识网络也能有序搭建完成。

2.沟通与宣传作用

以往研究文章中提到的"桥梁"作用多指此方面，即"辅助展品"作用对观众的影响，搭建起观众与展品沟通的桥梁。博物馆的目的并不仅仅在于让观众通过观看千姿百态的文物来获得直观的视觉享受，更在于让他们了解文物的准确名称、时代和内在的价值，获取到相关的科学文化知识。这一目的的实现仅靠直观观察是做不到的，必须借助文字说明才能深刻认识到这一展品，这一部分，乃至整个陈列展览的内涵和意义。单个的展品蕴含的历史内涵是有限的，需要通过文字说明连接起来才能弥补其难以完全表达的思想内涵，向观众展示一个多层次、多方面的时代，揭示出社会历史发展的内在规律。

博物馆设计陈列展览时，最先要确定的就是该陈列展览的指导思想和基本原则。我国博物馆是文化事业的重要组成部分，也是进行精神文明建设的重要领域，加之当前我国社会已经进入到新世纪、新时代，博物馆的陈列展览一定要在坚持用马克思主义唯物史观去诠释历史和社会的同时体现出新时代新风貌。体现在说明文字的撰写中，也就是前文所说的，达到"思想性"的要求。

（二）装饰美化作用

文字本身也是一种符号，通过笔画和结构的变形创造出不同的图案。说明文字的装饰美化作用体现在陈列展览的形式设计当中。文字设计既是独立的设计项目，又是整体形式设计的重要组成部分。要服务于内容设计；方便文字所承担任务的完成；也要服从于形式设计。本身也呈现出给能人以享受的审美效果。

1.常见字体的特点

我国的汉字源远流长，从古至今产生过多种字体。科学技术的发展，排版印刷、激光打印等新技术手段提供了更多字体的选择。各种字体风格不一，博物馆说明文字常用的有：

隶书：业称"汉隶"，书写效果略微宽扁，横画长而直画短，呈长方形状，刚柔并济。视觉效果为庄重古朴，多用于古典内容历史艺术展览。例如中国国家博物馆举办的《李可染艺术大展》《黄胄艺术大展》和《潘天寿艺术大展》，标题均使用隶书，典雅朴拙。

楷书：现在通行的汉字手写正体字，由隶书演变史也叫正楷、真书，是我国时封建社会中最为流行的一种书体。笔画分明，结构方整，挺拔秀丽。多用于标题和标题说明。在现在的博物馆陈列展览中，多使用更为自然秀丽的行楷。例如中国国家博物馆展出的《纪念启功先生百年诞辰-后功遗墨展》标题便是从启功行楷中选取而来的，自然流畅，潇洒随意。

篆书：大篆、小篆统称为篆书。现代汉字由小篆演变而来，现今艺术设计和书画作品中出现的篆书很多都是小篆（或变体小篆）。由于篆书字体有极强的时代感，因此在博物馆陈列展览中基本只用于陈列展览标题部分，达到吸引观众并迅速传达本陈列展览的时间跨度的目的。如国家博物馆展出的《商代江南-江西新干大洋洲出土文物精品展》，篆书的标题很好地展现了展览的主要内容，并增添了一分古朴雅拙的文化气息。

2.文字颜色设计

文字的颜色是博物馆陈列展览形式设计当中需要注意的一部分。颜色在陈列展览视觉效果的展小中有重要的作用，对于烘托环境、制造氛围和展示主题等有独特的表现效果。文字说明的颜色设计应服从整个陈列展览的色彩基调，并在统一中保留有自己的风格，提高陈列展览在艺术方面的展示效果。

例如山西博物院《晋魂》书画专题"翰墨丹青"，墨黑草书写在纯白机理效果的山水画背景之下形成如同在宣纸上挥毫泼墨的书写感觉，黑白对比鲜明，字迹俊秀飘逸，简约大气。纯真自然，令观众瞬间进入到我国书画世界当中，品味那种意味隽永，回味深长的意境。

第三节 博物馆陈列展览说明文字现状

一、说明文字中的新理念

（一）说明对象从"以物为本"向"以人为本"转变

博物馆现象最初萌发于人们的收藏意识和纪念意识，由此产生了对珍稀物品的收藏和对具有纪念意义的遗址遗物的保存和利用。由东西方最初的博物馆（或纪念馆）模式开始，人们长久地将它想象为一个神圣的空间。博物馆藏品受到人们的顶礼膜拜，作为圣地的博物馆声称它的展品为人们提供了精神启发，激发了柏拉图式对美和道德的价值观。陈列展览中的书面语言（或文本）与其他辅助展品和材料等一起向参观者展示展品本身的情况和内涵等，出于一直以来"圣地"的定位，博物馆陈列展览中的说明文字写作风格趋向于谆谆教诲，将参观者视为"接受知识教育的对象"而不是"可平等交流的对象"，洋溢着传播真理或是宝贵知识的氛围，导致参观者与展览无法交流，心理上也容易对这种说教的方式产生抗拒。我国以往某些史馆的陈列展览就具有这样的问题。

随着所处社会的不断发展，博物馆本身也在发生着变化，进入新世纪的博物馆已越来越多的走下曾经的"圣坛"，秉承"以人为本"的宗旨，将有助于人的发展和愉悦作为主要任务，积极探索与参观者平等对话交流、创造轻松愉悦参观氛围并能使他们获取有益知识的各种方法。说明文字作为博物馆陈列展览中唯一的书面语言，也在长久以来研究的基础上探索新的变化，从而给予观众更好的参观感受。

"国内的各大博物馆开始改变以往博物馆"居高临下"的展示态度，博物馆价值取向由"博物馆本位"转移到"观众本位"上来"。博物馆开始思考如何更好地让观众在馆内汲取知识，获得游玩的放松心情。对于生僻字注音是其典型转变。我国还没有形成给生僻字加注音的大环境，博物馆也是如此，司卫在其文章中提到：……在文字说明里，出现了一些人们不熟悉、不常见的生僻字。那些不可避免的生僻字应当加上注音。以往没有加注音时，观众如果认真地阅读该说明文字，到这些生解字时又不认识，就会出现暂时的停顿、开始猜测这些字的读音和含义，思维过程出现断档。非常不利于观众的学习和求知过程。更甚至会引起观众的不快，影响参观心情，导致社会教育目的无法实现。

现今在国内大博物馆中，生僻字注音已经成为趋势。在生僻字多发的青铜器乱分的说明文字中，基本上常见的生僻字都已标注拼音，在著名或重要的器物说明牌上还会印制出关键的铭文、各部件拆分组合的示意图等。

（二）说明文字趋于简单或隐藏

在传统的博物馆说明方式中，说明文字与展品等结合的非常紧密，如前文所述，说明牌上除展品基本情况外，还会有重要内涵的介绍，现在大部分陈列展览仍沿用这一说明方式。但现在对于某些展览（多为艺术展览），在将其展品进行裸展的同时，说明文字开始趋于简单或另外开辟方式进行集中说明。减少的文字可以让观众将注意力更多地放在艺术品的欣赏和感悟上。

中国国家博物馆与意大利文化遗产活动部文物管理与开发公司共同推出"佛罗伦萨与文艺复兴：名家名作"展。该展览是在中国国家博物馆设立的意大利数年长期展厅的第一个展览。

展览展出来自佛罗伦萨乌菲齐美术馆、佛罗伦萨圣马可博物馆、佛罗伦萨美术学院美术馆等20多家博物馆、美术馆的65件艺术精品，包括绘画、雕塑和工艺品，展示了文艺复兴时期佛罗伦萨的艺术辉煌、城市面貌及其风土人情。

本展览中艺术品说明牌统一设计了款型和规格，并统一放置在展品下方、距地40厘米高的展台正方坡面上，背面用灯光照射。其内容是对该展品基本情况的简单说明，而想深入了解藏品背后的故事和展览的整个历史社会文化背景，则需要观看过道上方的投影屏幕内容和操作多媒体触摸屏来进行了解。投影屏幕共有13块，一方面起到照明光源作用，另一方面是对说明牌文字信息的有力补充。

多媒体触摸屏被设计成为与实体展览相对应的数字化展览，这是对博物馆数字化技术的一个较新的运用。设计师在每一部分的开头均设置了一台立式大型触摸屏，内容涉及展厅平面布局、艺术品、作品创作年代和展品借展单位四个方面，可以说这就是一个名副其实的数字化展览。其中在艺术品这一项中，对展出的每一件作品均做了深度解读，有效发挥了数字化展览信息容量大的优势，弥补了受展厅面积和展示风格局限导致说明牌文字信息量不足的弱点。这种围绕展示内容，利用触摸屏呈现数字化展览，有针对性地引导观众延伸解读的做法，一方面彰显了展览的专业性和文化品位，增强了展览的文化影响力，另一方面为不同文化背景和认知能力的观众提供了多元化的导览服务。有文化背景的观众可以直接面对展品进行自我认识和感悟。对展览内容不太了解的观众可以借助投影和触摸屏进行知识的学习和了解，从而达到各种阶层的观众都能从中达到自己的心理预期，获得想要的心理满足感。

新技术的使用也使博物馆说明文字的展现方式发生了新的变化。二维码是一种新的信息存储和传递技术，在《弗洛伦萨与文艺复兴：名家名作》展中，中国国家博物馆首次将二维码应用于展览，设计师在每块说明牌上都贴上了二维码持有智能手机的观众只要通过手机摄像头扫描二维条码，通过解码软件，就可以在网络上获取方寸二维码中所包含的相关作品的详细信息，体验"深度阅读"的乐趣。利用新技术使说明文字以另一种脱离了博物馆实体环境的方式继续发挥其信息传达的主要作用，相对于说明文字与展厅结合紧密的传统呈现方式，这是一种说明文字的"隐藏"方式。这一举动得到了媒体和观众的认可和称赞，也为以后的展览中使用这一方法开了好头。在国家博物馆展出的《道法自然一大都会艺术博物馆精品展》中也采用了这一新技术。

（三）服务群体面向国际化

当今世界早已成为一个联系紧密的整体，"地球村"早已不是新鲜词汇。作为浓缩展示一个国家地区历史进程的博物馆，尤其是大型博物馆，现在越来越多地接待着从国内外各地前来的参观者和游客。说明文字作为承载传达信息任务的载体之一，用中英文两种语言进行说明是最基本的要求。《中华人民共和国文物保护单位开放服务规范》中在"开放方式"一条中提到："应有整个文物保护单位的综合性介绍，文物保护单位整体与单体的解释宜设置中、英文简介。"。在国家博物馆中，基本上所有的陈列展览都已采用中英双语说明文字，这不仅方便了国内外观众理解展览，也是彰显博物馆层次地位的一个表现。

二、说明文字存在的问题

1.文字偏多

展品的选择和组合能够传达一定的信息，但往往很有限，博物馆的说明文字，尤其是展品的说明文字，是向观众传达信息的最主要的方式。但这并不意味着要把所有的信息都写上去。前文已述，说明文字要求做到科学准确、概括简练，在此基础上才能提到思想性和艺术性。成功的展览不在摆出多少物件或展现了多少资料和知识信息，而在于展览有没有使观众完成一个"理解"

的过程。事实上并没有一个标准的字数范围限制能够适应一切器物，宜根据器物类型拟定合适长度的说明文字，观众比较熟悉的就可以简略一些，观众不熟悉的，例如青铜器等，文字宜适当多一些。在文字的数量和信息传达之间寻找平衡可能是现代博物馆工作人员需要努力的方面。

2.文字错误

说明文字编写是件非常繁重且极考验人细心和耐心的工作，在展板制作完成之后也应仔细检查核对，避免出现错别字误导观众，影响博物馆科学的形象。如杭州西湖博物馆展板和电子查询系统中同样的名称却出现了不同的写法，导致出现三潭"映"月和马"克"波罗的错误，观众发生了认识上的混乱和心理上的不快感；福建省博物院自然馆的展板上把"哺乳动物"错写成"不如动物"，被观众发现后指出。中国国家博物馆在刚刚恢复开馆时，其通道"出口"的英语标志。被错误地翻译成"export"（贸易出口），正确应该翻译成"exit"。博物馆作为有社会教育功能的文化单位，特别是像中国国家博物馆这样的国家级窗口文化单位，应时刻保持高度的责任心和严谨的工作态度，减少和杜绝这样的情况发生。

3.宣传资料缺乏

主要针对展览内容简介或叫宣传资料。看到的关于博物馆陈列展览说明文字的资料中，对展览内容简介或叫宣传资料基本上没有涉及，一般讨论对象均为传统意义上的陈列展览说明文字。对说明文字下的定义一样，"凡是陈列展览中所运用的文字，都属于说明文字的范畴。"内容简介或宣传资料也是主要由文字和图片构成的，与传统意义上的说明文字一样起着介绍展览、吸引观众、宣传教育的作用，理应放入到说明文字范畴中进行讨论。

简介或宣传资料是对整个陈列展览的主要内容、中心思想和值得关注留意的"闪光点"的大概介绍。观众在参观一个陈列展览时，如果不能对整体内容有清晰印象，对其反映的主题思想也就不可能有很好的领悟，但当参观的是一个内容繁多的陈列展览时，清晰记忆展览内容就很难做到。这时如果该展览准备有内容简介或宣传资料，尤其又是一份脉络清晰、层次分明、重点突出的资料，就像一个缩微的小展览，对观众的参观、游览和学习无疑是有很大帮助的。加之如果设计新颖，印刷精美，不仅能使观众在阅读时获取信息和知识，还能感受到艺术的美感，对该陈列展览的兴趣和印象有更大更深程度的提高。在参观完之后，还能作为纪念品带走，陈列展览的宣教目的客观上得到了更广泛的实现。

中国国家博物馆每月都会印制非常精美的当月展讯，置于服务台进行销售。展讯介绍当月陈列展览的各种信息，并附有精美的展品图片和英文介绍，以及该展览所在场地和场地图示。除此以外，还印刷了参观须知、门票领取办法、博物馆地址、网址、开放时间和乘车路线等实用信息。

整本展讯无论内容还是纸质、印刷都属佳品，无论是获取馆思还是带走作为纪念品都是很好的选择。

这样的内容简介或宣传资料并不是每一个陈列展览都会配备，原因可能有很多，陈列展览作为博物馆与观众沟通的语言，其存在的意义和价值就是宣传教育，给人以启迪和熏陶。为了更好地达到这一目的，让更多的人获得知识和乐趣，印制一些简介和资料还是很有必要的。无论是内容全面的常设陈列还是内容精专的临时展览。都应该准备一些简介和资料以供观众取阅。放置地点可以在陈列展览的入口处，也可以在出口处。前者主要起到吸引观众，展示主题的作用，后者主要起到回顾展览，加深印象的作用。两处放置位置不同，起到的主要作用也有所区别，具体操作应取决于实际需要。

另外，实际工作中讲解词和语音导览等说明文字的语音存在形式的内容一般由宣教部门负责编写，往往与展陈部门编写的展览说明文字在内容和风格上有一定出入。两个部门宜更好地沟通和衔接，以方便观众参观。

第十章 新媒体技术在博物馆展陈空间中的价值体现及艺术表达

我们正处于信息爆炸的时代里，科技的进步促进新媒体的产生，带动了新媒体技术的不断更新，也有利于不断扩大新媒体技术在博物馆展陈空间的应用，不断提升技术影响力，以及完善相应的设备，而博物馆业务的普及取决于新媒体技术的快速发展和新媒体的应用。新媒体是一种通过数字技术手段在虚拟空间中实现技术与艺术的结合，这种结合无论是从艺术上和技术上来说，都能给人以极大的震撼，对于参观博物馆的每一个观察者来说，其艺术表现力有这个时代艺术设计最显著的特征。

第一节 新媒体艺术的基本理论与分析

一、新媒体与新媒体艺术的概况

新媒体基于数字技术的计算机技术，具有先进媒体形式的独特创新功能。新媒体弱化了传统媒体的界限，此外新媒体还具有交互性、即时性和信息共享的特征。例如，南京中国科举博物馆新开发的移动 APP 软件通过移动媒体向公众展示，它充分体现了与观众的互动和娱乐，体现了"以人为本"的民众化媒体。

在林迅教授的"新媒体艺术"中，对新媒体概念的解释如下：基于数字的媒体或内容载体，并由先进的信息传播技术支持。"新媒体"对信息传播和艺术创作有不同的含义。"新媒体"在传播的意义上，指的是新的信息传播和传播工具，"新媒体"在艺术中，指艺术家在艺术创作中的新载体，情感物化，以及各种创作的新手段和新材料。对于艺术创作，"新媒体"使艺术家的创作方法更加多样化和灵活。随着计算机技术和信息技术的发展，艺术创作进入了多元化，信息化，大众化的互动时代。

新媒体艺术其本质和特征体现在数字和信息传播相关技术的使用和展示上，以互动为主要形式。推动人类社会文化的发展，开展多种形式的社会政治学科实践活动。虽然新媒体则专注于媒体。与新媒体相比，新媒体艺术有更明确的方向，主要指计算机，网络，媒体艺术与新媒体有着密切的关系却不是一个概念，新媒体艺术的目标是艺术形式，而新视频的整合，一种新兴的艺术风格与数字成像技术等先进科技成果的发展相结合。

新媒体艺术是西方后现代前卫艺术家提出的第一个概念，探讨如何将信息技术成果应用于他们自己的艺术创作实践，以录像带，互联网，物理材料，机械声光控制器等技术成果的形式探索作品。新媒体艺术不仅具有传统艺术作品的艺术特征，如美学，形象和情感。它还具有独特的网络，技术，互动性，参与性等。新媒体艺术的表达也已经扩展到平面，三维，空间和时间的多感官体验，超越了时间和空间的界限。新媒体艺术是信息化和数字时代的艺术。当代社会变革是传统的绘画，雕塑和摄影，无法表达，但基于互动，新媒体艺术，如多媒体，更有可能将社会与公众联系起来。总而言之，新媒体艺术的推广和发展受到各种审美趋势和概念的驱动，也是各种新兴技术出现的结果。

目前，关于新媒体互动体验艺术和展示团体大部分都集中在海外地区，比如说德国的卡尔斯鲁厄艺术中心（ZKM）、加拿大的班芙艺术中心（BANFFCENTREOFARTS）以及美国的麻省理工学院媒体实验室（MITMEDIALAD）等等。

自从新媒体艺术发展以来，国内外艺术机构纷纷涌现出来。其中，日本科技艺术团（Team Lab）从激烈的市场竞争中脱颖而出，成为新媒体互动体验设计方面的引领者，其代表作品大都是通过光影和谐交织这种艺术形式来缔造出来的，将艺术设计、体验交互与新媒体技术完美结合。他们在米兰世博会的日本馆中则掀起了新媒体艺术的浪潮，在中国举办的"舞动艺术展&未来游乐园"新媒体光影艺术体验展更是将新媒体艺术推向了美学的高峰。

二、虚拟现实的基本理论

"虚拟现实"技术是在现代科技革命当中形成发展，尤其是计算机网络和信息技术方面。术语"虚拟现实"最初由美国拉尼尔提出，也成为一种人工环境或精神技术。虚拟是一种无形的存在形式，由数字符号表示，并以图像，文字，声音等形式呈现在计算机网络上。它是通过数字化模拟社会自然事物及其过程。百度百科中："虚拟现实"是一个基于计算机的人机界面，其特点是交互性，沉浸感和结构。虚拟现实全面利用多媒体技术，仿真技术以及其他多种技术进行模拟实时，三维虚拟环境使参观者具有更真实的体验，同时，模拟人类的感官，如听觉等，不受时空的约束，也能够利用计算机创造的虚拟世界加强交流合作。

虚拟现实是通过数字和信息技术将真实环境模拟成三维虚拟空间，同时，将符号以及图像相结合显示展览实体的更多信息，利用虚拟现实技术为观众创造身临其境的体验。观众则能够进入到 3D 虚拟空间中，将数据手套，头盔显示器相结合实现交互，在这一空间当中观看展品，并获得更真实的感官交互体验，以及虚拟现实技术的重要作用。日本科技艺术团 teamLab 在佩斯北京遇见"花舞森林与未来游乐园"用新媒体技术打造了一个主题为《彩绘水族馆》的新媒体艺术展，观众给卡片上的海洋生物绘色，完成后将卡片交给工作人员进行扫描，使观众的画作在显示屏上呈现出来，让画中的生物都能够灵动的出现在屏幕中。屏幕中的虚拟生物与观众的互动更是将虚拟现实技术运用到了极致，当观众向屏中鱼儿伸出手时，鱼儿还会掉头游走。

三、艺术美学与艺术化效果的基本理论

南京艺术学院博士认为，新媒体装置艺术家植根于当代艺术的语境，根据相关的创作原则和表达方式，结合使用具有深刻内涵的概念和具有鲜明特征的形式。新媒体装置的艺术以其独特的艺术形式呈现给世界。在这些华丽的新媒体装置的内外，有各种与艺术形式密切相关的美学方式。它向人们展示了一种与传统美学不同的美学视角，构建了一个全新的审美领域。计算机网络则是将数字媒体技术相结合建立相应的计算机网络，包括花舞森林的"水晶宇宙"，呈现出了这种技术互动体验，根本原因在于发光粒子打造的虚拟空间，每次闪动都有不同的视觉效果，使展陈空间中的新媒体界面富有趣味性和审美性。那些发光粒子璀璨夺目，红如炎、绿如玉、紫如烟、白如雪；时而点缀着荧光，像是碧天里的繁星，时而迷蒙闪耀，像是雾里看花，如梦似幻。

第二节 博物馆展陈空间中新媒体技术的要素分析

博物馆是变化较快的空间载体以及实践场所，人类的历史文化则是利用馆藏品讲述悠久文明，而先进的展览理念和高品质的展陈空间决定了博物馆今后的使用效果。在适应社会发展的漫长过程中，博物馆这一抽象的概念处于不断变革之中，人文情怀以及生态保护等逐步发展为当代博物馆重要品质，同时，也有利于对大众知识水平进行正确引导，不断增强大众审美意识，还要不断完善博物馆展览模式。博物馆的特质需要其适应时代的发展，与新媒体技术相结合，并推动信息成像，打造沉浸式的观展体验。

一、新媒体技术介入后博物馆展陈空间现状

新媒体在国外应用远远领先于国内，西方发博物馆就推出了多个移动设备应用，使得观众得

到全新的体验，同时，国内博物馆将多种新媒体技术相结合，包括故宫博物院，南京大屠杀纪念馆等，并利用相应的空间设计语言表现技术进行内容展示，使得信息传播时效性明显，更具创新性，观众通过体验新媒体动态展更直观的理解策展人和展陈设计主创人想呈现的艺术文化。

馆藏数量呈现出不断上升的发展趋势，保护管理工作的标准得以提升，其现代化发展步伐不断加快，也使得博物馆系统更加完善，而中国博物馆产业的成效显著，但仍然落后于国外的博物馆产业整体发展水平。

（一）新媒体技术兴起的原因

新媒体和新媒体艺术是新兴时代的产物，人类对物体的感知和信息传播方法都与媒体有关，新媒体技术的应用和普及，为社会带来了一种新的信息传播形式。新媒体技术的发展与计算机的发展有着密切的联系，博物馆展陈空间中新媒体艺术发展的如此迅速离不开数字媒体和计算机网络技术的支持。这为新媒体的开发提供了重要的技术平台，不同技术的特点存在很大差异，将多种新媒体技术相结合，进一步提高了这种空间的审美价值。新媒体凭借其独特的灵活性和高度的便利性，为互动体验提供了互动空间。

历史博物馆使用图像和视频装置（故事，纪录片视频）展示不同的历史发展阶段，国家博物馆的"复兴之路"，将多种视频投影技术相结合，以及灯光效果，水波，动态烟雾和爆炸性水柱，让观众参与烟雾交战的河流之战。博物馆展品则是以扫描二维码的方式呈现出具体展品信息，使信息更加简单，自交互式体验的初步构想形成以后，新媒体技术的初始形式由显示形式从静态变为动态，内容进一步完善，但交互性特征不明显，细节展示效果不佳，而新媒体在中国博物馆展陈中应用过程中仍然处于摸索阶段，远远落后于国外的发展，但其应用成效显著，这表明新媒体技术进行馆藏品展示有利于推动社会发展。

新媒体展览将多种动画技术以及新媒体技术相结合进行动态展示，同时，还有一些博物馆则是将视频以及视频装置相结合进行展览，以南京大屠杀纪念馆为例，当中的"12秒水滴"就是利用动态新媒体技术展现了随倒计时的滴答作响，每隔12秒就出现了水滴进入到黑色的"水面"中，而墙上则会展现一盏代表遇难者的灯，便一下子熄灭了。这表明在30万名遇难者同胞的这场灾难当中，只要相隔12秒就有一条生命消失在那场浩劫。这种展示使观众更好的感受到了当年悲惨情景，使得南京大屠杀带给人的印象更加深刻，而非仅仅只是课本当中冰冷的30万数字，呈现出了大量的同胞遇难，如果仅仅利用传统的二维图片展览是无法达到这种效果的。大多数博物馆也使用二维码来协助举办展览，如国家博物馆的艺术展，观众通过扫描二维码不仅可以通过语音了解到作品的详细信息，还能获得高清电子图像，避免观众开闪光灯拍照，不仅可以保护画作也能观众获得了有用信息。新媒体被引入博物馆展览，展示形式从二维静态展示变为新媒体动态展览，展示了新媒体互动体验带来的优势，展示内容也得到了丰富。虽然现阶段新媒体展示大多数形式都比较呆板，但经过不断探索它将更加成熟，展示形式与展览主题内容会更加契合。

（二）新媒体技术在展陈空间设计的互动体验性趋势

近年来，为了满足日常生活中人们的美学需求，设计人员对新媒体的展示技术进行研究开发和功能拓展。观众对于展陈空间的体验要求越来越高，期望能够快速收获各种信息。这种情况下，人们对于展览信息就不会认真仔细的观看浏览，那么这将是一场毫无意义的展览体验，观众不能通过展陈设计获得任何有用的东西。

针对以上情况，在进行展陈空间设计时不但要利用新媒体技术来达到观众的创新要求，还要结合趣味性与美学需求，使得人们的体验效果不再像从前那样枯燥乏味，给观众带来多元化的展陈体验。

1.由单一向多元转变

展陈空间在规划过程中，多元化的展示方式是必须的。展示方式的多元化主要是指人们对于展陈空间体验的不同感受。随着人们体验需求的提高，传统的单一视觉展示已经不被满足了，当下的视觉展示效果追随着时代的步伐变得多元化，比如说场景再现展示、虚拟现实模拟等等。展陈空间的设计目的也不仅仅是用来传递展品信息，而是融入了参观者的感官要求以及体验需求，例如展陈氛围、参与互动效果、人流规划等等，进而达到多元化的综合信息共同发展的目的。

2.由静态向动态转变

传统的展示设计仅仅是利用物理空间来进行信息传递，随着科技时代的到来和虚拟现实技术的出现，实现空间动态展示已经不是难事，而且相较于传统的静态展示来说，现行的动态展示更受观众欢迎，信息的传递表达效果更加显著。而且虚拟互动技术的应用使得展陈空间突破了空间上的局限性，能够利用有限的时空将大量的信息内容传达出去，这种应用形式不单单能实现信息的集成性和时效性，还能够降低运作成本。

这种转变使得观众由观展者发展为参与者，实现由被动到主动的角色过渡。通常情况下，互动观赏有两个层面上的特征，一是观众的参与性，二是信息的动态传递性。互动观赏激发了观众的参与热情，使得观众能够全身心的投入到参展中去，进一步巩固观众对展陈信息的印象。

3.由被动向主动转变

展陈空间的设计是一个大的工程，而互动体验设计就是这个工程当中用来进行展品信息传播的工具，互动体验设计是展陈设计空间最突出的亮点，互动体验改变了传统的展品展陈模式，利用动静结合的设计方式在有限的时空中传达完整的展陈信息，它改变了主体的被动状态，促进了展陈信息的纵横传递效果。而互动体验则凭借新媒体技术手段使得展陈空间具有多维性与开放性，促进观众与展陈空间进行主动式的交流，同时也丰富了展陈信息的内容，将观众引入一种闲适沉浸的状态，满足观众的好奇心和探知欲，进而达到参与者和展陈空间和谐共存的状态。

二、博物馆展陈空间中新媒体技术的需求分析

新媒体提供的新艺术形式和传递信息的方式有利于产生一种全新的视角来发现博物馆藏品间的联系，也有利于达到新时代观众行为要求，也能够满足群众多元化的需求，为其提供更好的参观体验。传统的博物馆展示设计主要是通过实体展品的方式为主，进入数字时代以后，这种形式难以满足观众需求，这种展示设计元素除了进行空间展示以外，同时包括展品，以及布局、灯光等相结合，并充分发挥高科技信息技术的重要作用，有利于丰富博物馆展陈内容，保证展陈内容科学性，用新媒体技术有利于将展品以及展示内容相结合，形成一个特色化内容完整的展览，不断提高提升观众参与博物馆活动的积极性。

近年来，数字媒体技术的发展普及，以及传统的静态展览已逐渐转向动态和交互式展览转变。数字媒体技术因其强大的交互性和海量的信息存储而被广泛应用于现代博物馆展示设计中。利用多点触控系统，并与投影区，图像采集器相结合确定观众位置信息，不同的位置呈现出的画面也存在很大差异。全息图像是三维图像，可用于展示历史文物，观众可以多维度观看影像。新媒体技术是确保展品得以有效展示的数字化手段。时代在发展，博物馆展示的设计目标发生了较大的变化，尤其是人们的收入水平在不断提高，艺术画廊、博物馆等丰富了大众的生活。展览作为一种全新的思想艺术，集合了传统文化，博物馆需要观众的积极性参与，同时，还需要接收大量的信息，对信息做出反馈，展示也要满足观众的视觉和生理需求，观众能够感受到感官以及思想的融合、碰撞。

（一）博物馆展陈空间的发展诉求

传统的博物馆展示大部分是以实物的形式呈现的，而展品本身的珍贵性和独特性无法使展品在空间环境当中得到直接展示。展品需要放置在特定的光照温度当中，使得展品受多个因素的影响，观众难以对文物进行直接观察，掌握更多的展品信息，进一步拉大了观众与展品之间的距离。

博物馆的展品历史悠久，科学知识丰富，具有较高的学术价值。一旦进入博物馆，这些展品将被编号，分类和管理，并与原始环境分离成孤立的物体，这意味着观众只能观看文物。此外，虽然传统博物馆中有许多展品，但大部分展品都摆放在陈列柜中。观众只能观看基本外观，尤其是精美的文物，无法观察其具体的纹理或是雕刻，而国立故宫博物院展出的"千里万里的河流和山脉"卷轴长度超过 1100 厘米。这种显示不利于理解展品的信息和价值，难以适应观众的等级需求。

由于传统显示载体内容丰富，在结束了展示空间以后，调整和更新显示空间要花费相应的时间，使得信息传播内容无法引起观众的注意力。新媒体引起的新的原文体验、新的方式展示了世界，在新时代的博物馆展陈空间中有巨大的虚拟环境、大屏互动多媒体，创造了博物馆展陈主题和新媒体技术之间的新关系、新体验，触发了观众和技术媒介之间关系的新概念、新样式。将传统的博物馆展示设计与图像进行比较：如挂在墙上的"教科书"摆放在陈列柜中，尤其是博物馆中小城市的展示过程中，仍然保留在真实的东西和图片中。形式单一，显示缺乏乐趣和生动。展品和科学技术的结合更加稀缺。很难吸引观众的注意力。

传统的博物馆展示设计并未考虑观众需求，注意根据设计师个人意愿进行设计，信息传播形式单一，使得观众的互动性体验无法保证，也无法吸引观众的注意，或是产生情感共鸣，获得更真实的互动体验，产生了所谓的"瞬间记忆"。今天的社交互动和经验已成为各种服务和商品的重要衡量标准。它主要以交互式多媒体接收信息为主，互动性体验不足，使得博物馆无法满足观众各方面的需求。

（二）满足观众心理诉求

缺乏观众参与的博物馆并不是真正的博物馆。在大不列颠号蒸汽轮船博物馆观众可以沿着干船坞行走，感受到人们对这船坞的保护所做的努力。在这里可以感受到逼真的沉浸式体验，隔着透明的有机玻璃，海水在头顶流动，阳光会通过海水折射进来。在这座博物馆中新媒体的应用可以让观众感受不同体验，而且可以在线上线下切换，博物馆展示的媒体信息传播形式极大地激发了观众的热情。因此，博物馆的展示设计要考虑观众的视觉需求和生理需求。

随着居民收入水平的提升，美术馆、博物馆有利于丰富民众生活，参观者为了获得更多知识，加强学术研究，满足自身的休闲娱乐需求，所以博物馆展陈空间活动新颖强大，形式感越强，观众的观展兴趣就越大。观众在展览期间可以获得感知、情感、思考和互动的体验。新媒体手段的参与可以最大化和协调不同观众对展览的多样化需求。博物馆"陌生"环境中，使得部分观众不得不利用大量的资源推动他们规划他们的访问。博物馆中观众的行为是无法也不可控制的，这种行为需要博物馆展陈空间的展示系统的多样性。意大利都灵博物馆采用多媒体方法来解决这种冲突矛盾，馆内利用艺术呈现出了地域文化，并像历史和艺术博物馆使观众感受到更真实的体验。甚至，在多个展厅当中设置了大量的多媒体设备，自行为观众呈现展厅的基本内容与相应特点，观众由个人喜好确定参观内容，也有利于满足观众对展览多元化需求，以及层次性以及多样性需求，新媒体设备多元化特征也有利于充分展现其自身优势。

博物馆的展示设计主要面向观众，任何博物馆都吸引了更多的观众。博物馆以某种方式控制观众的访问。另一方面，在博物馆参观期间，观众自己的认知系统始终扮演主人的角色，并使用该系统来解释他们在博物馆中所接触到的内容。因此，在博物馆充分利用的同时，寻找公众熟悉和认可的媒介和信息手段对博物馆展览尤其重要。

三、新媒体技术在博物馆展陈空间中的设计原则

1.内容与形式的统一

博物馆展示设计中新媒体应用的基本原则是将内容以及形式相统一，并以最佳的观看效果呈现博物馆的主题和内容。既要使技术的应用绰绰有余，又要满足展示主题，使内容充满魅力。

适当的应用媒体技术形式有助于进一步丰富博物馆展陈空间的展示形式，并为观众带来全新的外观和感受体验。技术也有利于进一步丰富博物馆展陈空间，技术能够进行更好的展示，从另一个角度而言，观众希望进行技术应用对显示器形成全新的认识，而不是仅仅只有内容，缺乏吸引力，这也是设计师为何将他们的见解浓缩成简单的互动，并使内容以及形式相统一，不断扩大技术应用范围，使设计内容更加简单，得到更好的展示，对观众产生更大的吸引力。因此，在博物馆展陈空间的展览中，要让艺术和新媒体技术融合在一起。

2.以服从传播展示目的为原则

在一些博物馆中，新媒体技术有利于进行更好的展示形式，互动、新颖，它可以被仔细地理解，但发现偏离了显示器的主题，并偏离了显示器通信的目的。展览中的展品不是孤立的，而是整个展览的一个组成部分。这种技术要展现主题，尽可能加强其与观众交流沟通，不断扩大知识信息的传播范围，而非被数字化用于数字化，多个新媒体元素不能适应显示的主题和通信的目的。根本原因在于内容以及形式组合才是判断节目成功的关键，也有利于保持良好的沟通，而非新媒体技术的应用形式。

3.坚持互动体验的原则

孔子曰：生生之道易。体现了人与自然之互动。世界上的一切都是彼此和谐的。新媒体的应用与交互体验的体验技术相结合，使新媒体显示屏能够以更直接的形式被观众所接受。据相关研究观众可以通过简单的听觉记住 20%的信息，而互动体验则能够使信息记忆上升到 50%，也有利于使观众产生情感共鸣，获得良好的互动体验。设计应更加关注受众的需求，更加关注受众的参与和互动。

4.操作力求简单方便

操作方便快捷，有利于更好的吸引观众，培养观众对展品的兴趣，也有利于创造良好的展览环境，而复杂操作则会使得观众失去耐心，甚至不会使用，同时，观众甚至将更多精力放在应用程序上，忽视展览自身的重要作用，这不符合应用最初的意义。由此可见，应用程序的相关操作要尽可能方便，使观众利用这一操作对展品形成全新的认识，并不断增强现实的应用基于展览的物理对象，以及物理信息，并根据特定目的使用，包括青铜器，陶瓷的历史渊源，不断扩大生产工艺使用范围，在这种条件下，应用要更加简单，观众也能够利用技术获取有价值的信息。

第三节 博物馆展陈空间中新媒体技术的研究与价值体现

虚拟现实技术等多种技术的出现丰富了博物馆展示形式，而虚拟博物馆等得以呈现。博物馆中的文物主要以实物形式为主，但传统的显示器未明确呈现出展品的具体信息。进入数字时代以后，为了保障展览信息的有效性以及质量，首先要使数字新媒体技术"复活"以往的文化就能赶上，并利用虚拟现实技术，对展品的现状进行重现，并以听觉视觉触摸重现当时的历史环境。由于受到保护而无法触及展品，新媒体技术的使用进一步丰富了博物馆展览内容，尤其是虚拟现实以及增强现实两者能够充分发挥自身优势，并且是对内容各方面的全面三维展示。信息承载能力大大提高，定位服务为访客提供私人定制服务指南。

一、新媒体技术在博物馆展陈空间中的设计分类

新媒体技术呈现出全新的发展趋势并运用到博物馆展陈空间的展览设计中，特别是在虚拟现实技术的应用这一方面实现了新媒体技术与空间的完美融合，为观众提供更加真实直观的感官体验，将现实时空的虚拟景象呈现给观众，利用定位服务技术，为观众提供多种特殊的服务，利用这一技术不断扩大创新应用范围，推动了博物馆展览向全新的方向发展，这种技术设计包括以下几个组成部分：

（一）沉浸式体验设计

沉浸则是指在博物馆展陈空间中为参观者提供更好的体验，让观众能够全身心的投入到空间展陈设计者构造的情境中，让观众对于参展的体验有一个更加深入的认知。前者是以观众的五官感受为出发点，主要涵盖了视觉、嗅觉、触觉、听觉等，带给观众不一样的感受。后者则存在于博物馆展览当中，而这种技术通过模拟环境使参观者的感受更加真实，虚拟展示技术在新媒体艺术中表达的最为明显，并保持良好的观众交流互动。这种技术也有利于全面的展现馆内环境和现有馆藏的信息，或是保护受损文物，并进行环境恢复。以土耳其伊斯坦布尔的 SALT GALATA 艺术馆为例，创造出了以艺术家以及智能流程相结合的艺术装置-梦想档案馆。作为数字化的作品，能够实时渲染 170 万张图像，快速收集馆内资料，将其划分为几个种类。

沉浸感也可以说是沉浸式的，也就是说，通过计算机模拟创造的虚拟环境有利于带给观众更真实的感觉，如同现实世界一般。"身临其境"可通过观众的感官感受体会物理空间环境中新媒体技术创造的场景，同时，呈现了观众在这种环境当中的真实感受。实际上，这种环境能够让观众沉浸在虚拟环境当中，尤其是计算机创建的三维虚拟空间环境中，有一种身临其境的感觉，观众可直接触摸，移动这一环境当中的实物，以及诸如闪电，雷声，风雨和风浪等自然现象。通过将虚拟现实技术完美的应用到展陈设计中，从而给观众的感官上带来全新的体验，使大众能够在虚拟情境中与对象及场景进行互动，虚拟现实技术广泛用于展览，如博物馆，科学博物馆和纪念馆，这些都是新媒体虚拟技术的重要特征。

沉浸式体验设计分为两种形式：观众首先要利用头盔显示器等"遮蔽"观众的听觉感受。另一种是完全身临其境的立体声效果，无需借助头盔显示器或立体眼镜即可实现。如环形投影，幻象，交互式投影等。

沉浸式体验技术也有利于开展馆藏品保护工作，或是利用虚拟技术展示文化遗产，在几千年的发展过程中，推动了人类文明的发展进步，也为人类留下了大量的文化遗产。一些文化遗产失去了往日的光辉逐步消失，受火山喷发的自然因素的影响，意大利著名的古代庞贝城一直被埋在地下，而沉浸式虚拟现实技术对其历史场景进行再现。您可以享受庞贝古剧院的风格。观众不仅可以聆听剧院中优雅的长笛和厚重的歌声。您还可以看到各种庭院，圆形剧场，色彩缤纷的壁画和 AishithTemple 的 Luxi 寺庙。为观众创造了身临其境的体验。同时，沉浸式虚拟现实技术也被用于浙江自然博物馆的展览设计中，见证了浙江伊人的自然风光和科技成果。在"鸟瞰浙江"展览中，模拟了类似于航天器驾驶船的控制台。或是以显示屏上展现山川河流等区域，使观众更好的感受到成为"飞行员"的感觉，这种体验在一定程度上吸引了观众的关注，尤其是青少年。

这种沉浸式体验技术不受空间环境要求的限制，它可以充分展示城市建筑规划的美感，还可以展示物理空间难以呈现的展品，如浩瀚的星星的无限神秘。以圆顶投影为例，展厅呈圆顶状，屏幕呈半球形，可以让观众组织参观在圆顶创造的情境里。在正常情况下，人们的视觉范围将在 150° 处显示身临其境的体验，并且该屏幕的可视范围达到了 180% 作用，画面是完美的，而影响力较大的上海科技馆的圆顶剧院，圆顶的直径是 23 米，斜度为 30°，这个倾斜角度的屏幕让观众感觉它是空的。其投影设备采用世界上高科技的 IMAX 独立投影系统，而"波形环"电影设计则能够更好的展示屏幕清晰度，使观众更加亲切，能够触手可及。屏幕的可见范围覆盖了观众不同视角，同时，不同座位当中设置一个可控按钮。观众能够以按钮控制屏幕故事的进度，以实现观众与屏幕之间的交互。沉浸式体验设计主要是将展品完美地融入展陈空间中，不断的调整设计内容来调动观众对展陈信息的体验感受，让观众能够快速的沉浸到虚拟情境当中，增加观众的观赏互动体验。

（二）虚拟现实设计

目前，在博物馆领域，利用新型数字化手段，可以把多媒体技术与虚拟技术结合起来，并在展陈方面逐渐普及应用，对现实进行虚拟的技术在博物馆展陈领域称之为 VR 技术，提供了一个三维的立体感极强的界面，设计者把自己的想象融入其中，借助视频和语音，构建出了生动形象的人机交互信息传递方式。

这种通过数字手段虚拟情境的新技术，展品的信息通过三维立体图像展示出来，观众接受起来就更加生动直接。它有着极强的融合性，比简单的平面图像更加生动传神，能使观者身心愉悦的沉浸其中。信息时代的虚拟现实技术冲击了观众对时空观的理解，让观众对传统展览的审美方式进行全面的反思。实现虚拟现实与增强现实的实时交互相结合需要以下几个因素：必须把虚拟与真实环境放在同一位置；虚拟的三维模型空间必须给人以真实感，并把虚拟和真实环境的照明和色彩条件保持一致。

二、博物馆展陈空间中新媒体技术的优势分析

在博物馆展采用的新媒体方面，虚拟现实是其最重要的技术手段，主要用来增强展品的现实感，并提供定位导航服务，触摸屏等。这些形态之间是有着极强的交互性。彻底颠覆了传统展陈手段，更生动、有趣、直观的把展品提供给了每一位观众。博物馆的展陈设计与策展人、展览主创人和展陈设计师相结合，再融入新媒体技术，尊重历史、围绕文化主题、运用陈设设计语言予以合理表达和艺术再现。博物馆展示空间让新媒体技术来辅助展览形式会使观众的参与性更频繁，创造有生机的艺术效果。

目前，博物馆展示设计中，新媒体的内容十分丰富。我们要特别指出，这些形式不是孤立的，它们是可交叉的并且可以组合。新媒体超越了传统展示形式，使得博物馆文化主题充满骨感，同时增强了交互体验的功能。具体来说包括以下几点：

1.信息的海量性

博物馆传统展示方式受时间和物理空间的限制，特别是博物馆场馆空间面积的限制，不利于展览文化信息的传播。数字新媒体为观众呈现出的信息是数字化的，并且借助视频、声音和画面呈现出来，并且能够在计算机数据信息库内存储，观众可随时通过网络调出自己想参观的内容进行观看，跳出了物理空间的局限性，进而减轻了博物馆展陈空间的负担。国家故宫博物院利用数据检索的形式来搜索最新展览信息。在庞大的数据库系统中查询展览信息只需几秒钟，观众在参观博物馆的过程中既节约了时间又提高了效率。

2.多维度立体展示的科技性

全方位、多角度的观览展品。通过旋转或改变视角来显示三维物体以显示展览的各种角度，尤其是无法直接观看的部位，3D物体的动态显示也可以借助全息技术来实现。观众的体验感受也可以因此得到增强；特别是一些受到破坏的文物，该技术可以用来进行模拟修复，整个效果因而被展示了出来，文物的原貌并不会受到任何破坏。使用360度全景漫游可以制造虚拟大型场景应用在博物馆展陈空间中，在故宫博物院建立的虚拟场景再现系统中。展品的每一个细微之处都

可以通过虚拟技术或增强现实技术实现，观众利用虚拟技术，甚至可以分解展品的某一部分，可以让观众观察的更加细致入微。这比实体展览能够收到更加良好的效果。通过现实技术的增强，实现这个目的也是轻而易举的，各国博物馆都借助这一技术还原了一些不可恢复的展品。观众甚至可以观察到展品的每一个微小的细节，借助新媒体的技术优势，信息就会更加具体而生动传递给观众。

新媒体艺术，就是借助数字化技术理解展品的艺术内涵，展品处于一个动态环境中，交互性极强，能够调动我们主动探究的兴趣，这从某种程度上来说是对艺术品再造的一个过程，通过多媒体效果，给人以无限的艺术遐想。

3.体验交互设计展示的生动性及趣味性

新媒体技术的出现和数字设备的发展丰富了博物馆展陈空间设计的展示方法和手段，与传统的博物馆相比，新媒体展示关注观众的体验感受。为观众提供听觉，视觉，嗅觉和触觉的感官体验。观众的参与互动体验可以使观众从被动接受展览信息发展为主动接受展览文化信息，为观众在参观博物馆展陈空间中获得更多的体验文化。

新媒体技术一直被灵活地运用于博物馆参观者体验的各个领域。时代发展让博物馆看到了新机遇，一个能扩大新媒体应用范围并指引它向新的方向发展。交互性是新媒体的共同特征，也是虚拟现实的一个非常重要的特征。交互性不仅包括视觉交互，还包括行为交互。行为互动是虚拟对象与参观者之间的互动，能够从心理上给人以极大的震撼。例如，借助数据手套的应用，电脑可以快速地将关于对象的数据传输到数据手套。通过虚拟环境中对象的操作，观众可以收获由对象反馈的信息，从而建立与虚拟环境的交互关系。

在经济全球化的时代，"体验消费"已经发展成了主要经济消费模式，空间展陈设计同样受到这种模式的影响。顾客的观感受到展陈质量的影响，展陈质量同样制约着顾客的体验感受，两者相辅相成。在进行展陈空间的设计时，设计者往往会结合新媒体互动体验来进行规划创新，从而构建出沉浸式的展陈体验空间，让观众能够进行虚拟情境体验互动，进而营造出和现实展陈空间不一样的全新体验。

三、新媒体技术在博物馆展陈空间中的价值体现

社交媒体已经越过了性别、政治、经济和年龄等所有界限，成为一个全世界范围内很普遍的交流方式。新媒体将帮助观众以更加有意义的方式与展品进行互动，而不仅作为观看者；科学技

术的发展带来了深刻而深刻的社会影响，博物馆正在不断融入当代的社会事件中，它正在从那些被往事、藏品所占领的机构变成公众可以找到有关当代社会观点以及有人类故事所主导的机构。科技创新的价值是不可估量的。新媒体技术是 21 世纪的典型高技术，给受众提供了更加直接的体验。从博物馆展陈空间展示，无论是来自市场自身的影响效率，它都反映了新媒体的美学价值，还扩大了艺术影响还是文化交流。

1.市场价值—提升博物馆的竞争力

要使博物馆具有持久的生命力，它必须适应时代的发展。博物馆的数字展示可以为展览创造一个丰富的数字图层，而且新媒体社交是一种有效的、低成本的工具，它使得博物馆与它的社群之间进行对话，博物馆的竞争力也可以因此得以提升。博物馆技术语言以及将它们的声音加入合作建设一个更好的数字环境的项目当中的需求不断增加。

在"复兴之路"大型展览中，新媒体手段被广泛应用，设计理念比较前卫，结合技术和技术。例如，"青藏铁路"采用多媒体高清投影技术，以相等比例模拟真车，营造一系列驾驶环境。驾驶座位上安装了网络查询系统，观众可以在系统上查询铁路概况，也可以在驾驶室中通过控制广播系统来进行虚拟火车驾驶体验。

"Jeonju"博物馆中的展览是对思想意识和历史的融合，把高深的知识简单的科普了出来，尤其互动体验给人耳目一新的感觉。在新媒体技术背景下，效果是十分良好的。这个展览是一个利用新媒体技术的经典例子，给人一种宏大的心灵冲击，把历史文脉的发展体现得淋漓尽致。新媒体进入博物馆展陈空间后，观众可以探索博物馆的宝藏，之前的实体门槛消失了，使得文化遗产更容易被分享；社群更容易接触到关注其遗产的官方领域。

为了在经济方面获得良好的效益，展示内容必须新颖以外，展示形式也非常关键。以紫禁城为例。信息技术的发展以观众的互动体验为基础，由于数字环境的推动使得观众不受物理时空的限制，可以徜徉在虚拟展陈空间当中，自由的查看虚拟展览信息和数字电影院。观众观看展览的热情，使故宫博物院每日参观人数超过百万，了解紫禁城再也不用必须到现场来体验了。与此同时，展品从静态到动态的转化，拉近了紫禁城与观众的距离。新媒体技术的应用，博物馆也更加给人以亲切的感觉，吸引更多的观众注意力，每天都有成千上万的人进入紫禁城，尤其是黄金周和假日季节，甚至超过 10 万人，故故宫博物院的参观人数大大增加。从而提升了传统展览的竞争力。

2.审美价值-提高观众的审美素养

新媒体技术和形式没有单独的审美特征。虚拟世界创造了一种可能性，让观众可以在与审美对象保持相当遥远的距离上，甚至可以不与审美对象保持同时性的情况下，观众仍然可以有艺术性审美，而这种审美是信息时代的新媒体技术为博物馆展陈空间带来的巨大革新。

审美素养是一种现代审美素质，反映了人格，思想和道德的升华。在新媒体技术手段的帮助下，博物馆生动形象的把美学价值展示了出来，并且在技术手段方面，它对观众更具有吸引力。一旦观众的兴趣被调动起来，他们会更加积极主动的对美感进行体验，展品的审美价值也可以更加充分地显示出来。精神是艺术的本质，而博物馆是艺术的承载体，博物馆展示设计中利用新媒体技术，实现了时空转换，将观众的审美情趣融入其中，提高了观众参观时候的主动性，观众的体验更加具有交互性。虚拟世界的审美经验的神奇所在是将不可能存在于物理时空观的虚拟景象变成观众的审美经验，而这种审美经验直接刺激了观众的感官，使观众的参观体验经验也因此丰富了许多。

博物馆展示的目的是主要为了传播国家文明，而不是单一的对展览物品本身进行展示，文物展览是文明传播的主要形式之一。博物馆展陈空间中运用新媒体解放了传统意识，将高扬科学和技术的发展，充分把质料的潜能挖掘出来，推动技术艺术化，提高艺术感知力，人们的思维空间的大得以拓展，"美感起于形象的直觉"。信息时代数字技术与艺术融合打开了艺术理论上的大门，有时进行互动，实现了观众各种精神力量的融合交织。在美学和艺术理论的推动下，信息时代的非物质形式堂而皇之地走向艺术的殿堂。让观众对虚构的世界的审美不再感到虚妄，而是一种真实的审美。在虚拟世界中，以先进的 3D 技术制作出比物理空间更为真实，也更唯美的形象。

3.文化价值-增进文化认同感

博物馆是一个教育基地，旨在促进中华优秀传统文化和爱国主义，是联合国家的重要纽带。人中国有几千多年的历史，面积广阔，民族众多。无论是深度还是广度，都值得为每一位后代感到骄傲。在不远的未来，数字技术将继续致力于改造我们的物理时空，如虚拟技术的进一步使用，将会在更为立体化的空间中去欣赏数字技术虚拟出来的艺术景象。

正如我们所了解的那样，博物馆掌握了海量文物，如何将这些文物的文化价值全面的发挥出来、为传统文化的传播和传承提供支持，值得我们给予重点关注。客观上来说，博物馆是通过展览的方式展示的文化概念，将历史的原本面貌重新展示在人们面前。通过博物馆的参观，观众可以对我国文化史和中国传统文化的巨大体系形成更为系统的认知。通过新媒体技术与展品的结合，展品的文化内涵将以更加新颖的方式进行诠释。将包括 VR 技术在内的数字新媒体互动技术应用到博物馆的空间展陈设计上，能够在一定程度提升博物馆展品的展览效果，进而使得观众更加熟知各个时代、各个历史时期的人文风貌也同样有着不容忽视的重要意义，是突破时间、空间限制，有效拉近展品和参观者之间距离的可行路径，值得我们给予应有的关注和重视。让博物馆的文化春天和雨水默默地滋润公众，更好地促进文化的传播。

第四节 新媒体技术在博物馆展陈空间中的艺术表达

相较传统的静态艺术展览来说，新媒体艺术展陈作品更具有趣味性和实用价值，但是其多元化的复杂性也使得这种艺术形式存在问题，使得博物馆的展陈效果达不到预期目的，同时也影响了当代艺术作品的艺术性传达。新媒体技术本身显然并不具有任何审美特征，而将其创造性的引入主题展览中来，但是，可以形成学术性意图，从而为文化的传播奠定了坚实的途径和基础。客观上来说，博物馆展览的美学的本质是通过新媒体手段重新赋予其更为具有延展性的展示形式，并以此为基础吸引更过的欣赏者。我们必须清醒地认识到，艺术是精神和思想的艺术，而作为艺术展示的重要载体，博物馆所构建的展览体系设计者，将展览的客观规律和审美情趣、受众审美感官等整合到一起，从而为展览效果的提升提供了巨大的支持，成功的激发了观众参与的积极性，为观众审美需求的有效满足提供了极大的帮助。

新媒体在博物馆展陈设计领域发挥了重要作用，特别是在"信息化展览"出现之后，新媒体艺术是展览展示设计和信息传播的最佳组合，并成为"新"博物馆展示语言。博物馆是故事讲述者和制造者，新媒体的运用有利于信息的有效传播，分担传统媒体展示和传播的责任，过度设计和滥用新媒体将影响文化信息的传播。

一、科技与艺术的关系

（一）文化的放大性

新媒体体验空间设计的产生顺应了艺术与新媒体技术结合的发展趋势。新媒体技术主要是利用多媒体平台进行信息传播，现行的空间艺术设计大都是通过虚拟现实技术与物理时空相结合的感官体验展陈空间设计。这种设计方式的目的主要是利用虚拟现实技术将展陈信息传播的效果发挥到极致，让观众沉浸到多元化的空间体验中，增加互动体验的效果。

艺术是人类文明发展进程中的必然产物，推动着人类非物质文明的发展，也是博物馆馆藏展陈不可或缺的存在。艺术不仅可以体现出各时代人们的生活习性，还是人类精神文明的反映。社会的发展离不开艺术的烘托，艺术的发展也离不开社会的潜心构创，故而二者同步进行，相得益彰。经过岁月的洗礼，博物馆馆藏展陈已经发展成为人们传播艺术文明的最佳途径。

将观众和展品有效的整合起来，是博物馆展览的根本意图之一，通过激发观众观赏的兴趣，引起精神层面的共鸣，从而将展品本身所代表的艺术价值、文化价值传递给观众。而通过各种科技手段进一步强化博物馆的馆藏展览形式，不仅可以极大的提升藏品的艺术美感，同时所构成的特殊艺术展示空间，也为观众了解藏品背后的故事提供了极大的方便。如张之洞和汉阳博物馆所设置的展览装置，将金色的灯光和黑色的布幔有机的整合了起来，形成了一个颇具审美感的展示空间。而中间五台显示器中，循环播放张之洞的历史形态，而且五个屏幕之中所展示的专家，彼此之间还有一定的交流或互动，营造了一种座谈会的情景，这对于激发其广大观众的共鸣显然是有着重要的积极意义的。这意味着，观众的心理和审美客体之间达成了高度的契合，进而为观众美学情操的陶冶提供了良好的环境支持。

（二）丰富的表达性

新媒体展陈提供了一种具有较强创新特征的展览方式，将传统的静态展览转变为现代化的动态展览。学术和知识的展览展品变成有趣和令人愉快的展品，创新的展示手段，丰富的展示内容，然后向观众展示展品的独特文化价值。国家的价值观、文化导向，正是通过文化传播的方式渗透到广大群众中来，并由此产生凝聚力、向心力的。可以说，民族精神的形成和强化，离不开文化认同。

随着新媒体的出现，我们的思维方式和艺术审美都发生了很大的变化。以往的参考者在博物馆中观察展品，现在人们可以使用移动互联设备观察博物馆的展品，使用这种高科技的方式来增加人们对展品背后故事的了解。不管是信息的传播方式，还是人们的思维方式，在当前新媒体的时代背景下，都出现了很大的变化。在当前新媒体的信息时代下，人们的审美也发生了一定的变化，这种审美的变化直接影响着艺术的设计，对于新媒体技术人们不能简单的认为这是一种信息的更新，更不能认为这是换汤不换药的改变。在新媒体的时代下，人们主动接收新信息是主要的特点，正是这种特点的出现，才为人们的日常工作和学习提供了极大的便利，增加了人们之间的交流和互动。通过这种新的媒体技术，人们在移动设备上展览展品，这种展览的方式改变了人们的审美观念，同时也对艺术精神做了新的阐述。

（三）信息传递的快捷性

博物馆本质是文化。事实上，无论是人文博物馆还是自然博物馆，其本质都是人类漫长发展过程中一系列文化现象的提取。因此，博物馆馆藏藏品有着深厚的历史文化底蕴。明清家具已经传承了数千年，不仅有着重要的研究价值，而且其深远的历史价值也同样值得我们给予应有的关注和重视。之所以珍藏这些藏品，根本目的在于保存其文化价值，为后代形成民族荣誉感、国家认同感提供支持。

（四）时代发展对艺术价值的诉求

新媒体艺术已经开始走进我们的生活，所具有的特殊审美价值值得我们给予应有的重视。实际上，新媒体支持下的艺术形式，是人类精神中不可分割的重要内容。而新媒体对展品艺术价值的态度就像是"看不见的手"，它引导全社会认识世界的正确与邪恶，正确与丑陋，正确的价值。从文化意识的角度来看，我们将提升我国各种文化的民族认同感。以中国传统文化为基础，全面推动新媒体技术在博物馆领域的应用，有着极大的现实意义。

武汉的张之洞和汉阳博物馆是新建的博物馆，该博物馆是一个教育基地，旨在促进中国优秀的传统文化和爱国主义。新媒体在为馆藏藏品和观众之间搭建沟通桥梁的同时，其作用和功能也同样得到了学术界和业界的广泛关注。为博物馆在设计中更好地设计新媒体提供坚实的基础。

二、创新思维是新媒体艺术向前发展的源动力

（一）娱乐化的方式融入互动体验

通过后天的欣赏和实践，逐步培养和培养每个人的艺术修养。积极主动的引入新媒体技术，可以为广大观赏者审美需求的满足以及审美能力的提升提供强有力的支持。在物理博物馆中的自然用户界面，增强现实，定位服务和其他技术也呈现出彩色的展示形式。这不仅可以极大的提升展览效果，同时对于观赏者更为深入的了解、掌握藏品背后所隐藏的故事也同样有着不容忽视的重要作用，所形成的共鸣正是我们开设博物馆的初衷之一。

在新的时代背景下，数字技术和传统文化碰撞中，我们很难将传统的文化保留下来，但是我们要积极主动的将新媒体技术和传统的文化协调起来。这种问题是博物馆必须强化的，因为只有

博物馆强化这种东西，才能使得人们更加重视传统文化和新媒体技术之间的融合。博物馆的作用是将历史文化传承下来，讲给我们青年人听，新媒体技术的发展，将博物馆的信息有效进行传播，做到了尽职尽责，减少新媒体技术影响博物馆文化的传承。通过对张之洞和汉阳博物馆进行了考察，发现了新媒体在前时代背景下发挥了很大的作用，在利用这种技术展览展品时，不是专注新媒体技术的研究，而是主要看博物馆展品艺术的价值所在。当前，计算机技术快速发展，虚拟技术也得到了很大程度的运用，新媒体技术正在逐渐的进入到展馆空间的设计中，虚拟性的展示是我国未来博物馆发展的一种趋势，并且这种技术发挥着重要的作用。为了将这种新媒体技术运用在博物馆中，也运用这种新媒体技术发掘和展品之间的关系，分析研究新媒体技术在博物馆展品中的作用，我们分析讨论怎样才能更好地处理好新媒体技术和博物馆之间的关系，解决当前博物馆发展中遇到的局限性和不足，同时，通过展品的实物改变传统单一的博物馆展示形式，发展新时代背景下博物馆的发展，实现传统文化和新媒体技术的相互统一，使得博物馆的展品更加多样化和个性化，并且更具艺术性，更能够让参观者喜欢博物馆的展品，通过这种方式来增加参观者对博物馆文化的了解和传播。

近些年来，比较出名的新媒体艺术展陈有很多，其中日本艺术团 teamLab 制作出了幻景极美的作品《花舞森林》，作品呈现给观众的艺术画面是一个如仙境般的梦幻世界，这里鸟语花香，伴随着动听的音乐，微风徐来，使观众感受到自己正在花海中徜徉。偶尔徐徐漫步，享受悠闲岁月，潇洒度时光。这个幻境是由藤岳等人创建的，他们利用新媒体技术将光、影、声乐、动态画面等等都融合在一个空间当中再呈现给观众，将迷失、沉浸与重生的主题鲜明的表现出来，让观众有一个美好的感官体验。

创作这个作品的灵感来自旅途中姹紫嫣红的花朵，花儿是自然界的美学象征，四季更迭，轮回辗转之间，各个空间区域的花儿都呈现出不同的气象风貌，而观众也融入这一艺术作品之中，以轻松慵懒的态势来闲观花开花落，这些都是通过高科技打造出来的空间幻境，设计者将观众融合在这些花卉当中，成为作品的组成部分，人群集聚的地方百花争艳，而当人们用手去触碰这些花朵的时候，它们会开始凋零，这是利用多媒体科技来设计出沉浸式的展陈效果，为了让观众摆脱物理时空的桎梏，品味梦幻情境中的春夏秋冬，进一步实现观众和展陈空间之间的交流互动。

此时，观众与繁花融为一体，两者互相影响，纷飞的花瓣像是无边的花雨，又像是舞动的精灵，呈现出调皮生活的一面。展览中，新媒体科技的应用使得每一朵花儿都不相同，让人沉浸在花海当中，花伴着人竞相盛放，让观众享受着自然之美，同时也能够让观众忘却浮躁，忘记时间，在缤纷的虚拟世界当中，体验到与自然和谐共处的境界。而实时运算技术正好迎合了观众对展陈的需求，将时空中的一切景色打造了的美丽无比，让观众恋上这片美景，并与之结下一段不可割舍的缘分。

（二）创新思维由物质向非物质转变

由于现代科技越来越成熟，人们在科技应用上的思维也越来越开阔。近些年来，展陈空间的设计开始由传统的实物展示向非物质展示方面过渡，现行的展陈效果是在传统展陈的基础上融入新媒体技术和互动体验等因素，使得展陈信息更好的传达出来。非物质展示通常是说运用虚拟现实技术将物体完美成像，在物理时空当中融入虚拟情境，进一步丰富观众的观展效果。

"花舞森林与未来游乐园"是日本新媒体艺术团体 teamLab 在 798 艺术区内举办的中国的首次大型个展，艺术家通过多媒体技术与现实时空的结合，再融入观众互动因素，给人以视觉上的享受。采用现代化虚拟现实科技使观众沉浸在美轮美奂的幻景当中，营造出一种人与自然和谐发展的氛围，让观众的五官感受都能够得到满足，这就是艺术的最佳表现形式。现代的艺术家大都会利用新媒体手段来进行作品的创造设计，因为观赏作品的主体是人，因此艺术家通常会将人的感官体验作为作品设计的基础，让人在观赏中能够沉浸到作品当中，通过互动的形式加深观众对作品的印象，同时也更好的传达作品的信息，让人进行无限深思，回味无穷。

新媒体艺术团体 teamLab 的作品"被追逐的八咫鸟、追逐同时亦被追逐的八咫鸟、超越空间"，一群八咫鸟相互追逐嬉闹。八咫鸟又叫做三足乌鸦，被日本人视为吉祥神兽。画面在呈现之前展陈空间一片黑暗，在展陈场地中间安置一个聚光灯，汇聚出一个光区，让观众的目光都集中在这块区域当中。在展陈区域中，观众可以随意走动，无论在任何地方都对 3D 影响所环绕，运用新媒体科技中光影效果将八咫鸟在宇宙飞翔的画面成像在展陈区域的各个地方。八咫鸟在翱翔时，会带出一道道三维的光线轨迹，呈现出美学效果，这些鸟儿非常聪明，它们能够识别观众的所在，在嬉戏的过程中也会通过自身的应激能力来选择躲避观众，如果实在是避无可避，则慢慢化为花瓣消散于天地间。

在展陈空间当中，观众感受不到空间的界限，慢慢沉浸在展陈画面当中。作品的幻景渐渐超出了物理时间与空间的界限，让人置身其中，和自然情境融为一体。当三维光线束出现时，观众会慢慢产生身处宇宙太空的错觉，感觉自己和鸟儿一同在时空中穿梭。观众渐渐忘记自己是在虚拟时空当中，以为自己正身处太空。展陈作品不是将已经准备好的动画进行循环演播，是通过专业的网络程序设置的实时成像效果。就像是瀑布中的水流从上至下，蜿蜒而去，无法回溯，不同的时间呈现的影像都是全新的。

另外，作品在引用虚拟现实技术时，是以真实景象为基础进行场景模拟，运用虚实结合的手段来解决仿真装置动感不足的问题，进一步加强展示效果。而且新媒体技术应用之后，展陈空间不再是只限于远观不可亵玩的尴尬状态，而是融合了与观众的互动形式将复杂的图景具象化，既能够传达展陈信息，也使得参观者对其产生浓厚的兴趣。由于现实展示通常会受到空间大小、结构、形态等等因素的影响，使得展示效果不能达到预期，限制了信息的完整传达和设计内容完全展开等状况。

针对以上情况，设计者大都会利用现代科技将二维空间进行三维扭转，通过虚拟技术实现展陈空间的动态化，同时也将时间维度运用的得心应手。展示界面不再是传统的事物摆置，顾客观展的方式也不再受到空间的局限，而是有了更加广阔的视野。而且这种视野不仅仅只是虚拟情境，而是会让顾客突破时空界限的全新情境。一般情况下，展览馆受到场地的限制使得展陈的事物不多，给顾客的观感效果也同样大打折扣。而多媒体技术的运用正好解决了这种弊端，可以把现实中有限的空间进行无限放大甚至改变时间的流速与空间的场景，将展现空间更加合理充分的进行利用，给观众最好的观展体验。

三、新媒体技术在博物馆展陈空间中的表现力分析

（一）新媒体技术的科技化展示

展示设计不能脱离空间，只能以依附的形式来呈现艺术的表达，换句话说就是利用有限的空间进行艺术作品的信息传播。随着现代科技的不断发展和人们物质生活水平的提高，人们对于体验消费的要求越来越高，所以创作者往往会在创新设计当中会从观赏者的角度出发，进行展陈空间的创造，将有限时空的展陈信息进行无限扩大。

1.物理空间沉浸

展陈空间突破了传统实物展陈的局限性，运用新媒体技术将展览信息融入展陈空间当中，将物理空间与虚拟时空结合打造出独一无二的体验空间。日本设计大师原研哉曾经在他的作品《设计中的设计》中提到"人类脑海中形成的具象实物来自身体感官的集成"。人类的大脑与感知器官之间有着某种联系，感知器官将从外界受到的各种信号转变成数据传送到大脑当中，大脑中的中枢神经系统再进行数据整合处理，这样就形成了人的五感感知，人类将五感汇合成自身的心理感

受，进而达到对外界事物的认知以及衡量。现代展示设计其实也是一门感官艺术的设计，早前这种设计只是以人们的视觉效果为切入点来研究，但是随着人类日益变高的要求，艺术设计者着重关注展陈空间与观众的互动体验效果，因为现有的新媒体技术刚好能够实现这一点，所以当代的艺术展陈已经演变成了多元化的动态空间展示，让观众的各个感官都能有着美好的沉浸式体验。

现代高科技中最常用到的就是五感中视觉和听觉两个感官，它能够使顾客产生眼前一亮的效果或者是聆听到美妙的声乐，但是要想给顾客沉浸式的体验感受还需要其他感官的相互配合。比如说 VR 是当下展陈设计中应用较多的一种新兴科技，这种体验技术不单单能够让顾客感知到仿真幻景，还让顾客有了身临其境的观感体验。

一方面，要想使顾客有一个视觉沉浸式体验，就要满足以下三个要求：一是要有较为开阔的视野，二是设计的虚拟情境尽量真实流畅，三是设计中要考虑到顾客的互动体验，三者相结合才能让顾客的视觉体验质量大大提高。

另一方面，顾客的观展体验中听觉也是非常重要的。一般来说，人类的听觉通常是为视觉做辅助来增加视觉感知效果，如果在展陈设计当中引入听觉这一因素，能够在一定程度上大大增强虚拟情景的真实感。听觉的具体效果有两点，一是通过直接语音沟通来传达信息内容；而是通过视觉辅助来增加感官体验效果，就像是双耳效应一般，利用人的听觉来感知声源的位置，增加沉浸效果。然而要想使观众在展陈空间内达到深度沉浸观展效果，就要更多的利用到其他感官，各种感官相互配合，来加深观众对事物的认识以及体验效果。

2.心理空间沉浸

心理空间沉浸是观众最好的观展体验状态，是指观众突破了现有物理空间的局限性进而沉浸到设计者营造的空间氛围中的体验状态。我国大量的学者对于人类心理影响因素进行研究，发现心理影响能够改变人的感知，在一定层面上可以丰富人的体验效果。因此在进行展陈空间设计时，要以人的心理需求为出发点进行空间构造，进而使展陈信息传达到位，实现此次展陈的目的。

与传统展览手段不同，新媒体把以"人"为本的理念充分展示了出来，从技术方面给观众以极大的支持，展览主题因此也就更加鲜明的体现了出来。随着技术的不断进步，博物馆展陈空间以新媒体手段人性化体验的设计水平将得到进一步提升。心理学指出，人们对新鲜事物的触觉感觉体验效果要远大于视觉和听觉效果。因此，在新媒体展示中采取感官设计就显得非常必要，新媒体的传播效果就会更好。观众在展览中，通过感官能够体验的更加传神，所以，展览组织者要做到换位思考，充分考虑观众的感受，把数字展览模式同观众的接受能力和意愿结合起来通盘考虑。

（二）新媒体技术的个性化展示

博物馆中海量的文化展品中，展览的目的在于宣传其艺术和文化价值，进而把历史传统文化弘扬开来。只有把这两种价值有机的融合在一起，观众才能切身体会历史的厚重感。新媒体技术对文化场景进行了生动传神的再现，借助数字新媒体，观众甚至可以穿越时空进行体验，对珍贵的文物更加零距离接触，甚至可以进行对文物的使用状态，从而提升弘扬文化的历史和艺术价值。

博物馆在运用新媒体技术过程中，还要高度重视审美价值。"美感来源于直觉"。新媒体技术借助生动传神而又丰富多彩的展示手段，通过对情境进行虚拟，把观众的想象与感知力充分发挥到了极致，精神和情感交织为观众带来了强烈的感官冲击，在美学方面有着较高的文学价值。

当今时代，博物馆展览已经从图表型向影像型转化，并带领观众亲身参与感知和体验，展品也因此而更加鲜活起来，其艺术价值和审美价值也因此得以鲜明的体现出来，博物馆展览也因此成为一种艺术行为。在新媒体背景下，信息交流在技术参与的条件下更加方便快捷，观众参与度更加深刻，展品的艺术价值也可以更加鲜活的展示出来。在湖南省博物馆中，辛追夫人墓室的空间借助虚拟技术被展示了出来，并且掺加了神话故事的场景，汉代时期的生活场景得以模拟再现。在这种展览模式下，观众的注意力被充分调动起来，直观的体验着汉朝时期的人文历史艺术美学氛围。

第十一章　数字博物馆

从我国的情况来看，以管理为目标的数字化建设多有积极主动的自发行为，而以全社会共享为目标的数字博物馆建设则大多是政府专项资助行为所致。由此看来，尽管数字化采集奠定了数字博物馆的基础，但采集目的却可以到实现数字化管理为止，并非必然地发展为数字博物馆。

第一节 数字博物馆的概念、分类和特点

一、数字博物馆的概念

在博物馆学看来，数字博物馆应属博物馆的一种新类型，要给数字博物馆这一新生事物下定义，首先必须对实体博物馆的概念有一个明确的认识。

一座通常意义上的博物馆，应该由这样一些基本要素构成：一定量的藏品，一定的设施和设备，一定的从业人员，以及持续向社会公开开放。但是当我们着手给博物馆下定义时就会发现，比起为图书馆、档案馆、学校和研究所等机构下定义，这要困难得多。原因在于博物馆形态的多样化、职能的多样性、区域性文化特征与意识形态的差异、博物馆内涵与外延的历史性变化等。所以，我们看到博物馆的定义随着文化环境，尤其是随着时代的变迁而变化着。

国际博物馆协会成立这么多年间共召开了十次大会，几乎都对博物馆的定义展开辩论，并做出修改。现行的博物馆定义是经西班牙巴塞罗纳第 20 次国际博协代表大会修改通过的国际博协章程第二条，内容为：博物馆是一个以研究、教育、欣赏为目的而征集、保护、研究、传播和展出人类及人类环境的物证的、为社会及其发展服务的、向大众开放的、非营利的永久性（固定性）机构。

该定义基本继承了哥本哈根定义和海牙定义的内容，但特意在博物馆定义的补充说明中，将保存生活风俗遗产和数字创造行为（Digital Creative Activity）等有形和无形遗产资源的文化中心和实体首次纳入到博物馆的范畴内。这也说明了数字化技术正变得日趋重要，并逐渐在博物馆领域得到研究和应用。

值得注意的是，近几十年来，国际博协和许多国家的博物馆定义内容，都纷纷经历了职能顺序调整的变化过程。如澳大利亚博物馆界将博物馆重新定义为："博物馆通过利用实物（objects）和概念（idea）展现过去和现在并展望未来来帮助人们认识世界。它保存、研究藏品并将它们置于

真实或虚拟的环境中使实物和信息易于理解。博物馆是一个为大众利益而建立并长期服务于大众的永久的非营利机构。"这个定义将博物馆传播知识和思想、教育人们认识世界的职责写在定义的开头，折射出强烈的人本思想，同时也反映出定义的拟定者们将教育传播视为现今博物馆最根本的职责。

由英国博物馆协会颁布的《博物馆道德规范》中，博物馆被定义为："博物馆允许公众为激励、学习和欣赏而利用藏品。博物馆是收集、保管和利用由其承担社会信托责任的文物和标本的机构。"该定义同样将教育传播放在了首要位置，强调了博物馆为公众服务的性质。

伯妮斯·墨菲（B.Murphy）分析定义内容演变过程时所说："从层次和优先来看，开始时，征集和保护处于较重要位置，后来展出、传播和教育受到重视。"这个细微的变化反映出博物馆正日益认识到自己的社会责任，工作关注的重心由自身的需要转向公众的需要。

国际博协为准备首尔会议，又一次展开了定义讨论。在讨论过程中提出的一些问题是很有意思的。例如，关于藏品，博物馆必须拥有藏品吗？大多数人认为博物馆必须拥有藏品。有些人甚至认为藏品是博物馆的根本，也是博物馆存在的理由，即使博物馆不对公众开放，拥有藏品仍然可以称为博物馆。保罗·唐纳休认为，有很多情况同博物馆定义，以及博物馆是收藏文物的机构这一传统观念相冲突。例如，仅有一件藏品的博物馆，像具有附属文化物品的舰船博物馆和古建筑博物馆；业余爱好博物馆将某些知名成员的模型展示于馆内，但从不进行征集、保护和研究；艺术博物馆的趋势是不再征集永久藏品；虚拟博物馆仅仅拥有虚拟展品；科学中心和儿童博物馆很可能没有藏品。如果定义排除了这些不征集、保护和研究物质证据的机构，有可能因此而引起一些非藏品博物馆机构和个体的麻烦和不公正对待。国际博协应该降低苛刻要求，在定义中应包括非藏品博物馆机构。博物馆主要是依赖藏品生存，还是依赖信息生存？保罗·唐纳休认为是后者。任何太苛刻的博物馆定义只能减弱国际博协组织，制定的博物馆定义重点要强调服务于社会。建议将征集、保护和研究作为选择性条款，而不必作为强制性条款。

美国学者海伦·韦茨斯勒指出：没有物理展示空间不可能成为博物馆，但没有物理藏品的虚拟展品和理念展示则可以成为博物馆。在美国博物馆协会有20%的成员是没有文物藏品的科学中心和儿童博物馆。她坚定地讲，不把此内容写入的博物馆定义是绝不能接受的。

在我国由文化部发布的《博物馆管理办法》第二条规定："本办法所称博物馆，是指收藏、保护、研究、展示人类活动和自然环境的见证物，经过文物行政部门审核、相关行政部门批准许可取得法人资格，向公众开放的非营利性社会服务机构。"其中"环境见证物"和"非营利性社会服务"等术语的使用，说明我国也根据国际博物馆定义的变化而做出了相应的反应。虽然并没有像澳大利亚和英国那样对职能顺序进行调整，但自从改革开放几十年来，在我国博物馆学界一直普遍存在着一种正确的看法：一个机构尽管有收藏和科研职能，但如果不对公众开放不发挥社会教育传播职能，那么即便能成为一个文物保管所或研究所，却不能成为博物馆。上文谈到国际博物馆界有人认为："即使博物馆不对公众开放，拥有藏品仍然可以称为博物馆"这种明显陈旧过时的观点竟依然存在，实在令人感到不可思议！

博物馆的定义历来都是行内专业人士制定的，所以定义内容一般都包括了多种职能工作的罗列，其中的收集保管和科学研究属于内部职能，与社会公众的联系是间接性而非直接性的。社会公众通常仅利用博物馆的教育传播及附带产生的休闲娱乐，甚至餐饮、纪念品出售等服务性的外部职能，虽说教育传播职能基于收藏和科研等内部职能工作成果，但公众一般不参与内部职能工作过程。所以，当代社会判断一个机构是否属于博物馆的标志就聚焦在两点：首先看它是否具备社会教育传播职能并真正对外开放，其次看它的信息源和主要媒介是否基于有形或无形的人类遗产（包括自然和文化遗产及其相关的各种知识）。至于是否同时具备收藏、保护、研究等职能，倒是可以宽容一些，因为并非所有博物馆都必须是全职能的。

在大致了解了实体博物馆定义之后，我们再看如何为数字博物馆下定义的问题。有学者指出："目前关于博物馆信息化建设的提法概念比较混乱，有数字化博物馆、博物馆的数字化、数字博物馆、博物馆信息化等名词。这表明了我国博物馆信息化建设工作还处于初始发展阶段，对其中的各项工作性质和内容认识还比较模糊。"其实，即使信息化建设工作达到成熟阶段，但如果看问题的视角不分行业内外，仍会存在提法概念多样化的现象。

在汉语中，"数字"本是个名词，在"数字博物馆"这一新名词中用如动词。"数字化"一词具有动词性，揭示了计算机这一工具的本质，是指直接利用计算机技术来完成的工作。从原理上讲，所谓"数字化"，是指把原来附载于其他物体上的信息用电磁介质，按二进制编码的方法加以储存和处理，如博物馆把原先用纸张或化学感光材料记录和存储的实物藏品信息，转变为用计算机存储和处理的信息。我们知道，博物馆收藏物品的目的并不在于物理或生理意义上的实用，而是因为这些藏品本身凝聚着有助于人们认识世界的信息，是作为信息载体来加以收藏的，而信息又恰恰是可以做载体转换的。所谓"博物馆藏品信息"，是指每一件藏品自身所具有的和今人所赋予的一些特征和属性，可分为具象的形态信息和抽象的含义知识，实体博物馆是用照相、绘图、摄影方法将具象的形态信息转化为图片、图纸或影像材料，用文字描述方法将抽象的含义知识转化为书面材料，以便保存其信息，也可以印刷品形式用于远程的交流和传播。而今采用数字化手段，把原先用纸张或图片形式存储的信息，转换成为用电子计算机中的电磁信号存储的信息，以大幅提高博物馆的内部管理工作效率和外部利用效率，这就是数字化管理和数字博物馆理念的由来。因而"数字化博物馆"的提法更确切。英文表述为"Digital Museum"，直译为"数字博物馆"，虽然不完全符合中文字面含义，但作为当今社会的新常用语，是要迁就语言经济学原则的一在不致误解的情况下，人们总是尽量简化常用语的字数。正如数字图书馆不会使人误解为只有数学书的馆藏，数字博物馆也不会使人误解为仅仅是有关数字内容的专业博物馆。所以近年来大多趋向用"数字博物馆"一词，主要用以区别"实体博物馆"现象。

"信息化"一词，据说最早是由日本科学技术与经济研究团体提出来的，它指的是从物质生产占主导地位的社会向信息产业占主导地位的社会发展的过程。作为舶来品，"信息化"来自日文"情报化"，已经被广大的中国人接受，只是在港台地区，它习惯上被译为"资讯化"。西方国家一般使用"Information Superhighway""Information Society"等词来表示与我们大致相似的内容。

在汉语中，"信息"是一个使用了多年的名词，是通过一定的物质载体形式反映出来的，表征客观事物变化和特征的实质内容。此本体论含义的外延十分广泛，比较适用于泛指而不适用于特指。尚未见有人用"信息博物馆"的提法，因为实体博物馆也是信息机构，在实体博物馆工作中将一件实物藏品的信息用纸张或感光材料等传统媒介加以转述，也属于将实物所含信息从原载体中分离出来的信息化行为。正由于信息载体是多样化的而非计算机所独有，因而表述为"信息博物馆"则明显不符合逻辑，不能发挥区分两者的特指作用。而"信息化"一词在我国成为常用语，的确与计算机广泛应用有关，跟"数字化"一词同样具有动词性，近年来人们在某些场合常可互换使用这两个词表述同一所指，并不会引起误解。但我们应该知道，数字化对象一定是信息，而字面逻辑意义上的信息化却未必只能用数字形式。用以描述数字博物馆时，既然置于博物馆之前的"信息化"不可简化为"信息"，因而就不如"数字"一词简约，也与对应的英文"DigitalMuseum"字面不一而存在不便于国际交流的问题。

有学者认为数字或数字化，与信息或信息化，两者之间是有区别的。"数字化"一词着眼于计算机工具本身，而"信息化"一词的着眼点在于信息本身，是指收集、整理、加工、保存、利用、传播人类社会和自然界所产生的各类有用符号，其中主要利用的技术为计算机及其相关技术。所以从博物馆的工作范围来看，更适合用"信息化"一词。这就如同上述实体博物馆定义的看法，行业视角往往要在定义中罗列多种所要涉及的职能和工作内容。但如果从社会公众的视角下定义就没有那么复杂，因为社会公众并不像博物馆专业人员那样关心博物馆内部如何信息化的问题，所谓数字博物馆可以简单地归纳成一句话的定义：以数字化技术和形式向社会公众传播自然或文化遗产相关知识的信息服务系统。

之所以能够用上述一句话为数字博物馆现象直截了当地给出定性叙述，是因为数字博物馆的要素-手段途径、主要服务对象、服务内容等均已包含在内。也许有些人（尤其博物馆从业人员）一时很难接受这样的定义，因为人们已经习惯了较为复杂的实体博物馆定义。其实只要冷静地想一想，实体博物馆与数字博物馆的直观区别，就在于后者利用了计算机工具。但计算机工具的作用并不在于"生产"信息，或者说电脑并不能取代人脑从信息载体的实物身上解读信息，而是在于大量、快速、精确地"存取和输送"信息。服务于社会公众的馆藏遗产或相关知识信息，其生产加工者并不是电脑，而是人（主要指博物馆专业人员）脑，数字化行为仅仅处于用数字形式对现有信息源加以转述的地位。另外，实体博物馆跟数字博物馆之间在职能方面并不对等，实体博物馆所具有的实物藏品收集、物理生物化学意义上的保护、藏品修复及排架管理、真伪鉴定、深入的科学研究等时刻需要人脑思维的一系列职能工作，都不能单凭计算机自动完成。出于数据库安全的考虑，馆方甚至都不能指望用远程性的数字博物馆来执行本地性的内部管理职能，用于内部管理的数据库系统跟服务于社会公众的数字博物馆系统之间，在物理上往往是相互隔绝的。数字化对象仅仅是事物的信息，而信息本身既不是物质，也不是能量，实体博物馆是不会被数字博物馆所取代的。

由此看来，虽然打造一个数字博物馆会涉及实体博物馆许多部门专业工作者的参与，但作为建设成果并投入发布利用状态的数字博物馆，其职能是单一性的，完全集中在类似于实体博物馆外部职能的陈列展览、相关活动、设施及活动消息报道等教育传播或自身宣传领域。数字博物馆仅仅是实体博物馆机构所产生的一种新型信息服务项目，因而数字博物馆的定义就不必罗列实体博物馆的若干职能内容，可以如上述地一语道破，简约而无误。如果不是谈论数字博物馆，而是广泛谈论现代信息科技与博物馆工作的关系，那么最好使用"博物馆信息化"或"博物馆数字化"等较为笼统的术语概念。

明确了数字博物馆的概念，我们就可以分清什么是或不是数字博物馆。前文谈到已经可以在互联网上看到上百家博物馆网站内容，当时许多人误以为这就是数字博物馆。其实，与其说这些网站内容在传播自然或文化遗产相关知识，不如说仅仅是在做实体博物馆设施情况简介，其主要目的在于自我推销。有学者将这一现象定义为"市场博物馆"，可作为推销手段和通讯工具，以吸引更多的观众到博物馆去。这样的网站还有网上购物商店，出售商品是其主要目的。可谓一语中的。相对而言的"学习博物馆"，有丰富的学习资源，可供学习者多次访问。其特点在于有充实的在线馆藏；有丰富的内容；了解其内容需进行多次访问；人口（界面）有吸引力，对用户友好；针对不同年龄和不同学习风格的观众提供不同的学习机会；虚拟的访问加强了实时访问的愿望。

所以，"市场博物馆"可以成为数字博物馆的组成部分，却不能单独称作数字博物馆，因为其最大受益方不是社会公众而是博物馆自身。"学习博物馆"部分才能对应实体博物馆的教育传播职能，其最大受益方在于社会公众，其内容必然基于丰富的馆藏信息，手段则必然基于数据库技术。用网络专业术语来讲，市场博物馆仅采用静态网页形式，而数字博物馆含有动态网页成分。

另一个问题是数字化管理。正如前述，把计算机作为博物馆内部管理工具，以大幅度提高业务工作效率，这种想法早于数字博物馆理念的产生。实现数字化管理同样要基于馆藏信息的数字化采集，甚至管理系统已经具备了完善的查询功能。但管理就是管理，其信息服务对象仅限于馆内业务人员，不等于全社会共享的数字博物馆。用开放与否的指标衡量，正如同仓库或研究所不等于博物馆；用内容通俗与否的指标衡量，也如同科研不等于科普。对于母体博物馆而言，数字化管理是利己性的，数字博物馆则是利他性的。博物馆从业人员对于数字化管理所能带来的利益早已普遍认同，表现出了极大的热情，但对于数字博物馆的理解和态度却是千差万别，比较复杂。

二、数字博物馆的分类

分类是人们认识客观事物的重要手段，实体博物馆被博物馆学家做过多种角度的分类，对于新生的数字博物馆，至少存在三种分类角度。一是按内容所属的学科分类，二是按运行的方式分类，三是按发布形式分类。

1.按内容所属的学科分类

在我国，当教育部系统18家大学数字博物馆正式投入网上运行时，我国公众首次感觉到了数字博物馆学科种类的丰富性，全面涉及自然科学、农业科学、医药科学、工程与技术科学、人文与社会科学等五大门类，后来被归纳为人文与艺术、地球科学、生命科学及工程科技等四大学科领域的数字博物馆，大多对应高校有形学科的收藏资源。

2.按运行的方式分类

关于数字博物馆的运行方式，最常见的当然是通过网络传输到"地球村"里的个人计算机终端，所以人们在谈论数字博物馆概念的时候总要挂上"网络"一词。其实，网络还有广域和局域之分，即使单机运行方式仍然可以成为传播自然或文化遗产相关知识的信息服务系统，所以，数字博物馆的运行方式并不唯一。

我们知道，典型的数字博物馆往往是建立在馆藏信息数字化基础上的，在实体博物馆开展数字化建设过程中，首先要根据自身的需求和实力条件确定数据库运行方式。可供选择的数据库运行方式有：单机运行方式、局域网运行方式，以及国际互联网运行方式。

所谓单机运行方式，就是将含有数据库技术的信息管理与服务系统安装在一台计算机中运行，用以完成从数据采集到内部管理的工作。这种方式对软硬件环境要求不高，几乎无须配备专业人员进行维护，所需投入比较经济，容易普及到我国大多数综合实力较弱的中小型博物馆。另外，如果专题内容有限，也可制作成光盘形式的数字博物馆，类似于常见的电子书，但要比书籍具有更加浓厚的博物馆风格。我国已经有类似开发事例，大多作为实体博物馆的纪念品出售给观众。

所谓局域网，是在一个机构或部门等有限的范围内，采用服务器加工作站的硬件配置方式，对于规模较大部门和人员较多的机构来说，采用局域网运行方式具有共享部分硬件（如硬盘或打印机等）的相对经济性优点，以及为多部门协同开展大规模数据库建设工作提供方便，并且在利用方面能够及时分享新增馆藏信息。但这种网络运行方式的技术含量比较高，需要配备专业人员从事设备及网络的维护工作，所需的网络硬件设备和应用软件都比较昂贵，总体上对机构的人、财、物力等综合实力要求较高。局域网虽是发展方向，然而我国大多数中小型博物馆近期内还很难承受其代价。从利用角度看，本地网络有较好的带宽，桌面速率可以达到百兆甚至更高水平，在利用者能够忍受的等待时间范围内可以传输较大流量的数据，例如，可以观看目标藏品的多角度和多级放大的图片，以及表现力较强的流媒体信息。

我国博物馆的数字化建设实情是局域网和单机两种方式并存，无论采用哪种方式开展建设和内部管理，当馆方再进一步打算与社会公众共享馆藏信息数据库建设成果时，只要将计算机终端设置在馆内开放地带供观众自由查询，即可实现"定点上机"式的数字博物馆，我国已经出现在实体博物馆开放地带设置"博物馆网吧"的实例。虽然这种共享方式因限定时空而使其受众人数无法同国际互联网上的数字博物馆相比，但这只是数量的差异，在本质上仍不失为以数字化技术向社会公众传播自然或文化遗产相关知识的信息服务系统，并且使馆方在知识产权保护和免遭病毒攻击等方面没有国际互联网那么多顾虑。单机、局域网、国际互联网等三种运行环境，形成了一个由简到繁的多层次体系。实际上，由于博物馆工作的特殊性，单机与网络之间，以及内外两种网络运行方式之间并不矛盾，其所发挥的作用也不完全重叠，而是相辅相成、短长互补的关系。单机运行方式比较经济，也比较安全和稳定，可以作为数字化工程的基础入手点，如果有条件则可向局域网运行方式发展，国际互联网上博物馆可以看作是其发布功能的再扩展。这就是我们不将网络视为数字博物馆本质特征的原因之一，也是将数字博物馆发挥作用场所分为本地和远程等两类的理由。

3.按发布形式分类

关于数字博物馆通过国际互联网的远程发布形式，存在单体发布和群体发布两类。数字博物馆建设通常是以一个拥有馆藏资源的实体馆为单位进行的，通过国际互联网发布则直接形成单体的数字博物馆，这就像一个实体博物馆运用馆藏举办陈列展览那样，单体发布没有什么不可思议的。对于利用者而言，要想利用某家数字博物馆，首先要进入该馆的网站主页。但问题在于，许多博物馆的馆名并不能反映馆藏专业主题，如某某大学博物馆或某某地名博物馆，而数字博物馆的观众恰恰只关心主题内容，倒并不在乎博物馆的行政隶属关系或地理位置所在，这就出现了综合集成若干家单体博物馆数据库进行群体发布的必要性，使观众进入某一个数字博物馆联合网站就可以同步利用多家实体博物馆的主题藏品信息，从而避免多次进出单体博物馆网站的操作麻烦，也避免了多个单体博物馆网站地址的记忆负担。

在我国，教育部系统建设的18家大学数字博物馆，当初只是以单体博物馆形式投入共享发布的。用户要想查询考古学藏品信息，就要分别进出山东大学和西北大学的考古数字博物馆网站；要想查询地球科学藏品信息，就要分别进出南京大学地球科学数字博物馆等五所大学数字博物馆网站，这显然不便于用户查询。同时由于硬件水平、维护技术、恶意病毒攻击和后续维护投入经费等方面的原因，曾经常出现暂时无法进入网站的现象，影响到国家投资的效益，甚至给公众造成了大学数字博物馆徒有其名的不良印象。为了一揽子解决这些问题，教育部决定以中国大学数字博物馆的名义，追加投资建立南方和北方两个数字博物馆中心站点。南方中心站点设在南京大学，北方站点设在北京航空航天大学，各单位严格按照国家相关标准规范，对以往建立的数据库进行回溯性建设，从而获得同构的数据库，然后交给两家中心站点，用同一套点播平台集成了所有18家单位的数据库。当其中一家站点运行故障时，另一家镜像站点则自动接驳，从而保障了大学数字博物馆发布功能的稳定性，这就出现了群体发布的数字博物馆。

三、数字博物馆的特点

与传统的实体博物馆相比，数字博物馆至少有以下几方面的特点。

1.数字化的藏品资源表达

实物藏品是一般实体博物馆赖以存在的基础。无论是以具备相当数量和质量的藏品为前提而建立起来的实体博物馆，还是在遗址、寺院、古建筑等建立起来的纪念性博物馆，都是以真实存在的"实物"藏品为基础的，尽管其中展出的可能是模型或是复制品。以实物为主要传播媒介，这也是博物馆区别于其他机构的特点所在。

数字博物馆最显著的特征就是以数字形式转述和储存有关藏品的所有信息，并常见以网络为渠道来组织展示和利用。因此，实体博物馆面临的藏品展出数量与建筑空间有限之间的矛盾，以及昂贵的馆藏收集费用等都不再成为困难。藏品的数字化表达除了文本信息之外，还可以是一组从多角度拍摄的藏品高清晰度图片，也可能是一段表现藏品用途或制作过程的视频动画，或者是一个逼真的三维模型，可以任由用户通过鼠标旋转和放大以近距离观赏。这些大容量的多媒体信息在数字博物馆中将给予规范有序的存储、组织和管理，并易于在网络上超时空地传播。网络信息的存储技术、组织方式、检索技术及传递技术，极大地加快了数字博物馆信息的构建速度，提高了藏品利用率，拓宽了信息的使用范围。丰富多彩的藏品资源、灵活快捷的获取方式，使得人们可以方便快捷地在网上浏览和查阅自己感兴趣的藏品，而不必去理会实体博物馆对外开放的时间限制。

数字博物馆信息存储的主要形式从传统的书面文字记录和视觉图像变成了磁性介质上的电磁信号。这种载体变化为压缩存储空间、方便用户远程检索和查询、改进组织方式、提高服务速度、扩大利用者范围、加快更新维护、降低维护费用等一系列进步提供了条件。

2.跨时空的藏品资源展示

数字博物馆具有实体博物馆所无法比拟的时空跨越能力。这种时空跨越能力又分几个方面，上文已经谈到数字博物馆观众可以不受开放时间和利用地点的限制，这是从利用形式上讲的；不受陈列室建筑面积限制地将整个收藏作为对象加以尽情利用，这是从展示范围（暴露程度）上讲的。如果从传播信息的内容组织角度来看，通过提供信息的超链接及信息检索分析功能，还可以对藏品信息资源从时间和空间维度上进行任意延伸，达到一种独特的陈列展示和信息解读效果。例如，通过适当的三维建模和图形处理技术，可以将藏品的内部结构、原理、使用，以及该藏品在各个时期的变化状况，形象逼真地模拟出来，给观众造成视觉和心理感受上的震撼。在自然科学博物馆中，对于地球科学史上的很多重大事件，过去都只能以文字描述的形式出现在展厅内，而数字博物馆却可以广泛利用多媒体虚拟现实技术模拟当时的环境，在计算机屏幕上"再现"地球演化中的重要时刻。虽然理论上讲这些效果也能通过实体模型等展示出来，但代价要比数字化手段昂贵得多，以至于难以实现。

又如，要想比较分析清乾隆年间青花瓷器纹饰所具有的特征，如果只是通过到全国各博物馆中具体观察实物来完成此项工作，将是非常困难的，但在数字博物馆中却可以方便地利用网络调取多家博物馆收藏的清代瓷器信息，跨越了馆际空间，通过检索、在线比较统计分析等很快就能完成。因此，藏品信息的组织在数字博物馆中可以突破时间和空间的限制，具有更大的容量和维度。

第二节 数字博物馆在信息社会中的地位、作用

一、在信息社会中的地位

博物馆历来都是受到世人尊重的高尚文化教育机构，博物馆事业在全球范围出现新问题，一方面各国政府不再大包大养而相对削减经费，另一方面诸如彩色电视机和彩色印刷品等一系列视觉传媒质量明显提高，形成了强势媒体排挤力量，致使许多博物馆感觉到了生存危机。博物馆界共识提高社会服务质量才是唯一出路，除了追求实体陈列质量以外，新出现的数字化手段和网络媒介无疑为博物馆拓展公众利用渠道提供了新的可能。数字博物馆是以数字形式对自然文化遗产的各方面信息进行采集和管理，实现自然文化遗产的信息保存，并可以通过互联网为用户提供数字化的展示、教育和研究等多种服务的信息系统，是博物馆学、藏品及其相关学科和计算机科学等多学科领域知识相结合的信息服务系统。数字博物馆不仅继承了实体博物馆真实性、直观性和广博性的优势，而且能创造出跨学科、跨领域的综合性解惑答疑的工具平台，加上基于数字化网络的远程互动性、主题可选择性，以及媒体种类丰富性和叙述通俗性等，足以使数字博物馆在世人心目中占有崇高社会地位。

作为知识经济的重要载体，数字博物馆本身也是一个创新工程。它改变了以往藏品资源存储、加工、管理及使用的传统方式，成为以数字化手段收集保护、展示各种重要文物、标本的重要场所，是全社会文化基础设施的重要组成部分，同时也是实施素质教育，提高国民文化素质的重要教育基地。数字博物馆的建设，对于保护和合理利用国家珍贵文物标本，建设数字典藏系统，构建教育和科普信息化基础平台，实现教育和科普资源共享，构建我国现代远程教育和科普基础设施具有重要意义，在推动国家重大信息基础设施的建设进程中也将发挥重大作用。

数字博物馆以其对信息资源的整理加工和有序组织，为"科教兴国"战略提供了更为便捷、有效的发展环境。同时，数字博物馆作为一种新型的博物馆，已成为实体博物馆的一种重要辅助展现形态，它摆脱了实体博物馆所必需的建筑、陈列、开放时间等条件的束缚，突破了时间与空间的限制，使得任何人在任何时间、任何地点都能够获取所需要的自然文化遗产信息。因此，数字博物馆有助于营造出进行全民终身教育和素质教育的良好环境，对于我国国民素质教育将起到巨大的提升作用。

数字博物馆的建设为知识传播提供了一种崭新的手段。按照数字博物馆要求组织起来的资源，通过强大的综合智能信息服务，不仅可以实现按照知识体系进行藏品资源的检索，而且还可以实现跨领域跨馆藏的联合检索，使得用户在任何地点、任何时间，只要进入数字博物馆系统，就可以便捷地获得所需目标信息，从而极大地提高博物馆在信息社会中的地位。

二、在信息社会中的作用

数字博物馆作为一种新型的博物馆，主要将实体博物馆的教育传播职能发扬光大，其次还有助于收藏和保护职能的提升，在许多方面具有实体博物馆所无法比拟的优势。

1.以数字化形式收藏、保护文物标本和其他实物资料

收藏和保护，是博物馆最早产生也是最基本的一项功能。从博物馆的产生历史来看，最初就是从收藏活动开始的。传统博物馆无不含有藏品的储藏库，博物馆有义务收集、整理和展出藏品，使其可以被参观和研究利用。博物馆的收藏目的并不在于物品原初功能的实用，而是当作信息载体加以收藏的，因而博物馆把物证材料和相关信息材料看作同样重要，一旦失去相关信息则实物本身的价值就会降低。数字博物馆的职责并不在于对于实物的保管和整理，而是通过数字化的方式，对藏品信息进行详细的资源描述，拍摄高清晰度的全景照片，制作视频动画以反映藏品所处的相关背景（如藏品用途的真实场景、文物的发掘过程、动植物的生存环境等），并按照数字资源建设规范对这些数字化资源进行存储与管理，以便于合理利用这些资源供教育与研究等用途。数字化手段能够以相对低廉的成本大幅度提高相关信息收集的质量（多媒体）和数量（空间占有量小），从而保障了实物资料的实用价值。

我国是文明古国，且地大物博，祖先遗留给我们大量珍贵的各类文物，自然遗产也十分丰富，仅馆藏珍贵文物就多达上千万件，馆藏自然标本数量则多得难以统计。但实体博物馆受限于馆藏空间和维护经费，往往更多资源常年收藏于库房，无法展出与维护。一方面，很多珍贵传世的文物标本无法与公众见面，如建国伊始，特批以重金从香港购回的王献之《中秋帖》等，多年都没有对外公开展出过。另一方面，很多在古代遗址、遗迹上建立起来的实体博物馆，又因为不适当的人造景观破坏了文化古迹的环境风貌；或对文物进行随意触摸、涂刻而对文物造成危害；或由于长期暴露在空气中，而使得文物颜色褪落、金属腐蚀矿化等。因此博物馆藏品对外展出规模和频率与保护藏品之间存在着不可调和的矛盾。而数字博物馆的虚拟展出却可以有效缓解这一矛盾。大量珍品和易受破坏的文物、古迹可以通过网上虚拟展出而减少实体暴露时间，在一定程度上体

现了对文物的保护功能。

2.以数字化方式对公众进行知识传播与教育

博物馆通过组织展览、展出藏品对公众提供素质教育，传播科学文化知识，是学校教育的重要补充。因此，博物馆教育已成为各个国家普及科学文化知识的重要途径。而一个国家博物馆发展的成败，甚至被认为是衡量这个国家科学文化发展的一个重要标志。在科学技术发展如此迅速的今天，博物馆作为社会教育的重要设施，在普及科学文化知识，提高各民族群众的科学文化水平等方面，有着义不容辞的责任。

数字博物馆在教育思想、教育内容、教育方法、教育手段和教育对象等方面，与传统的学校教育有很大的不同，它具有自身的教育特色，扮演着与众不同的角色。数字博物馆能够有效地传递知识。它的手段更加直观、形象，内容综合性强，面向的教育对象广泛，在普及科学知识方面，更有其特殊的效果。因此，数字博物馆的社会教育具有特别重要的地位，其独特的教育方式，具有不可替代的作用。

数字博物馆能够利用网络多媒体技术、虚拟现实技术和信息资源管理等技术手段，改变实体博物馆平面、静态、线性的藏品展示形式，以立体、动态、交互式的非线性方式组织藏品的展示，既可以将分散在各个实体博物馆的馆藏品综合起来进行"展示"，也可以图片、建模或视频等手段展示没有收藏的实物，将线性和平面的知识转化为三维和非线性的立体知识结构，全面科学地表达虚拟展品所承载的信息。所展示的藏品不再为实物所限专业所限，并能够根据信息技术的不断创新、知识体系之间的相互渗透及最新研究进展加以补充和完善，这是任何实体博物馆所难以实现和比拟的。

数字博物馆运用数字化资源，通过开放的教育形式，丰富多样的陈列方式，面向社会各种不同的群体，把知识传播给观众，使人们可以根据自己的需要和喜好，吸取科学文化养料，得到知识启迪。各种数字资源在数字博物馆中可以根据不同年龄、不同知识结构、不同职业、不同民族的需求进行动态重组，以满足公众对于不同层次和不同领域的知识需求。历史资料的虚拟再现能使人从灿烂的文化中激发起对民族的热爱；从众多的艺术品的全景图片和三维模型中，可以感受到艺术的熏陶，体会文化的多样性，得到美的享受；地质事件的计算机模拟，如板块碰撞挤压产生海沟、隆起造山等，则有助于人们理解沧海桑田的变迁。总之，数字博物馆可以避免枯燥的说教，试图营造一种愉悦的环境，使人们得到启发式的教育。数字博物馆的这种教育，其知识内容具有综合性，方法具有直观性和参与性，对于培养人们的观察能力、思维能力和分析问题的能力，有其独到的作用。

第三节 数字博物馆的功能与教育意义

一、数字博物馆的功能

1.通过多层面的信息采集形成综合信息资源库

传统的实体博物馆只收集、保存某一个领域的藏品,难以形成覆盖多学科的综合性馆藏资源。而数字博物馆由于信息技术的支撑力量,不仅能够通过数字化的方式多层面地收集藏品的信息(包括以文字形式表达的藏品外观、用途等特征描述;以图形、图像形式表达的藏品高清晰度的全景照片;以活动图像表达的藏品所处的相关背景信息,如藏品用途的真实场景、文物的挖掘过程、动植物的生存环境等),同时还能够将多领城多学科的藏品资源进行统一的存储和展现,形成综合的信息资源库,并提供不同学科知识结构之间的横向联系,在科普教育、科学研究及教学活动中都将发挥重要的作用。

2.藏品信息的有效访问与查询

以数字化形式存储的藏品信息支持多种方式的访问和查询检索服务。数字博物馆除了利用页面中超链接的导航来方便用户对于感兴趣的藏品信息的获取外,还可以通过关键词检索的方式直接到达藏品内容;既可以根据藏品的描述进行全文检索,也可以基于藏品的分类进行全文检索,还可以利用藏品的关键属性来进行检索。检索范围不仅包括文字,同时也可以实现对于藏品的图像、视频或音频等多媒体资源的信息检索。强大的检索功能,不仅能够帮助使用者快速定位自己需要的内容,而且有助于在不同知识结点之间建立联系;既方便了使用者获取信息,增强了信息获取的有效性,又实现了知识结构之间的贯通。

3.藏品信息的发布与传递

数字博物馆能够有选择地从藏品资源库中提取相关信息组成虚拟展示以发布藏品信息,使得终端用户能够通过形式多样和内容丰富的虚拟展示获得有关藏品的相关内容。同时,数字博物馆还可以提供关于资源建设方面的信息传递服务。用户可以自定义需要接受的信息种类,例如藏品的变更、主题展示的发布等内容介绍或制定需要传送的藏品信息,这些都可以通过信息传递获得,而无需用户登录数字博物馆站点进行查找。

4.数字藏品信息的安全保护

数字博物馆建设中的一个重要问题就是信息传播过程中的安全问题及藏品信息的版权保护问题。数字博物馆通过藏品访问权限控制、数字水印技术及加密等技术手段能够很好地解决这一问题，实现数字藏品信息的安全保护。

5.数字藏品信息资源的系统管理

数字博物馆采取了适当的信息组织方式和处理机制实现了对海量藏品信息的有效系统管理。通过建立符合各学科特色的数字化藏品的描述规范和信息交换标准来统一建设数字化资源，实现对数字资源的存储、管理并提供公共的信息服务，包括藏品资源的导入、导出、快速定位等系统管理功能，使得数字藏品在进行在线更新、动态布展、元数据交换及其他信息服务时更加方便。

二、数字博物馆的教育意义

网络教育资源的建设是教育信息化的重要基础，需要长期的建设和维护。教育部在《面向21世纪教育振兴行动计划》中明确提出了网络教育资源库建设的思路。目前国家正式批准开展远程教育的教育机构大都将教育资源的建设摆在了重要地位。然而网上资源分散及建设不规范等现状严重制约了对它们的充分利用。虽然互联网上拥有大量的教育教学资源，而且传递快捷，但是由于资源建设严重无序，信息孤岛现象无法避免，使得教师和学生需要的有针对性的网络教育资源需要经过整理才能使用，无法做到即需即用。而教育资源建设也不是一蹴而就的，需要不断地进行更新和维护。良性的网络教学资源建设应该是可持续发展的。随着教育水平和教学需求的不断增加，教育资源库的内容和功能也应该不断地完善和更新，以适应时代发展的要求。

以数字技术构筑的数字博物馆以其系统开放性、建设可持续性和内容丰富性等特点正受到教育界的普遍关注。国外很多高校已经将数字博物馆作为一种新型的教育资源，应用到正规或非正规的教育实践中。如大多数数字博物馆都专门为公众特别是青少年提供了形式活泼、内容生动的科普教育专题。国内外很多高校的基础课教学也将数字博物馆的资源引入到课堂中。例如，美国加州大学圣巴巴拉分校就在其自然地理的课堂教学中利用了地球科学数字博物馆进行虚拟教学环境的仿真；澳大利亚悉尼大学的生物学课堂和实验教学也大量引用了其国家植物博物馆的资源，进行现场和网络教学；南京大学建设的地球科学数字博物馆在地球科学的课堂教学和全校公共素质教育课程中都发挥了重要的作用。

数字博物馆将各种专业知识以文字、图像、声音、动画等多种形式进行数字化存储，并借助于计算机网络发布、收集、组织、存储、传递、检索和利用。因此，无论是资源的数量、可持续建设能力、涵盖面及适应人群都远远超出了传统博物馆资源（或称非网络化信息资源）所覆盖的范围。数字博物馆作为一种新型的网络教学资源库，能够提供可持续积累的共享资源，为不同层次的教育教学提供丰富的教育素材。其特点主要体现在以下几个方面。

1.信息表达的深度和广度

纸质出版物或实体博物馆只能针对有限读者和参观人群来组织内容、传递知识。因此无法兼顾深度与广度之间的矛盾。另一方面，由于受制于时空条件，不能将所拥有的资源全部进行展示。而数字博物馆由于数字技术的支撑和巨大的存储空间，可以满足科学知识体系表达的完整性，又能够兼顾不同层次的知识需求，将知识体系分层次地进行有机组合。根据学科发展和知识融合的需要，数字博物馆能够不断地完善结构、补充内容，及时反映最新的科学发现和研究成果。

2.信息内容的组织方式

数字博物馆以图、文、声、像并茂的多媒体形式表达各种相关知识。文字、图像和动画不仅可以直接展示具体的概念、现象和过程描述，还可以把抽象的逻辑推理和空间转换以动态形式形象地表达出来。动画演示和声音讲解的有效配合和合理应用有助于帮助人们对知识的理解。而这些信息除了按照传统的主题进行分类以外，还可以借助超媒体的链接方式将不同知识点之间组织成非线性的网状结构，进行多层面、多视角、多方位的剪辑，使跳跃式获取信息成为可能，并给人留下生动、形象、丰富和具有启迪性的交互性感受，使得人们能够更容易的理解和接受更多知识，提高了学习的效率。

3.信息表达所依附的媒介物

以数字化技术进行知识的存储与传递，超越了传统纸质媒介物所无法实现的存储容量及传递速度。以往纸质教材在图像色彩、精度和幅面上都差强人意，而现代科学中越来越多的内容需要高精度的图像表达、三维模型解析和动画展示，这些大容量的多媒体信息在数字博物馆中将能够给予规范化的存储、管理及多样化的显示，并易于在网络上进行传播。

4.信息访问的时空延展性

与实体博物馆的参观严格受时空等因素的限制不同，随着网络通信基础设施建设的不断完善，人们有望能够在任何时间、任何地点访问数字博物馆的资源，获得感兴趣的知识。数字化的建构方式和网络传播方式极大地提高了博物馆信息的利用效率。

5.受众的多元化

相对于参观实体博物馆有限范围的观众来说，利用网络作为展示传播渠道的数字博物馆拥有更为广泛和多元化的受众群体。无论是教师、学生，还是研究人员，或是大众群体，都是数字博物馆潜在的受众群体。

正是由于数字博物馆具有上述特点，使得这种新型的网络教学资源库在课堂教育远程教育、科普教育中发挥独特的作用。数字博物馆在教育中所起的作用体现在以下几个方面。

（1）提供丰富的教学素材库

数字博物馆展览在表现形式上增加了多媒体信息和网络远程教育的能力，使得内容展示更加直观、生动，交互性更强，丰富了教学手段，提高了课堂教学的效果。对于学校，展览教育一是与教学内容结合紧密，可以结合展品讲授课程内容，加深学生对问题的理解；另一种虽与课程内容无直接关系，但有助于学生知识面的开拓，扩大视野或有益于思想、道德情操、审美等修养的提高，是学生不可多得的第二课堂。它向学生和教师提供了一个学科体系完整、知识内容丰富、查询浏览方便、运营机制有效的大型综合性教育信息资源库。教师使用资源库的资源可以方便地组织多媒体教案，也可直接开展网络教学。学生可以从资源库中有选择性地开展点播学习。同时，数字博物馆跨学科的知识融合特点，有利于扩大学生的知识面，提高学生的综合科学素养。

（2）为远程教育、继续教育等提供充分的网络资源

数字博物馆通过网络多媒体技术，将众多的珍贵实物和相关背景资料上网展示，使之集中体现学科的整体内涵，资源覆盖面极广，有效达到了资源共享的目的。因此非常适合以网络为媒介进行的远程教育和继续教育，其教育辐射能力更强。

（3）向全社会开放，为提高全民科学文化素质提供科普和科技教育基地

生动活泼的表现形式、深入浅出的叙述方式及富有交互性的浏览方式，使得数字博物馆能够广泛开展面向社会各类人群尤其是青少年的科普教育，有利于进行大、中、小学生的全面素质教育，培养他们的科学思维方法。由于数字博物馆中的陈列展览具有较强的交互性，所以感染力很强，有极大的说服力。这对于学校的学生来说，比之课堂教学，对知识更易于理解和掌握另外，数字博物馆还可以通过组织专题展览，向观众介绍科学技术的重大成就，或学术研究的动向，可以针对受众的不同需求动态的定制普及型和提高型等多种方式，以满足不同层次观众的需要。加上数字博物馆的网络覆盖面极广，其访问不受时空限制，因此是良好的科普和科技教育基地。

（4）提供增值教育服务

这种方式是在基本教育方式基础上的进一步扩大，教育方法和手段已经超出了藏品的范围，教育场所也由网络扩大到了现实世界。具体的形式有：编辑出版配合学校教学的辅助资料或教具，弥补教材中形象资料较少的弱点；制作多媒体光盘分发到网络条件欠缺的地区，以弥补欠发达地区教育资源的不足等。

因此，数字博物馆的建设是一项非常有意义的工作，特别是在教育领域，数字博物馆将成为非常重要的教育基础设施。在学校教育、远程教育及通识教育等方面，数字博物馆将发挥越来越

重要的作用，成为影响教育质量的重要因素。

第四节 数字博物馆的建设内容

一、资源建设

数字化资源建设是数字博物馆履行社会职能的物质基础，它对于数字博物馆的重要性就相当于实物藏品对于传统博物馆的重要性。如果没有一个持续不断的数字化信息来源和一个完善的资源组织结构，对于构建数字博物馆来说是极不现实的。

数字博物馆的资源建设主要包括博物馆实物藏品的数字化和数字化形态的藏品收集与整理。实物藏品是唯一可以标识的，数字化形态的藏品总是和某个特定的实物藏品相关联。而且，与特定的实物藏品相关联的数字化形态藏品通常不止一个。

一般来说，对于实物藏品的数字化主要包括对藏品进行的属性描述（如名称、类别等）、特征描述（如外观、形态等），以及相关背景介绍的收集和整理（如用途、来源等）。通常这种相关背景介绍会依据藏品所属的学科进行扩充。以矿物学藏品矿物标本为例，描述信息将包括矿物的属性描述（中英文名称、类别）、特征描述（形态、颜色、光泽、硬度），以及与矿物学有关的其他内容描述（来源、成分、晶系和空间群、晶胞参数、鉴定特征、成因和产状）。而数字化形态的藏品收集主要是对实物藏品进行数字化成像，采集、整理或制作与藏品背景知识有关的图片、动画、视频、音频等多媒体资料。对于比较珍贵或具有典型意义的藏品还可以利用三维建模技术对藏品进行三维重建，以期通过计算机屏幕获得藏品的真实三维现实，加上逼真的纹理映射，组织虚拟展出。

藏品和与其相关联的数字化资源组成的仅仅是孤立的藏品展示。如何利用信息技术建立藏品与藏品之间、藏品与知识单元之间的联系，组织成以藏品为主线的知识网络，在跨领域的知识结构中利用藏品作为知识融合的桥梁和工具，既是资源建设的内容，同时也是数字博物馆需要攻克的关键技术之一。

二、系统平台建设

数字博物馆作为一种新型博物馆类型，担负着对馆藏资源进行数字化保存、管理、共享与动态展示的功能，实现对分散的数字典藏资源进行集中式和分布式相结合的资源管理模式，提供资源集中展示和集成服务的关键技术，保障资源的共享使用，因此需要一个开放性、灵活性和可扩展性的数字博物馆系统平台来支撑这些基本功能并提供浏览、检索和其他信息服务，并能够随时接纳新的资源存储和信息服务。对内，系统平台中的各个功能模块能够随进随出；对外，又能够和其他系统进行交互，保证数字博物馆系统运行的安全性、交互性和可扩展性。

数字博物馆系统平台建设包括硬件建设和支撑软件平台建设两个部分。硬件建设包括服务器、各种输入输出设备及网络基础设施等，它们构成了数字博物馆正常运行的基础。支撑软件平台覆盖了藏品资源的录入、管理、存储到展现的整个过程，是数字博物馆对外发布展品、实现各种信息服务的支撑平台。它的建设包括数字化藏品资源管理系统、藏品动态发布系统、藏品数字版权保护系统等信息服务系统的开发和利用。支撑软件平台是数字博物馆统一的资源整合和门户展现，应该提供对用户的统一身份认证和权限管理，实现单点登录；针对不同数字博物馆的资源进行统一搜索，统一展现；提供扩展的信息服务。因此从功能上应该包括：藏品资源管理功能、藏品信息查询功能、信息检索服务、藏品数字化资源版权保护机制及面向网格环境的信息服务能力。

1.数字藏品资源管理功能

我们把数字博物馆中数字化并可管理的标本与藏品载体看作是数字对象。开放的数字博物馆就是——个可管理的数字对象（内容）和服务（功能）的集合，它涉及对数字对象的存储、发现、检索和保存等一系列功能。要实现不同领域藏品信息的整合和共享，实现互操作，就必须建立符合各学科特色的数字化藏品描述规范和信息交换标准。按照统一的资源描述规范来建设数字化资源，在此基础上实现对数字对象的存储、管理及公共的信息服务。资源管理功能包括藏品资源的导入、导出及快速定位机制。这三个处理机制，满足了一个数字博物馆中藏品资源的主要管理能力，为支持上述处理机制，数字博物馆系统平台中还应包括藏品描述和数字化资源的存储管理功能，包括整个系统的数据库设计及数字化媒体的资源的存放等。

目前，在网络资源的定位机制处理技术上，有一些国际通用的标准和领域规范，可参照 CNRI 的 Handle 机制，对藏品资源进行统一标识、统一定位，以解决藏品存放位置变化所带来的动态定位问题。

2.资源查询功能

数字博物馆中，藏品是资源管理的基本单位，围绕藏品有大量的规范化属性描述，以及相关的数字化藏品媒体，这些信息，需要有规范的接口，提供查询处理，即关于藏品元数据的查询访问能力。目前，网络资源的元数据存取处理机制中，OAI 机制得到了广泛的认同。在数字博物馆共享平台中，可参照 OAI 的处理方式，对所管辖的藏品资源提供标准访问能力，包括藏品列表、各种领域不同的藏品元数据格式获取等。

3.综合信息检索处理

数字博物馆的资源查询功能，如果仅就藏品编号的元数据查询，这种检索能力显然是难以满足用户基本的信息需求的，因此，还必须提供一个基于全文检索的信息查询功能。该功能可以对藏品的所有描述信息进行准确的查询，一般情况下，还可以集成其他藏品相关资源（如描述网页等）的查询，并且采用通用的 Web Service 的方式提供检索接口，使用非常方便。

基于这些规范的检索接口，在系统整体框架的应用层，可以集成一些有特殊功能的检索服务，如把数字博物馆的检索功能和其他大型的资源库检索功能相互集成，形成功能强大的信息检索服务，如数字图书馆、网络搜索引擎及教育资源库等。检索功能对于拓展用户的知识面有非常大的促进作用。

4.藏品版权控制机制

数字博物馆系统平台应提供相应的处理机制，对于数字藏品的版权提供主动保护。例如对藏品添加图像水印以申请版权信息，并提供基于 Web 的藏品访问控制机制。数字藏品的提供者可以利用共享平台提供的存取权限控制机制，对其拥有的藏品进行展示权限的设置。而一般用户希望浏览受保护的资源时就需要利用访问控制机制进行浏览申请。

理想的数字博物馆系统平台，从内部看，其体系结构应该能够较好地完成对藏品数字对象的加工、处理、存储及检索等一系列的功能；从外部看，要能够最好地满足终端用户对藏品信息获取的需求。具体而言，对于数字博物馆的管理员和资源提供者来说，系统平台的体系结构应该具有功能优化、结构合理、操作简单、灵活方便、容易扩展、可以兼容的内部功能模块；对于终端用户来说，系统平台的体系结构应该提供允许来自不同地址、运行于不同操作系统下的用户获得优质、灵活、方便的藏品信息浏览，以及动态的布展、信息服务。一个合理的、优秀的数字博物馆体系结构应当具备以下几个特点。

（1）互操作性。所谓互操作是指交换和共享、查询和服务的能力。它要求来自技术（协议和格式等）、内容（元数据及其语义等）和组织（系统基本访问原则和认证等）三方面的合作。数字博物馆中的海量资源以不同存储格式存储在不同的数据库中，系统应当实现对它们无差别的访问。此外，资源来自不同的数字博物馆或不同的机构、组织，系统平台也应当对它们实现互操作。一方面，数字博物馆系统平台需要向用户屏蔽分布的、异构的各数字博物馆之间的差异，只要遵循共同的协议就能实现相互交互，通过系统平台向终端用户提供一致的接口，实现联合检索和服务；另一方面，各数字博物馆仍由本地自治地维护，各种服务也无需改变，各显特色。

（2）扩展性。系统平台体系结构应当允许方便地添加新的资源，以及扩展新的服务和功能，提供有关内容、服务、功能的第三方扩展接口。这种扩展是对数字资源、内部管理及用户服务的扩展。

（3）规范性。为了避免专业术语给用户的理解带来障碍，体系结构应该用规范的说明和定义对藏品的各种描述和专业术语进行详细的说明；为了便于藏品数字对象的资源整合、交换及提供基于语义的智能检索，体系中应该对结构、方法、语法等进行详细的、规范化的说明，形成藏品信息资源描述规范和交换标准。

（4）层次化。一方面，它把资源、服务、功能、用户分为不同的层次进行管理；另一方面，它从技术上把数据、结构、服务和功能分开。利用层次化进行抽象，实现大多数的应用，以获得体系结构的通用性。

三、资源描述规范建设

数字藏品资源的描述和处理是数字博物馆建设的一项核心内容。许多专家和学者在网络信息资源的描述与组织方面做出了大量的研究工作。数字博物馆中的资源描述规范需要提供藏品信息资源完整的描述形式，为分布的、由多种数字化资源有机构成的信息体系提供规范的、普遍的描述方法和整合工具与纽带，是广泛分布的数字博物馆资源站点具有充分的互操作性和可扩展性的基础，是提供数字博物馆资源描述、资源发现、资源处理及资源人机交互和理解的基本要求。同时，数字藏品资源描述还承担着向外提供标准数据访问和融合的接口等功能。

数字博物馆的数字化资源包括藏品的描述、藏品的图片、音视频、动画、三维模型、文献等。数字博物馆将这些信息进行数字化后，形成文本、图像、图形、活动图像、音频、三维模型及文档等形式进行存储，管理、查询和发布集成在一起，使这些资源能够在网络上传播，从而最大限度地利用这些资源。资源描述规范建设就是要针对这些数字化资源形成规范化描述方案，提供资源描述元数据规范，定义资源对象的组织结构，解决资源对象的访问和服务等问题。

目前国际上还没有形成统一的数字博物馆藏品描述规范和标准，因此需要针对数字博物馆藏品资源的特点，建立适合于多领域藏品资源的描述框架，使得这样的描述规范既能够体现各领域藏品的共性又能够通过灵活扩展适应不同领域藏品的个性描述需求，为数字博物馆开展深层次的资源融合和智能信息服务奠定基础和提供解决方案。

四、关键技术开发

数字博物馆是实体博物馆在信息时代的发展。它不仅仅是将实体博物馆中的藏品进行简单数字化后存放在因特网上，而是将实体博物馆的功能加以扩充，向公众提供更加完善的信息服务，并可融合不同学科的资源，提供共享的综合信息服务。因此，数字博物馆的建设并不是简单的藏品数字化，数字化资源建设固然是数字博物馆的一大功能，而基于藏品的信息服务则是数字博物馆的关键价值所在。这些信息服务的实现和支撑有赖于一系列关键技术的研究与开发。它们包括：提供多元化藏品资源展示方式的数字博物馆动态布展技术；支持跨领域多馆协同的数字博物馆资源检索技术；提供多系统多来源藏品唯一标识的数字博物馆资源唯一标识技术；提供藏品资源永久定位的资源快速定位技术；支持藏品信息资源元数据交换的资源元数据互操作技术；解决信息孤岛的数字博物馆网格技术等。

基于这些关键技术的通力协作，我们有望建立一个分布式的数字博物馆综合信息智能服务体系，实现跨领域的数字博物馆资源整合，使得基于互联网的数字博物馆真正成为百科全书一样的数字博物馆群，不仅成为传统博物馆的有效补充，同时也为全民素质教育等不同层次的教育科研提供优质的网上共享资源。

第五节　数字博物馆关键技术

数字博物馆作为一种新型的博物馆类型，是现代信息技术与传统博物馆的融合。从信息技术的角度出发，数字博物馆的关键技术涉及数字博物馆建设的方方面面，覆盖数字藏品的录入、管理、存储及展现的整个过程，目的在于建立具有良好交互性和可扩展性的数字博物馆服务体系，提供支持藏品展示、检索及其他信息服务的数字博物馆环境，为不同级别的用户提供友好访问的操作界面。这些关键技术包括与数字博物馆资源存储、交换与管理有关的数字藏品描述规范研究、数字博物馆系统平台及关键技术研究、数字博物馆网格平台及关键技术研究等，以及数字博物馆门户系统及特色应用系统的开发与研究。

下面对其中涉及的几项关键技术进行介绍，分别为：数字藏品资源的管理机制；藏品资源数字化技术；数字藏品资源的展现机制；三维藏品的远程渲染技术；多馆协同的数字博物馆信息检索机制；数字藏品的版权保护机制；适应网格技术环境的数字博物馆技术研究等。

一、数字藏品资源的管理机制

灵活的资源组织管理模式是数字博物馆设计的关键之一。数字博物馆的藏品种类繁多，数据量大，涉及的学科领域广泛，因此需要便捷的资源管理和访问方法，对数字资源进行统一管理，为数字藏品的添加、预览、编辑、获取提供支持，实现从数据采集加工、数据管理到数据资源发布的管理流程，利用合理的数字藏品资源组织形式和管理方法提供对数字藏品资源的存储、分布式管理、动态布展、交互及保护等多项管理功能。

数字博物馆中的每一件藏品都将分配一个唯一的标识符，并通过这个唯一标识符对数字藏品和文件进行管理。传统的方法是使用 URL 来标识和定位一个网页，但是 URL 唯一定位的功能会随着站点的消失或者网站的重构而失效。因此，数字博物馆的标识符分配和管理机制采用唯一标识符和属性值分开的策略。每个数字藏品存在一个唯一标识符，每个标识符对应着若干的属性值，通过这些属性值来反映当前数字藏品的状态，当数字藏品的状态发生改变的时候，只需要改变它的属性值，而无需改变唯一标识，这样就可以确保唯一标识符的持久性。而在网络资源的唯一标识分配与管理、资源定位机制及元数据互操作等处理技术上，有一些国际通用的标准和领域规范，数字博物馆的资源管理可参照 CNRI 的 Handle 机制、OAI-PMH 及 Dspace 等，以解决藏品管理辖属、存放位置变化所带来的动态定位问题，供不同的藏品资源提供者收集和处理数字博物馆中的元数据，并为用户提供基于元数据的信息服务和基于整合藏品资源的信息服务。

二、藏品资源数字化技术

1.二维数字化技术

二维数字化技术是对藏品或标本对象采用摄影技术对其进行拍照。拍照可采用传统的胶片拍摄，然后扫描人计算机系统；也可以直接采用数码相机拍摄得到数字图像。对于比较大的藏品或标本，还需要从不同的侧面拍摄同一实物的图片，然后对拍摄结果图像进行拼接处理。同时还可以利用光学字符识别技术（OCR）将拍摄到的古籍文字进行识别，获得文本源码，与实物图片一起观赏。

2.三维数字化技术

对藏品进行三维数字化的方法包括基于测量的方法、基于图像建模的方法及基于三维扫描仪的方法。

基于测量的方式是通过测量手段获得数字化物体的几何参数，然后根据这些参数使用建模软件借助计算机系统建立藏品的三维模型。测量手段可以包括工程测量和航空摄影测量等方式。这种方法适合获取对细节程度要求不高的大型藏品，如大片文物遗址、大型建筑物和建筑群等；而对于小型藏品，尤其在要表现藏品的表面轻微凹凸等细节方面是无法胜任的。尽管如此，由于基于测量的方法在处理大型藏品方面的优势明显，因此还是获得了比较广泛的应用，成为藏品数字化工作中的一个有效方法。

基于图像建模的方法是通过以藏品对象的图片作为输入，利用计算机视觉等方法来建立该藏品的三维模型。这种方法适用于比遗址范围小得多的场景和实体藏品，如建筑、雕塑等。这种方法的研究是一个交叉领域，涉及计算机图像处理、计算机图形学、计算机视觉及模式识别等诸多学科。目前基于图像的重建技术已经成为了一个研究热点，其方式有很多种，利用人工透射在物体表面的阴影建模，利用几何信息建模，利用物体轮廓信息建模，采用立体像对重建的方法等。

在藏品的三维信息获取中，还有一种非常有效的方法就是使用三维扫描仪。三位扫描仪已成为三维藏品数字信息获取的主流技术。它可以快速准确地建立藏品对象的三维模型，以满足数字博物馆虚拟展示对藏品精度的要求。

三维扫描技术起源 Cyberware 公司研制出世界上最早的三维扫描仪，并将其成功地投入使用。三维扫描技术得到了广泛的应用，到目前为止已有近百种型号的三维扫描仪装置面世。根据扫描仪的工作原理可以分为三维电磁波扫描仪、三维超声波扫描仪、三维光学扫描仪等；根据扫描结果有无色彩信息又可以分为三维单色扫描仪和三维彩色扫描仪；另外根据使用的扫描范围还可分为大型三维扫描仪和小型三维扫描仪等。

随着二维、三维数字化技术的不断发展，数字博物馆藏品将获得精度越来越高的模型和图像，使得逼真度更强，屏幕还原度更高，在线展示更具视觉效果。

三、数字藏品资源的展现机制

数字藏品资源的种类繁多，包括各种类型的二维、三维动画，各种实体模型，各种格式的全景图，以及大量的影音文件等。数字藏品资源的展现技术包括静态展示、动画展示、多媒体展示、虚拟现实展示及互动方式等多种基于 Web 的表现手法和形式。

1.静态展示技术

静态展示主要利用文字、图片、超文本链接等方式将围绕某项展示内容的信息叠加在一起，是数字博物馆的一种重要的展示方式。

文字是传达信息、保存知识的基本工具。数字博物馆中的藏品都是通过文字进行记录和描述的。作为一种最常见的表现手段，文字是二维展示中不可或缺的要素，并且可以很好的与其他表现手段相结合。

目前，数码照相机、数码摄像机及扫描仪的普遍使用，使得图像的获取十分容易。而很多珍贵的历史图片或老照片本身就是具有研究和观赏价值的藏品。在数字博物馆的展示中，数字图片配合文字说明将起到十分重要的作用。

2.动画展示技术

动画展示的优点是生动、形象。对于数字博物馆中的很多藏品，如航空博物馆中关于飞机、航空发动机等工作原理约展示，就适合采用这种方式，同时配合声音、文字等信息，体现飞机的飞行和发动机的原理。

动画展示技术的研究为表现藏品使用的原理、运动的规律或生成环境等方面的信息提供了形象生动的表现形式。

3.多媒体展示技术

在因特网上使用流媒体音/视频技术，可以提供近乎实时的交互性和即时性。例如，在地球科学类藏品中，将有关反映野外地质工作的特点视频或音频媒体压缩成流式文件，存放在流媒体服务器中，配合 Web 服务器上的图文信息，通过 Web 浏览器查询与点播。这种基于流媒体及流式传输技术克服了广播电视定时播放节目和单向传输的弊端，同时比以往在网络上传播的音/视频媒体节省了下载时间和存储空间。尤其是流媒体具有近乎实时的交互性，是以往各种音/视频媒体无法比拟的。

Flash 是 Macromedia 公司出品的矢量图形编辑和动画创作的软件，也是当今因特网上最流行的动画表现形式，并成为实际上的交互式矢量动画标准。在数字博物馆的展示中，很多藏品可以结合 Flash 的动画演示进行介绍，充分调动青少年对藏品的兴趣，在娱乐中学习科普知识，达到寓教于乐的目的。

4.三维展示技术

三维数字化技术能够得到与实物尺寸相同的高精度模型，在文物保护、虚拟展示和研究领域都有着显著的优势和作用。逼真的三维模型既可作为真实藏品的副本保存，为文物保护研究提供完整、准确、永久的数字档案。同时这种通过数字记录的方法为文物保护提供了检测和修复依据，并能够在扫描已知数据的基础上重建已经不存在的，或者已经被毁坏的历史遗迹。在再现考古发掘前后的遗址原貌和重建散落在国外的文物等诸多方面也将起到显著的作用。

多种展现机制的综合运用，使得数字博物馆能够获得丰富多样的在线展示方式，能够根据展品的特征、展示的内容和学科特征，挑选适合的展示方式，组织在线展览。

第六节　数字博物馆人才培养

博物馆不是自然产物，而是人为现象。藏品、设施及从业人员是构成实体博物馆的三大要素。作为其映射的数字博物馆也同样如此，只不过要素中的藏品换作信息、设施换作信息软件和硬件设备、从业人员换作具备数字化建设知识和能力的专业人员。信息对象和软硬件都是客观存在，但软件和硬件设备属于迅猛发展中的新事物，充满了过时老化的可能性，所以其驾驭操纵者，亦即数字化建设的人力资源问题就摆在了人们面前。

一、知识结构

数字博物馆建设所需的知识结构，涉及藏品及其相关学科、计算机和网络科技及博物馆学等三个主要方面，这三个学科领域都各有相当的深度，高等学校并没有也不大可能有综合三者的专业设置，现实中的数字博物馆建设项目只能依靠多种专业人才的紧密配合来完成。数字博物馆所涉及的人员主要包括以下几类。

1.程序设计员。承担计算机软件程序设计开发任务，属于纯技术领域知识。通常需要大学计算机院系中的软件专业培养人才，在我国人才市场上，多年来一直属于紧俏人才。

2.网络管理员。主要承担环境维护任务，保障系统的正常运转，比较偏重硬件技术，也有一定的专业资质要求。但硬件规模大小决定了网络管理的复杂程度有所不同，博物馆通常可以将环境建设工程委托外界的专业单位实施，自己仅仅承担运行维护，所面临的问题要比软件开发简单一些，尤其小规模网络环境所需的维护技术要求并不太高。

3.信息主管。我国有不少博物馆新建了名为"信息中心"的业务部门，专门负责数字化建设领域的组织、策划、开发和维护任务，通常都要由一位专业知识比较全面的人来承担该部门主任职务。所谓知识全面，是指信息主管人员应该同时具备藏品及其相关学科知识和信息科技知识，乃至博物馆学知识。

4.数据库建设和维护人员。主要作为一系列工具软件产品的中介用户，承担将传统媒体信息转化为数字化信息的任务。对这种人员的要求往往比较偏重藏品及其相关学科知识，现成软硬件产品的操作使用亦能相当熟练。

5.管理系统使用者。这是博物馆内部需要享受馆藏信息服务的专业人员，也是系统的最终用户，其人员数量比较有限，但部门涉及面较为广泛，不能要求他们普遍具备较高的计算机操作知识，往往通过短期培训即可使之掌握管理信息服务系统的使用方法。

6.服务系统使用者。系指相当于陈列观众的外部社会公众，也是面广量大的最终用户。不能指望通过哪怕是短期的培训来使之掌握使用方法，意味着对服务系统界面设计的友好性和存取反应速度要求很高。

由此可见，数字博物馆人才培养主要是就前四种涉及建设工作的人员而言的。不过，根据建设项目规模大或小的不同，在工程组织中对某些学科领域知识的依赖程度和方式也有所差异。

二、实情分析

近年来，我国的数字博物馆建设事业出现了多种规模的工程项目。最早出现的数字故宫，是由馆藏总量多达 100 万件的北京故宫博物院主持的，此可谓规模最大的单体数字博物馆建设项目。紧接其后的中国大学数字博物馆建设工程是由国家教育部主持的，涉及 18 所大学建设单位，虽然每家博物馆的规模不算大，但集成所有资源进行发布服务的地区中心站点数据库规模却相当庞大，一期建设成果已超过十万条记录，而且还在不断扩展中。目前正在施工的中国数字科技馆建设工程，涉及中国科技协会、国家教育部及中国科学院等三个部委所属的更多参与建设单位，预计资源库规模将达到一个 TB（1 000 GB）。至于地方或行业性博物馆，又有百余座省部级大型博物馆和两千多座地市县级中小型博物馆，许多单位都在积极开展数字化建设，因为人们对于数字化的前景和利益已有普遍的认同。应该说，数字博物馆建设人才问题相当紧迫。但同时也可以说，根据数据库和网络环境规模大小的不同，对专业人员的技术要求也有不同。

在国内迄今所见到的大规模群体数字博物馆案例，都是由项目领导小组从下属单位选择一些具备相关经验的多学科专家，组成覆盖所需科技领域的、临时性的核心专家组，在理论和技术方面指导基层单位的建设。建设项目完成后则指定某个技术力量较强的单位转入日常服务运行维护状态，承担建设指导任务的专家组也就自动解散。所以，这种临时性建设项目不属于长期固定的机构性质，无须专职人员编制，当然也就不是所培养人才的就职去向。

正如前述，数字博物馆可谓实体博物馆的映射。因而即便是一个综合多家博物馆的群体建设，也要由拥有资源的单体博物馆来执行基础性的数据库建设任务，实体博物馆必然成为数字博物馆建设项目的基层参与单位，作为永久性机构的实体博物馆才是数字博物馆专业人才的就职去向。博物馆机构不仅存在数字博物馆建设的可能，更为重要的是在藏品管理和陈列展览乃至观众导览等多方面的数字化建设已成为许多博物馆日常工作内容。

那么，实体博物馆的人才结构究竟是怎样的呢？众所周知，任何一家博物馆都有一定的学科特色，通常是历史、艺术、科技或综合类型中的一种，即使综合类馆也在地域或学科范围方面具有一定的限度。实体博物馆通常都有藏品及其相关学科人才的积累，经验丰富的专业人员则可能同时具备博物馆学知识。而数字博物馆建设所需的信息科技专业人员，却是一般博物馆没有积累的，并且在这种专业人才比较紧俏的时期，也不容易为人事管理体制改革相对滞后的博物馆所普遍吸纳。但好在博物馆工作具有一定的共性，针对某一家博物馆工作开发的应用软件技术，往往能够同时为其他博物馆所共享，国内已有好几套藏品信息采集与管理系统软件正在为若干家博物馆所使用着，更有许多单位在没有信息科技专业人员编制的情况下就完成了数字化建设。这说明绝大多数博物馆可以通过购买专业服务或接受政府指定产品等方式获得信息科技人才的支持，而不必专门设置专业人员从事应用软件开发。应用软件仅仅是手段而不是目的，其本质在于服务，与硬件问题差不多，大多数博物馆可以仅仅作为软件产品的用户，而大可不必勉强充当软件生产者的角色。由此看来，数字博物馆人才培养，主要应该沿着实体博物馆信息部门员工乃至主管人员的素质要求展开。尤其是信息主管人员，在一家博物馆的数字化建设中往往起到十分关键的核心带头作用，对外要承担选购信息科技产品或服务的重任，对内要承担项目策划和技术辅导任务，对上要发挥提供领导预算和决策依据的作用，对下则要起到协调多种专业人员实施操作的管理作用。

三、培养方式与内容

博物馆的数字化建设是新兴的博物馆工作内容，现有学科中只有博物馆学才把博物馆工作规律视为研究对象，因而数字博物馆属于典型的博物馆学课题。培养过程中至少应注意几个重点方向：认识数字博物馆的功能与价值，认识数字博物馆与传统博物馆的关系；熟悉数字藏品信息的采集、制作、组织、发布与交换的功能周期；掌握多媒体藏品资源的特点和管理方式；通过对藏品信息资源的采集、组织与利用补充数字博物馆的馆藏；培养学科背景；利用信息技术开发信息服务模块增强数字博物馆的服务功能等。

根据我国的实际情况，数字博物馆专门人才可通过开设本科专业，通过通识教育、素质教育、专业教育等不同层次的学历教育，以及继续教育、职业培训等不同的方式获得数字博物馆建设和管理的相关知识。同时网络资源、图书馆资料等也是进行数字博物馆相关知识学习的重要资源和手段。

在我国高校的博物馆学专业教学单位，大多还没有来得及对数字博物馆这一新生事物做出反应，个别教师还处于探索途中，本科教学虽已开始出现数字化内容，但受课时限制而无法充分展开，仅仅是介绍性的专题讲座而已，还没有形成跨学科联合培养的成熟方案。由于数字博物馆知识结构具有一定的跨学科性，更强调熟练的技术操作能力和组织协调能力，因而比较适合在双学位或硕士研究生层面开展培养工作，已有少数大学博物馆学专业开始招收研究生。另有计算机科技和信息管理等专业也在培养研究生，已有多篇从技术角度研究数字博物馆课题的问世。

在我国，数字化建设热潮来得比较突然，由于实体博物馆机构通常都没有这类新型人才的积累，因而对相关人才的需求也比较紧迫和普遍，单纯依赖大学较长周期的学历培养是无法满足需求的。所以，由诸如博物馆数字化专业委员会等民间学术团体组织馆校结合式的短期在职培训，可能是一种比较理想的途径。即便研究生培养，也以同等学历在职人员委托培养方式比较合适，往往能以较短的脱产期直接为博物馆培养出关键的数字化建设带头人。

第十二章　博物馆衍生商品的开发与营销模式研究

精神经济时代的背景下，经济、社会与文化日益一体化，博物馆被赋予了新的契机和新的挑战。博物馆承载了更多的功能，在博物馆界出现了事业与产业相融合的现象，博物馆从单一的展示保存功能，向展示、教育、文化交流和公众艺术多样化身份转变，博物馆衍生商品就是其中的产物。

第一节　博物馆与博物馆衍生商品

一、博物馆定义的演变与博物馆衍生商品的出现

1.博物馆的定义

国际博物馆协会在维也纳召开全体大会通过了经修改后的《国际博物馆协会节程》。节程修订后的博物馆定义是：博物馆是一个为社会及其发展服务的、向公众开放的非营利性常设机构，为教育、研究、欣赏的目的征集、保护、研究、传播并展出人类及人类环境的物质及非物质遗产。

2.从博物馆定义的演变看博物馆衍生商品出现的合理性与合法性

从国际博物馆协会对博物馆定义的演变来看，我们可以进一步探析到以下三点意涵：

第一：博物馆的办馆理念从以"藏品"为核心演变为以"观众"为核心。以"藏品"为核心演变为以"观众"为核心的指导思想奠定了一种新的博物馆文化，使当代博物馆在运营、管理方式上越来

越呈现出市场化、企业化和产业化的趋势，聚焦于参观者和消费者立场上的博物馆体验。衍生商品也由此应运而生，通过充分挖掘博物馆资源并以商品的呈现方式，架起了博物馆与观众沟通互动的桥梁，以此满足观众休闲、娱乐、购物、社交、观光、学习等多方位的需求，是当今博物馆运营的一个重要发展方向。

第二：博物馆"非营利"的特性应当被正确解读。非营利组织一词源于单词"non-profitorganization"，简称 NPO。

该词是西方国家从法律、经济学、社会学的角度对特定社会机构、团体组织的称谓，并认为

它是介于政府公用事业和私营经济实体之间的一种组织机构。将设于民政部的原社会团体管理局改为民间组织管理局，"民间组织"一词从此作为"非营利组织"的中国官方用语开始被正式使用。中国大陆地区实行的《民间非营利组织会计制度》对非营利组织规定了三个条件：一是不以营利为目的，二是出资不拥有非营利组织的所有权，收支结余不得向出资者分配，三是非营利组织清算后的剩余财产应继续用于社会公益事业。

众所周知，"不以营利为目的"是非营利组织的核心描述。如何理解该语义，关键在于对"营"字的正确把握。非营利组织采用"营"，而非"赢"或"盈"。根据字典释义，"盈利"和"赢利"是同一个意思，为"企业单位的利润"和"获得利润"之意，既可作名词，又可作动词；"营利"只作动词，是"谋求利润"的意思；谋求是设法寻求，是表示有目的、有计划地想办法取得，是有主观上意愿的；而"获得"是"取得、得到"，是客观上获得的。从经济学的角度看，这被称作"不分配约束"，是非营利组织区别于生产性组织即营利性企业的显著特征。

所以，我们可以由此得出结论：博物馆被称为非营利组织，其真实含义是"不以营利为目的"，博物馆可以从事商业经营活动并获取经济收入，比如开发与营销博物馆衍生商品，但是所获的经济利润必须用于博物馆自身的发展，不得用于成员之间的分配或分红，组织资产不能转变为私人财产。

第三：教育功能不断凸显，使得教育方式寻求创新。在前文叙述的博物馆定义演变中，教育功能被放在了首位，凸显出当今博物馆对教育功能的重视，然而如何创新教育方式来达到更加有效的博物馆教育便成为各个博物馆需要重点考虑的问题。博物馆衍生商品作为具有丰富博物馆精神积淀的文化商品，恰恰成为延伸博物馆教育的新载体，利用文化教育与商业行为的巧妙衔接，有效地"再释和传播"了博物馆的精神文化内容，诠释出"让小众文化艺术进入大众日常生活"的理念，彰显出博物馆在教育方式上的创新。

综上所述，我们可以从博物馆定义演变的三点意涵中发现：博物馆衍生商品的出现具有合理性与合法性，也是博物馆发展与演变过程中的必然产物。

二、开发与营销博物馆衍生商品的意义所在

1.衍生商品是普及博物馆教育的"分身"

当博物馆资源不能被独占时，衍生商品可以扮演其教育的"分身"。首先，衍生商品可以改变人们喜爱文物藏品，但却因为其珍贵稀少而无处购买或购买不起的处境，满足大众对于消费品精

神化、审美化、符号化的需求。其次，衍生商品作为博物馆教育的"分身"，可以唤醒大众的参观体验，让购买者在回家后也能自然而然地把衍生商品与博物馆藏品、展览、建筑、馆徽等做相应的联想、回忆。从而延长了观众接受博物馆教育的时间，充实了大众的业余生活，提高了大众的生活品质，对博物馆及其相关文化信息的印象就会更加深刻和长久。再次，衍生商品寓文化精华于物化，寓审美情感于物化，是博物馆教育普及的一个重要载体，不少身临其境的参观者会与亲朋好友分享美好的参观体验，他们会选择一些特色纪念品带回去送给没有来过博物馆的朋友，于是一个衍生商品承载着文化信息及信息拥有者的意志走出馆门、走出国门、走进家门，让"小众文化艺术"走入"大众日常生活"，使博物馆教育更广泛、更普及。同时，通过开发与营销衍生商品，将博物馆藏品的精神内容"再释"和"传播"给大众。此外，发展博物馆衍生商品的工作在一定程度上也促进了馆内工作人员对文物藏品的学术研究，进而使博物馆教育更有效、更深入。

2.可以弥补博物馆运营资金的缺口

通过开发与营销衍生商品，可以大大增加博物馆的自创收入，从而弥补博物馆自身运营资金的缺口。"以美国大都会艺术博物馆为例，该馆每年大约有 600-700 万观众，每年的营业额是 5000 万美元，加上几个分店的收入，每年的总营业额达到近 3 亿美元。"位于美国首都华盛顿国家广场上的世界上最大的博物馆群 Smithsonian，衍生商品的销售收入达 1.563 亿美元，为博物馆带来了2670 万美元的净利润。

"美国纽约现代艺术博物馆旗下的衍生商品专卖店收入已达到 1.7 亿美金。"台北故宫博物院的文创产品销售额高达 7 亿新台币，约合人民币 1.5 亿元。

足可见衍生商品的开发与营销的经济效益巨大。此外，博物馆衍生商品的发展还可以促进博物馆体制机制的改革创新，利于培养锻炼一批既熟悉博物馆业务工作，又擅长衍生商品开发、经营与管理的新兴综合性人才。在衍生商品的开发过程中，对于原作有计划的授权复制，在一定程度上也打击了赝品市场。同时，衍生商品的买卖，不但不会影响原作市场的价格，反而还能扩大博物馆藏品和艺术家的知名度和身价。例如村上隆的一个衍生品都卖到了 5000 美金，而其雕塑原作的价格并没有受到影响，反而居高不下，卖到了 1520 万美金。

3.引导大众文化消费，促进文化传承与发展

精神经济时代，大众的文化消费需求与日俱增，博物馆衍生商品可以很好地满足人们对古物把玩、怀旧复古、审美意趣、装饰家居、馈赠亲友、旅游纪念等需求。所以，开发与营销博物馆衍生商品，一方面，可以为大众提供一种文化消费的机会，而且是一种主动消费行为。大众主动购买这些包含着文化精髓，历史、科学、艺术知识，工艺技法等精神内容的衍生商品，体现了大

众对博物馆、藏品、展览及其所蕴含的各种文化意涵的理解与认同，也会吸引更多的人们参与到博物馆文化消费活动中来，并逐渐形成一种有益的消费习惯和消费风气，潜移默化地引导大众的审美喜好，培养大众的文化品位和人文素质，引发大众的文化探寻与认同，对传承和发展中华民族悠久的历史文化，加强对外文化交流具有重要意义。另一方面，大众花钱购买博物馆衍生商品的过程，实际上也是大众变相参与捐赠的过程，因为他们所花费的金钱，都将用于博物馆本身。这其实是在创造出一种激发全民关注文化、参与文化传承和文化创造的热情或激励企业投资、捐助公益文化设施或兴办中间组织、文化机构和行业团体的制度建设和环境建设，最终形成长效机制下多元互补、广泛参与的公益性文化事业发展格局。

4.带动相关产业的发展

陈国政（2004）指出："若以文化创意产业的"创意同心圆扩散理论"套用到博物馆上，便可以博物馆典藏之藏品为重心，第一圈可为研究、教育、参观、收藏等基本的博物馆宗旨及博物馆产业工作，其次为博物馆衍生的服务，如商店、餐饮及图像授权等，最后，则为外圈的相关协助厂商，如语音导览、数字技术、产品开发、策展机构、经纪人、画廊、运输印刷等产业结构，便形成博物馆唯一文化产业的中心论述位置"。由此可见，透过诸如在博物馆的组织结构中增加衍生商品开发与营销的环节，不仅可以获得经济效益，还可以活化博物馆资源，加强与参观者、艺术家、资金赞助单位、合作厂商之间的互动，带动相关产业的发展，达到"文化的产业化"和"产业的文化"的融通。

5.推动"中国制造"向"中国创造"的跨越

中国众多的博物馆中蕴藏着无穷无尽的文化、内容、内涵资源，它们是历史的、民族的、国家的智慧，是产生无穷无尽创意的智慧库，是任何资金资产投入都无法相比的智力支持与支撑。这样的优质资源足以涵盖和转化为优质的内容资源、原创资源、精品资源、产业品牌资源和自主知识产权资源，这样的优质资源足以带动和重组全新的产业文化链和文化产业链，这样的优质资源也足以实现"用文化创意产业，为文化产业创意"的目标。将数千年的文化活跃于现代产业的链条中，以文化商品的方式走出博物馆，走进大众日常的消费活动中，成为大众主动消费的对象，这是让中国文化充实世界文化宝库，走向全世界的有力方式。博物馆衍生商品的发展可以将缺乏中国文化内涵、文化特性的"中国制造"打造成为有鲜明中国文化元素、文化印记的"中国创造"。唯如此，才谈得上中国创造、中国品牌，民族特色、民族风格，才谈得上国际影响力、国际竞争力。

第二节 博物馆衍生商品的开发生产模式

一、前期的基础准备工作

在开展博物馆衍生商品的开发生产和营销推广工作之前，博物馆应当首先做好三项最基础的准备工作，即明确宗旨，设置部门和人员，建立数字化藏品图文数据库。这对博物馆衍生商品生产开发环节，乃至之后营销推广环节的顺利展开都起着至关重要的作用。

1.明确使命宗旨

透过对博物馆衍生商品使命宗旨的描述，从事发展博物馆衍生商品的人员将明确地知道，自己所做的工作应当有利于博物馆教育使命的传达，并在博物馆的教育使命与衍生商品的获利之间取得平衡。可以有效避免在开发与营销博物馆衍生商品期间，在博物馆教育宗旨与市场导向两者间游离不定的窘境；也可以打消购买衍生商品的观众心中对博物馆非营利性真实与否的疑虑；还可以鼓励观众乃至全社会，以更加积极的购买行为投身到对博物馆的支持当中。

在大都会艺术博物馆网络商店网页中写着："你的购买支持了博物馆扩大公众艺术意识的教育使命，也为博物馆的运营经费做出了贡献。记住：你从大都会博物馆商店所购买的礼物，就等于是给大都会博物馆一个礼物。"

在大英博物馆在线商店的网页左下角，用了很醒目的蓝色字体标注："您所有的购买行为都支持了大英博物馆的发展。"而法国卢浮宫博物馆也同样如此。

在台北故宫博物院的"故宫精品"网页上写道："我们深刻体认博物馆商店不是一般零售商店，故宫精品网络商城需对公众承担更多的责任，并延续博物馆功能中的每个环节，让网络商城不仅仅是购物商城，更期待能提供优质的浏览环境丰富每一位使用者的博物馆经验！"台北故宫博物院衍生商品的销售所得一部分交回国库，一部分交给"故宫文物艺术发展基金"，全部用于搜购文物。

2.部门设置与人员要求

（1）对博物馆衍生商品发展部门的设置

负责博物馆衍生商品发展的部门，是博物馆的教育部门，也是商业经营的部门，所以为了维持博物馆的良好形象，需要加强该部门的自我竞争力，因此在运营上融入企业化模式，以专业的方法经营，并以观众为中心的服务理念接待来自五湖四海的观众。在国外，大多数博物馆采用财团法人的组织架构，衍生商品的发展部门多以一般企业组织架构的模式运作，即董事会决定衍生商品的运营方向与执行方针，专业经理人是实际业务的负责人。

根据大都会艺术博物馆年报显示，负责衍生商品开发与营销的部门为"商品销售部门"，该部门又分为五个子部门：商品设计开发部门、商品销售管理部门、市场零售和宣传推广部门、零售商店运作部门、商品销售的财务、维护系统与批发部门。各子部门除了分工专业化以外，也全力协调研究、展览部门与工厂间的合作，包括总经理在内的商店销售部门，正式员工高达237人，约占全馆人员的13%以上。大都会艺术博物馆商品销售部门的组织架构就像一家企业的规模，扮演着协助博物馆推广艺术教育与筹措经费的重要角色。

大英博物馆则在组织架构外设置了独立负责衍生商品开发与营销的公司。成立的"大英博物馆有限公司"与大英博物馆分属两个独立运营管理的个体，大英博物馆公司为信托理事会所属的有限公司，是一个免税的公益团体，其宗旨在于推动博物馆的教育工作。目前提供的服务包括大英博物馆藏的图像授权和衍生商品的批发、零售、出版、复制或其他经销与授权工作，也提供餐饮服务和文化旅游活动。所得利润全部用于补助大英博物馆有限公司以及大英博物馆的运营支出。其中，由大英博物馆有限公司管理的"大英博物馆图像部"是专业的数字影像授权机构，负责大英博物馆藏品的图文授权交易，为广大用户提供了另一个接触大英博物馆丰富馆藏资源的渠道，其影像均受到技术保护措施的管理与限制。大英博物馆影像部还是英国图库经纪协会的成员之一，严格遵守该机构的职业守则和道德规范。

卢浮宫博物馆则将其图像授权和衍生商品的开发与营销工作完全委托给了法国国立博物馆联合会，并与卢浮宫博物馆组织架构中的文化产品生产部门对接。RIN的宗旨是通过展示、发布、传播、推广、开发和获取等一系列工作，让大众更好地了解文化遗产，使得每个人都能轻而易举地发现和获得它们。最初以协助募集与管理各个国立博物馆搜集文物所需的经费为目标，一开始仅代理四家博物馆（卢浮宫、凡尔赛宫、卢森堡博物馆、国立古物博物馆）的业务；之后拓展其业务范围至商业授权业务，经营各国立博物馆的常设展或由RMN主办的临时性展览的相关明信片、导览、图录等外围出版事业，后来扩张至有声书及多媒体；RMN转型成为具有商业色彩的公营企业，受到法国文化传播部所属的博物馆司的监督。该联合会目前共代理34家机构，包括32家博物馆以及两家展览场馆，成为主导法国国立博物馆授权业务的唯一窗口。根据RMN的2011活动报告显示，其衍生商品在巴黎和法国其他地区的40多家博物馆商店和馆外销售网点出售，是法国和欧洲最大的衍生商品开发销售网络，每年开发500到600个新产品。

台北故宫博物院专门负责衍生商品开发与营销的部门是分开的，其中负责衍生商品授权开发、审核、库存等工作的是"故宫文物艺术发展基金"，该基金中设有评审委员会，以9至11人为原则，由器物处、书画处、图书文献处等相关单位派员兼任，其中院外委员不得少于委员会成员的三分之一。委员会审核会，负责衍生商品研发计划及合作开发案的审核，严格把关，以确保博物馆的品牌形象。下设文创行销处，负责典藏复（仿）制品、出版品、衍生创意设计品的开发生产事宜。目前文创行销处并无设计部门，所以除部分出版品外，其他衍生商品一律委外设计制造。而销售工作，由于受限于非营利事业机构法令的关系，馆方不能直接干涉营利的销售工作，于是故宫成立"员工消费合作社"（简称消合社，原名为员工福利社），负责衍生商品的销售，自负盈亏，并由馆内的"福利委员会"（简称福委会）监督其工作。凡是通过基金科审核通过的商品，必须由消合社销售，从某种程度上看，消合社是故宫最大的经销商，也是博物馆对外的最佳窗口，肩负教育推广的重任。

（2）对博物馆衍生商品发展人员的要求

在调查的四大博物馆中，其博物馆衍生商品的商店均采用专业的"经理人制度"，由专业经理人独立设立商品的创意开发与营销管理小组，自负盈亏，独立经营。并且对馆内人员和馆外合作人员都有着特别的要求。

1）对博物馆商店经理的要求

商店经理是一个经营团队的领导核心。彼得·杜拉克说过："经理人的能力、操守和绩效都会成为决定性的要素。"经理需要具备的首要条件是责任感、使命感与奉献精神；其次要具备专业知识，包括对博物馆各种资源和教育使命的深入了解，捕捉商机的敏感度与开发商品的兴趣与激情，以及对衍生商品设计、制作、量产、销售、推广等环节的熟悉与了解等等；再者需要掌握一定的财会知识、商店规划能力、库存管理能力，以及对团队的指挥领导、员工的潜能激发等能力。作为一个掌舵者，经理应当智商与情商兼优。

2）对博物馆商店员工的要求

首先，上岗前员工需要进行培训。商店员工不但要对其销售的衍生商品的特点、价格、材质、使用和保存方式了如指掌，而且还应当具备有关展览、展品、衍生商品的历史文化背景等文博知识，达到这些要求的员工才能上岗工作。台北国立历史博物馆商店的周进智经理就会拿博物馆相关资料给销售人员阅读，让他们充分认识艺术品。对馆内商店的销售人员来说，需要具备说故事的能力，而机场专卖店的销售人员更要会中、英、韩、日等多种销售语言。

其次，员工价值应当被鼓励和重视。商店的员工不只是普通的收银员或销售员，还肩负着为大众解答关于博物馆、藏品、展览及其衍生商品问题的任务，是身兼销售、宣传、教育多重任务的"销售解说员"。他们代表着博物馆的形象，扮演着教育传达角色，其良好的服务态度将是吸引顾客再度光临的关键因素。所以，他们需要更多的自信心，博物馆的领导应当给予他们充分的重视和肯定，让他们明白自己的重要性并为之努力。许多国外博物馆会在商店员工达到一定业绩时给予奖金。

其三，员工应当主动了解顾客，并设法满足他们的需求。博物馆商店员工不应该是被动的"营业员"。而应当学会主动询问和倾听顾客的需求，并且为顾客提供详尽的解说服务，透过每项商品所附带的制作说明书，告知顾客商品的规格、尺寸，原件与衍生商品之间的差异，博物馆收藏这件藏品的渊源，以及维护和保存商品的方法等等。解说服务是员工向顾客传达教育信息的途径，也是员工认知和检视衍生商品的过程，进而淘汰不具备教育价值的商品，以保证商店销售的衍生商品件件是精品。

其四，制定员工准则，严格管理。以台北国立历史博物馆为例，对于销售解说员的工作规定有 21 条准则，例如出风口不能有灰尘等，当中除了商品、环境清洁及服装仪容维持外，也针对店内展示灯、商品位置等不能随意更改的规定，一项没有做好以扣奖金作为警惕；为避免机场商店销售人员自行将较好卖相的商品放在最醒目的位置，采用牌架及产品说明将商品的位置固定下来；针对机场商店有 R&D 设计部门，在布置商品陈设时就会拍照存证，作为以后商店经理巡视商店检查布置是否得当的参考。

台北国立历史博物馆商店的经理周进智表示，当销售人员习惯每天执行 21 条规定后，商品展示环境管理也便利许多，不断被赋予重视的销售解说员也会有使命感去认真付出。此外，销售人员细节处的亲切热情、人性化服务对缔造形象营销十分重要。曾有一位外国旅客想在台北国立历史的博物馆机场商店购买纪念品，但身上台币不足，此时商店销售解说员掏钱帮这位客人买到了喜爱的纪念品，事后博物馆收到了这位客人寄来的感谢信，足见落实一次良好的消费经验，博物馆的馆外形象营销，也在无形中缔造出来了。

3）对外部合作厂商的人员培训

为了加深合作厂商对博物馆的了解，改善合作的协调度，博物馆还对厂商人员另外培训。例如，台北故宫博物院制定的文创产业发展研习实施计划，为合作厂商提供了一个获取资源和教育训练的平台。聘请三十多名院内外师资力量，讲授"美学与感知""文物传习""设计与创意""体验与参访""数字学习及价值应用"等五阶段研习课程。为期 6 个月，总研习时数达百余小时。让参与的企业团队在培训中产出具备文创理念的实质设计成果，并导入故宫衍生商品开发机制与质量管理，将创意成果转化为实际生产或运用，以此来提升博物馆相关产业的质量和内涵，建立故宫与各产业之间的合作及营销模式。

二、自行研发

自行研发模式是最能够紧贴博物馆使命宗旨与藏品精神内容的开发模式。优点表现为：其一，博物馆拥有完全的主导权，对衍生商品的设计方向易于掌控，所生产出的衍生商品最能符合博物馆的需求期待；其二，可以充分利用博物馆现有资源，生产出独具特色、辨识度高的衍生商品，消费者对衍生商品与博物馆的记忆连结较强；其三，省去了委托他人创意设计的费用，可以将收益所得全部回馈给博物馆自身发展。

大都会艺术博物馆是以自行研发模式为主的典范。85%以上的衍生商品都是由博物馆的跨部门专家团队在尊重藏品、理解藏品、了解消费者需求的基础上自行研发或直接监制。从开始挑选适当的艺术品作为素材，到设计商品与实际铸模生产均由博物馆内部的艺术史学家、设计师以及工匠完成。大都会艺术博物馆以自行研发的模式，确保了每样衍生商品均能忠于和重现原作品所蕴含的精神内容，使得每个衍生商品都能够很好诠释博物馆的品牌形象。

大英博物馆也是自行研发为主要开发模式的典范。其自行研发的高档礼品或复制品直接由馆藏的原始作品铸膜而成，因此能高度重现原始作品的神韵与精神；透过自行设计研发的文具、首饰或配件吊饰等衍生创意设计品的制作，传统艺术更能走进大众的日常生活，赋予原作精神内容以崭新的生命；其书籍刊物均由本馆的出版部负责，以保证其专业度和权威性。

台湾国立历史博物馆则是完全自行研发的代表。该馆增设的"商品研究发展部门"是中国台湾博物馆中专门设立商品设计开发部门的首创，该部门可以精准掌握衍生商品开发的各个环节，也能够精准把握馆藏资源所蕴含的精神内容，设计出符合该馆文化特色、使命宗旨的衍生商品。

许多专家相信，自行研发的衍生商品将是博物馆的优势所在，应当作为衍生商品开发模式中至关重要的部分。但自行研发的模式也存在不少缺点：其一，博物馆需要自行承担所有开发费用与销售风险，必须自行解决可能发生的库存压力。所以，在决定自行研发某项产品时，预先做好市场调查十分重要，以确保某个藏品未被开发售卖。其二，由于博物馆缺乏专业的设计队伍，所以自行研发的衍生商品往往流于表象，多以典藏复（仿）制品与平面印刷品为主，品类单一，缺乏创意设计。鉴于此，大部分博物馆通常自行研发一部分复（仿）制品和出版品，而另一部分的衍生商品，尤其是对创意设计需求度高的衍生创意设计品，则采用授权合作开发的模式。台北故宫博物院就是充分运用授权合作开发模式的典范。

第三节 博物馆衍生商品的营销推广模式

从精神经济学的角度来看，博物馆衍生商品的营销就是"精神内容传播"的过程。借鉴 Sharron Dick man 在《如何行销博物馆》一书中对于博物馆营销组合的描述，将博物馆衍生商品的营销组合归纳为 4P 要素，分别是：产品策略（Product）、定价策略（Price）、销售渠道（Place）、促销推广（Promotion），下面逐一进行分析。

一、产品策略

1.大都会艺术博物馆的衍生商品

大都会艺术博物馆的首个博物馆商品店正式对外营业，除销售书籍、图录等出版物外，率先经营与博物馆相关的商品，并大获成功。大都会艺术博物馆衍生商品种类可分成首饰珠宝、手表、书籍和音像制品、墙面装饰画、家居雕塑摆设、文具、服饰、手提包及配件、儿童玩具共九大类，每个大类又细分成许多不同价位的小类别。

首饰珠宝类是大都会艺术博物馆最独具特色的主推商品，是从各种不同文化馆的历史藏品截取图腾纹饰、象征符码、传奇神话所设计出的商品。首饰珠宝按照材质的等级分为一般首饰和高级首饰，前者价位在数十美元，后者在数千美元。目前馆内销售的书籍有 6000 多种，累计开发的各类衍生商品达两万余种。大都会艺术博物馆的商店已从一个小纪念品中心，发展成为推动文化教育的主要延伸机构和重要的经费来源。

2.小结

首先，四大博物馆主营的衍生商品都可以归纳为在前文所总结的三大类衍生商品：典藏复（仿）制品、出版品和衍生创意设计品，分布在各个价格区间中，面向各种受众群。

第一，作为出版品的"书籍和音像制品"是各个博物馆所必备的第一大宗衍生商品，具有浓厚的本馆特色和教育意义，且价格普遍便宜。

第二，作为衍生创意设计品的"文具明信片、服装包袋、家具饰品等"是第二大宗衍生商品，与大众生活用品息息相关，具有实用性和装饰性，价位大多处于低档和中档。

第三，作为典藏复（仿）制品的"复制版画、雕塑、首饰珠宝等"由于其精细做工和限量生产，是尊贵身份象征的中高档礼品，价位普遍较高。

第四，在衍生商品中还有一个重要的类别就是"儿童商品"，该类商品很好的考虑到了大人带小孩来博物馆参观的家庭消费群体。

其次，四大博物馆虽商品种类众多，但都有各自博物馆的特色商品。如大都会艺术博物馆主推的首饰珠宝、独家彩幻系列手表（Met Coler Magic）、大都会工作室出版的版画（Met Studio Prints）；大英博物馆主推的艺术印刷品、The Folio Society 出版的精装珍藏版书籍等。

二、定价策略

"适当的定价策略才能带来最大投资报酬率，同时也能掌控营运效率。"所以，在给衍生商品定价时，需要掌握一定的技巧：

其一，应当避免"折扣店"、"廉价店"的感觉。比如 99.95 或 97.99 的定价，虽然看上去好像是在打折，但 95 或 98 美元看起来会更让顾客接受；而 1.9 美元和 1.7 美元的价格看上去更像是超市的价格，将价格调整为 1.5 或 2 美元会更加好。事实上过低的价格也会扼杀商品的销量，例如在殖民威廉姆斯堡历史博物馆中，有一个卖得不好的印刷品，售价为 2.95 元，很多顾客认为这件商品看上去就是一个"笑话"，当把它的价位提高到 10 元时，销量立刻提升了 4 倍。所以说，过于低价位会让顾客脑海中形成一个很廉价、很可笑的商品印象，很少人会愿意花钱去购买一件不值钱的商品。

其二，消费者的年龄、收入、职业等背景存在差异，所以针对不同的消费者，应该为商品制定分级式价格区间。例如：针对学生族群设计低价位的学习用品或书籍类的衍生商品；针对有固定收入的一般消费群体设计中价位的实用性与装饰性衍生商品；针对中高收入的消费群体设计高价位的珠宝类及复制收藏类的衍生商品；针对儿童和家庭消费群体设计适合动手完成与教育性的衍生商品。大都会艺术博物馆的定价区间从十五美元以下到五百美元以上，共设置了十个价格区间，这样可以很好地满足孩子、学生、成年人、时尚人士等不同群体的需求，让各类消费群体都能带着他们喜爱的衍生商品和愉快体验离开博物馆。

其三，平价与高价是相辅相成的。平价的衍生商品可以广泛地吸引一般大众，且能得到很好的宣教效果；定制、限量的高价衍生商品具有"专属定制"与"独此一家"的珍贵感，是象征身份、品味、地位的奢侈型消费，也会使消费者特别珍惜与向往。另外，高价商品也能有效地促进平价商品的销售。

其四，定价时需要考虑隐藏成本。如商品包装费，商品运输费，员工研究、调查、设计所花费的精力，生产制造中所出现的错误、瑕疵，设计和印制产品教育信息的费用（产品信息、导览、说明书等）。

三、销售渠道

"销售渠道是由多个彼此相关的组织所组成，促使产品或服务能顺利被使用与消费"。销售渠道可以分为实体渠道和虚拟渠道。实体渠道是具有实体店铺的销售商，如便利商店、量贩店、精品店、专卖店等；虚拟渠道是不具实体店铺的销售商，如网络购物、邮购、电视购物等。在众多的博物馆衍生商品销售渠道中，将其归纳为三种：馆内商店、馆外专卖店以及网络商店。

1.馆内商店

Wagner K.F 在其著作《Maintaining a high quality visitor experience》中提到，"在某机构的调查中显示，有41%的观众会购买纪念品"，所以博物馆一般都在馆内设置一个以上的博物馆商店。

（1）商店位置：Arthur W.Melton 在调查中指出："75%的观众在进入展厅会场后习惯于向右转，只有当他们背对着出口时，才向左看。"所以大部分博物馆商店设置在靠近入口两侧、大厅出口附近或楼梯间夹层。将四大博物馆的馆内商店分布位置归纳总结如下：

有一些博物馆为了让100%的观众都进商店参观，则将商店放在博物馆唯一的入口处或出口处，让参观者穿过商店才能进入或走出博物馆，如法国埃克斯阿维尼翁的教皇宫。而纽约现代艺术博物馆则革新理念，为其"MOMA 精品店"设置独立的入口，非入馆参观的观众可以直接进入商店。此外，有的商店位于馆内较为独立的空间，与咖啡厅相呼应，如法国巴黎市立现代艺术博物馆的商店。还有的商店则位于博物馆的公共休息区，运用开放式空间布局，如布鲁克林博物馆新扩建的商店。

（2）商店面积：商店的面积大小没有一定的标准，但要有足够的空间摆放陈列架和展示柜，以及有足够的储藏空间，并安置一个小办公室。商店空间不可太大也不可太小，要与博物馆的人流量做相应的配合，有专家提出："不论您所在的博物馆面积有多大，商店的面积都不应小于190平方米。"而有一些商店虽然面积不大，但也运作得不错。

（3）装潢布置：根据博物馆的风格以及博物馆商店的大小不同，使得博物馆商店的装潢布置也各有差异，但有些原则必须遵守：其一，商店的装潢要跟博物馆的建筑及装饰风格一致；其二，在冷暖色调的运用、灯光的布置、植物的摆放、橱窗的展示方面都应该突出本馆特色；其三，在商品的陈列上要注意参观通道的畅通。总之，商店应当成为博物馆展览馆的延伸，同样需要为观众营造一个舒适愉快的视觉体验。

（4）展示原则：对于商店的主推商品、畅销商品、季节限定商品，应当放在突出位置；展示高度除了要考虑成年人的视线要求，也要考虑到儿童的视线位置；一些便宜的小玩意可以放在收银台附近，供购物者付款时随时取拿，一些贵重的商品，如瓷器、首饰，应当放在较高的货架或者用玻璃罩保护，儿童玩具应当放在较矮的展柜上；保持货架的整洁和丰富，至少一个月更新一次橱窗的展示，并且应当与博物馆展览同步，对于博物馆不定期举办的特展，应当即时变换商店陈设，米为特展宣传，吸引消费者；此外，对于商标的设计、包装袋的设计、宣传册的设计、店内的摆设家具、员工的工作服都应当与博物馆风格保持协调一致。

（5）人性化设计：不管是馆内还是馆外商店，可以咨询建筑设计公司，但在设计过程中应当特别将人性化设计考虑在内，特别是为儿童和残疾人配备的设施。"轮椅宽度为 65 厘米左右，所以最窄的门口要 85 厘米，最窄的走廊要 120 厘米，桌椅、家具、展柜之间的空间可以让坐轮椅的参观者通过"。

2.馆外专卖店

除了附属于博物馆本身的传统实体商店外，博物馆还积极地开发多元的销售渠道，扩大商品销售的服务范围。如在机场、百货公司及其他的公共空间设立专卖店，授权其他商户销售博物馆的衍生商品。馆外专卖店的选址应以接近购买力、中心商务区、交通方便为原则。馆外专卖店的好处是增加了博物馆的"能见度"，将负载着博物馆教育理念的衍生商品推广到全世界流通，让无法亲临博物馆的观众，也能获得对博物馆的认识。并帮助博物馆获取更多的会员，为博物馆的教育事业募集更多款项。与此同时，由于专卖店处于人流量较大的商场或机场，是观光客认识和接触博物馆的第一个窗口，这也给馆外专卖店提出了更高的运营要求，例如需要增加更换橱窗展示品的频率，加快推出新商品的周期，以及聘用更加专业且掌握多国语言的工作人员等来提高服务质量，以满足消费者的各种需求并吸引他们走进博物馆。在研究的四大博物馆中，大都会艺术博物馆和台北故宫博物院在拓展馆外专卖店上颇具成效：

（1）大都会艺术博物馆：全球化营销战略

大都会艺术博物馆可谓是"全球化营销"的典范，积极拓展海外市场。它十分欢迎经销商向其申请授权，成为博物馆衍生商品的专属海外销售据点。"该馆在纽约梅西百货、洛克菲勒中心、克莱斯勒大厦设有专卖店，在新泽西纽瓦克自由国际机场、纽约肯尼迪机场、纽约拉瓜地亚机场设有机场商店，目前已有的 7 间专属商店遍布美国地区的商场和机场。"大都会艺术博物馆除在美国本土地区设置专属销售点外，还将触角延伸至全球，拓展其营销版图：通过与澳大利亚、奥地利、墨西哥、印度、泰国、日本、马来西亚、新加坡等地的机场、百货公司签约，将独家代理权出售给当地零售商。目前，该馆已经在美国及全球 8 个国家和地区设立了 23 间专卖店，各店平均面积为 3000 平方尺。

（2）台北故宫博物院：区域性经销体系

台北故宫博物院积极公开征求国内各地的经销商，有意愿合作者，需符合故宫制定的厂商基本资格，经故宫商品审查小组审查通过，与故宫签订委外经销契约后，即可办理本院典藏复仿制品、出版品、衍生创意设计品等各类商品经销事宜，结账事宜则依照合约议定的折扣条件、拆账比例与结账时间办理。台北故宫博物院目前共有 30 多家北、中、南地区的授权经销渠道；有消费合作社经营的院区礼品部、桃园国际机场二航站店销售点；台湾手工艺推广中心中华工艺馆，由故宫直接拿商品在其申请的寄销柜售卖，属于寄卖的方式；台北京华城百货公司八楼是委外经营，由祥泷公司负责经营；新竹县文化局的礼品店，是采用寄卖的方式；台中港区艺术中心以及高雄大立伊势丹百货公司十楼初期是以寄卖的方式经营，现在则委由祥泷公司经营，属于委外经营。以台湾最大的博物馆衍生商品开发厂商祥泷股份有限公司为例，因负责不少台北故宫衍生商品开发的工作，因此也向故宫申请馆外衍生商品的经营事项，目前在高雄市及台北市的百货商场内都有专卖店。台北故宫博物院未来将朝着区域性经销体系发展，由各区域经销商统筹该区域管辖内的销售渠道。

（3）网络商店

博物馆的网络衍生商品交易平台是一个崭新并充满惊人可能性的领域。大都会艺术博物馆的"The Met store"购物网站正式投入运营。这是世界上首家博物馆网络商店，开创了博物馆商品电子商务化的先河。它采用传统的 B2C 模式：终端消费者通过因特网或其他渠道了解博物馆的各类商品，形成购买意愿，然后访问网络商店，在网上完成订购、下单与支付过程，最后在线下通过邮递服务完成实际交易活动。网络交易平台不仅简化了博物馆衍生商品的交易流程，缩短了交易时间，而且建构与维持网站的成本通常少于实体商店所需租金，也少于邮购服务所需目录复印、寄送成本，还可以实现 24 小时营业、全球速递、退换服务等。

大英博物馆、卢浮宫博物馆以及台北故宫博物院也都纷纷建立起了自己的网络商店，并且都针对不同需求的消费者划分多样的主题检索类别，让用户可以在最短时间内，以最简单的方式浏览搜寻到最适合其需求的商品。但是成功运营网络在线商店的博物馆往往需要良好的网络基础建设。换言之，博物馆需要保有与维持实体衍生商品的仓储、包装、运输、追踪以及商品保险等物流管理系统，以及雇佣足够的网站工作人员及时处理顾客问题和商品退换货等。所以，尽管网络购物时代是大势所趋，但博物馆对于这一新事物仍须权衡其投资和收益的比例，量力而行。

博物馆销售渠道越多，大众越能够便利地购买到博物馆衍生商品。但是博物馆选择一种或多种销售渠道，还是应该取决于博物馆对自身实力的了解，对市场需求量的掌握，对顾客消费行为的分析，才能制定出最适合博物馆商店的营销模式，达到效益的最大化。

四、促销推广

"产品如果少了有促销效推广，不论多好的产品、定价或销售渠道，都无法使该产品在市场中立足"。"公司的营销沟通组合，又称促销推广组合（promotion mix），包含了广告、公共关系、人员推销、促销及直销营销等工具之间的特定混合搭配"。这也适用于博物馆衍生商品。

1.广告

广告可以协助厂商创造需求、开发市场及扩大销售量。广告的目的是告诉市场有关一项新产品，使顾客对产品产生兴趣，或是公益性表现对社会的关怀。包含平面、广播、网络、户外及其他的广告形式。

台北故宫博物院曾使用过许多广告推广的方式。曾推出形象广告，宣告故宫八十周年整装待发的核心概念"old is new"。除拍摄形象广告外，更与台北大众捷运股份公司合作，设置台北车站艺廊与士林车站艺文信息区，捷运士林站以"到故宫找新鲜、到故宫找新奇、到故宫找创意"为主轴，整体设计以翠玉白菜为主体，搭配复制品的展示，吸引旅客驻足欣赏，以达到宣传故宫的目的。

而台北车站艺廊则以"old is new"为主轴，运用大型立体的游鱼转心瓶，使展示变得更生动活泼，也让故宫的美深入大众的日常生活。对于参与故宫之友的会员、媒体、饭店、文化及旅游等机构，故宫会定时寄出故宫宣传刊物，即时提供故宫的展览、衍生商品及教育活动的最新消息。此外，在网站上也提供订阅故宫电子报的方式，让大众能随时掌握故宫的最新信息。

2.促销

促销是企业最直接刺激大众消费的营销推广工具。产品可因促销的诱因而快速的增加消费者的价值需求，相较于其他营销推广工具，促销是最快获得销售目标的方法，是鼓励购买或销售某一商品的短期诱因，不具持续性和周期性，可视市场状况不定期实行。博物馆衍生商品的促销策略大致分为：

货币性促销，例如折扣、折价券等；非货币性促销，例如会员制度、网站推荐、畅销排行榜等。针对不同消费者交替使用。

（1）会员制度

大都会艺术博物馆会员级别众多,纽约市民支付 70 美元即可成为最低级别的大都会网络会员；支付 100 美元以上可以成为个人会员，可获得按季节分页的会员日历；若为非纽约市民众可以支付 60 美元成为伙伴会员，享有衍生商品消费折扣并获得按季节分页的会员日历；支付 275 美元以上可以成为朋友会员，可获赠大都会最热门礼品之一的年历。

大都会艺术博物馆共有 15 种会员制度,随着缴纳会费金额的提高,享受的优惠服务业也越多。但只要成为会员均可在网络商店、馆内商店、邮购目录或是所有大都会衍生商品实体专卖店消费时享受 10%的优惠折扣。

大英博物馆的会员分为 26 岁以上的成人会员、16-25 岁的年轻会员，8-15 岁的青少年会员三个类别，其中支付 44 英镑就可以成为会员，购买衍生商品时可享受 10%的优惠折扣。卢浮宫博物馆的会员制度分为家庭会员、专业会员和青年会员三个类别，成为会员均可享受卢浮宫及其 RMN 设立的书店的 5%折扣。

台北故宫博物院会依照民众捐款数目的多寡配发故宫"友卡"，分为"快乐故宫之友、尚雅故宫之友、荣誉故宫之友以及国际故宫之友"四种会员等级，其中荣誉故宫之友卡由故宫视贡献度主动致赠。只要成为故宫会员，且不论哪一种等级，购买故宫馆内外商店（含网络商城）销售的典藏复（仿）制品、出版品、衍生创意设计品，皆可享有九折优惠。故宫精品网络商城也会不定期推出绝版品竞标，提供民众收藏绝版品的机会。台北故宫博物院也会依照民众在网络商店消费金额的多寡配发故宫的会员卡，分为书画卡、瓷玉卡、青铜卡三个等级。

（2）折扣促销

折扣促销活动是吸引忠实客户及潜在客户初次购买的重要原因。博物馆可以定期推出促销商品，提供超低优惠价格折扣，并辅助强烈促销字语以营造购物气氛。

在大都会艺术博物馆的网络商店选购特定衍生商品达一定数量即可享有折扣。例如，每种商品都有折扣促销组合；若一次性购买两只手表，第二只手表仅需支付 30 美元；若一次性购买两张海报，第三张免费；若一次性购买三个玻璃杯，第四个可享 50%的折扣；若一次性购买任意两盒贺卡，第二盒可享 25%的折扣；若一次性购买两个便签盒，第三个可享 45%的折扣；若一次性购买指定区域里的雨伞，可以享受 25%的折扣。在年终或换季期间也会举行换季或出清大甩卖，清仓区有 25%折、50%、75%三个折扣档次。大都会艺术博物馆还会透过 e-mail 方式寄给会员一组促销代码（Promotion code），会员在网络商店结账时输入该组密码即可享有折扣。

（3）畅销商品排行榜

许多人喜欢购买畅销商品。大都会艺术博物馆在其网站上就列出了最畅销衍生商品。从中可以发现：畅销排行榜前十名商品中畅销数量最多的是首饰珠宝类商品；榜中的151件商品，服饰配件类占大多数；其次为儿童类和出版品类。通过公布畅销商品排行榜的方式，一方面可以帮助博物馆获取销售状况，并制定下一步的开发与营销策略；另一方面，也可以帮助不了解博物馆的人获取该馆的特色商品，并根据以往消费者的偏好和反馈来决定自己的购买行为。可谓是"一箭双雕"的促销策略。

3.直效营销

直效营销是博物馆与特定消费者（如会员）直接联系沟通，以期待获得回应，并培养持续有效的顾客关系。透过电子邮件、电话、电视广告、网络、邮购目录等方式直接将商品信息、展售信息、优惠活动等传达给特定消费者。其中最被博物馆广泛运用的直销营销模式是邮购业务。邮购优于其他销售方式的地方在于，可以透过顾客的购买信息进而建立完整的客户数据库，甚至可依消费者的性别、年龄、消费特性等发展出个别化的销售方式。此外，邮购不需设立店面展示商品，可以减少实体商店租金等开支。所以，邮购事实上是一种主动经营客户的促销方式，从客户的需求上提供更多的衍生商品。但邮购的经营管理也相当的繁复，须投入大量的金钱和心力去规划邮购目录，甚至有时需花费数年才能开始获利，因此要制作出一份精美且能准确传达目标的邮购目录实属不易。

大都会艺术博物馆进行邮购目录。起初目录内容只包含复仿类和出版类，加入了珠宝、服饰等更丰富的内容。其邮寄对象：一是通过来电、电子邮件等形式主动表示购买意愿的顾客，二是曾在大都会艺术博物馆商店有过购物经历、并愿意接收商品目录的顾客，三是该馆的捐赠者、会员和志愿者，四是政府官员和新闻媒体；每一件目录商品都有独立的6位数编号，购买者在选定商品后，可以通过邮寄回执、拨打客服热线、发送传真、发送电子邮件、通过网上大都会的商品目录订购，该馆平均每年寄出1600多万本商品目录、为超过50万人提供邮购商品的服务，推出当季重点商品特价活动。

台北故宫博物院因为商品来源的不稳定以及商品种类的变化速度较大，无法提供邮购的服务，但仍结合馆内既有的出版专长，针对需求量较高的热门衍生商品、单价较高、常卖型的文物复制品等，制作商品目录。虽然在线目录已有逐渐取代传统纸本型录的趋势，但仍有多数的潜在顾客习惯透过翻阅制作精美、赏心悦目的纸本目录，来购买博物馆衍生商品。

第四节 对我国博物馆衍生商品发展的启示

一、中国大陆地区博物馆衍生商品的发展概况与不足之处

中国大陆地区的博物馆数量虽多，但衍生商品的发展仍属初级阶段，仅五家的衍生商品年销售业绩破一千万。国家文物局对中国大陆地区的 60 家博物馆做了一次抽样调查，发现大部分博物馆的衍生商品开发还是空白，徘徊在缺乏创意和精品意识的粗制层面，衍生品产值超过 2500 万元人民币的博物馆，仅北京故宫博物院和上海博物馆两家。江苏省经营情况较好的南京博物院和苏州博物馆，年销售额不过 300 万元左右，只有台北故宫博物院的 1/50。

案例，中国大陆地区博物馆的衍生商品在经营理念、组织架构、版权保护、开发模式、营销推广等方面还存在很多不足之处，亟待改善。

1.经营理念的模糊。"耻于言利"的思想一直严重影响着中国大陆地区博物馆衍生商品的发展。

2.衍生商品发展部门和人员的缺失。事业单位编制不断缩减和遇缺不补的特性，导致中国大陆许多国立性质的博物馆未设置衍生商品的发展部门。虽然有些博物馆设立了衍生商品发展部门，但业务执行人员多为原博物馆组织编制下的人员兼任，精通博物馆学，却不具备商品开发与营销的能力，更没有专门的商品设计人员。

3."建库"工作刚刚起步。国外博物馆大都完成了数字化博物馆和藏品图文资料库的建立，但对于中国大陆地区的博物馆来说，数字博物馆的建设工作才刚刚开始。面对 21 世纪瞬息万变的数字化浪潮，博物馆数字化的实现是保护文化遗产，延续和传播精神文化内容行之有效的办法。

4.版权保护与授权意识薄弱。目前，以数字藏品图文资料为基础，以知识经济为导向，发展艺术授权产业，已经成为国际通行的艺术商业模式。资料库依据享有的权利状况制定使用与授权的政策，将数字影像分为不提供使用、提供使用两大类，数字藏品授权层级分为组织内部使用和对外授权层级。

对外授权使用的数字影像可以广泛的授权给个人或团体，用于非商业或商业性使用，并由相关被授权人支付一定数额的权利金来获得使用许可证。而中国大陆地区对于知识产权的保护与授权缺乏规范。

所以，对于藏品图文和商标的授权加值应用并未在博物馆与厂商、大众之间普及，再加，上一些唯利是图的侵权者滥用博物馆资料图片，导致许多粗制滥造的盗版衍生商品充斥市场。

5.衍生商品开发的问题

（1）缺乏创意设计、品牌特色和精品意识。北京故宫博物院曾做过一次专业性的调查。结果显示：20.1%的人来之前就有在故宫购物的打算，购物预算平均274.8元，预计购买的物品类别，纪念品73.8%，食品12.7%，书籍5.6%。实际情况是，49.4%国内参观者，54.4%的国外参观者光顾了故宫的商店，只有18.2%的国内参观者和22.2%的国外参观者购买了纪念品，未购买的原因，51.4%是价格贵，14.3%是没有喜欢的。大众对商品的要求，则几乎百分之百是有故宫特色，有中国特色，有纪念意义。前文分析的四大博物馆案例中，可以发现它们都选择专注于本馆特色典藏复（仿）制品、出版品以及衍生创意设计品的开发。在自主研发的坚实基础上，开展授权合作开发，并适量引进馆外商品，严格保持馆方固有的专业形象。而中国大陆地区的一些博物馆对衍生商品的创意设计、自主研发意识非常薄弱，大都以"直接拿来"为主，直接从小商品制造商那里挑选。而制造商为了降低成本，偷工减料，致使生产出的衍生商品种类单一、制作粗糙、忽略特色、缺乏精品。缺乏针对原馆藏资源的文化精髓的理解研究、提炼萃取、创意设计；缺乏针对市场中各种消费群体的细分与定位；缺乏针对衍生商品价值和商品质量的评估。对于作为文化圣殿的博物馆来说，劣质的衍生商品难以融入大众生活，只会损害博物馆的品牌形象。

（2）对教育属性和商品属性"度"的把握失衡。首先，应当把博物馆衍生商品的教育属性放在首位。一些博物馆从业人员过分追求经济效益，而把博物馆衍生出的教育性文化商品，当作一般商品来看待。既忽略了博物馆衍生商品最重要、最本质的教育功能，也忽略了博物馆"品牌营销"的独特趋势。例如，一些博物馆拿当地的旅游纪念品、手工艺品充数，这些商品并不能够代表博物馆，因为在其他地方也能买得到。更有甚者销售完全与博物馆无关的衍生商品，也未附带相关的商品说明，似乎仅仅为了迎合市场、寻求经济收益，这并不是一种积极正确的做法，大大损害了博物馆的社会形象。事实上，不管是对于文化产业，还是对于博物馆事业，如果从业者的出发点只是为了"赚钱"，而不肩负起对于文化发展繁荣的社会使命，一定不会获得长久的成功。其次，博物馆衍生商品也应当注重市场属性。衍生商品是一种用于交换的商品，应当针对不同消费者的需求开发不同的衍生商品，尤其应当以服务大众百姓为己任，在外型、品种和价格的设置上应当更具有"亲和力"。以南京市博物馆为例，该馆为配合主题展览，制作的缩微版阿育王塔，却因高成本低销量而被迫停产。正如荷兰北布拉邦省博物馆馆长 Harles de Maues 所说："一款艺术衍生品要想获得消费者的青睐，其创意设计既要符合现代审美情趣，也要具有市场针对性。如果只以价格高昂的复制品作为开发思路，市场会狭窄很多。"

6.衍生商品营销的问题。目前，中国大陆地区的很多博物馆商店消极经营，诸如装修陈旧、陈列单一，不及时更新和推广商品，销售人员缺乏导购意识、解说能力等问题丛生。

7.开发与营销两大环节脱节。虽然将博物馆衍生商品的开发生产与营销推广分成两个节节来探讨，但在实际操作中，这两个环节应当紧密地联接起来，构成一条完备的产业链，才能形成博物馆衍生商品发展的良性循环。而目前中国大陆地区许多博物馆衍生商品的开发与营销环节却是脱节的，甚至是缺失的，并未形成一条连续完善的产业链。

二、中国大陆博物馆在衍生商品发展上的积极探索

当然，中国大陆地区的一些博物馆在衍生商品发展上也在积极探索，并且在经济效益和社会效益上初见成效。

1.上海博物馆

上海博物馆可谓率先走上衍生商品开发之路的领头羊。该馆成立上海博物馆艺术品公司。负责衍生商品的开发与营销。目前销售的商品类别分为：复仿青铜器、复仿瓷器、复仿书画、复仿玉器、丝巾、领带、桌旗、玻璃杯、拎包、首饰盒上博出版物、袖扣、笔记本、磁贴、书签、工艺扇、伞、行李牌、杯垫、纸制品、手镯、小包袋、钥匙扣、名片盒、画作式灯、小瓷盘等16大类。上海博物馆成功开发了一千六百多种衍生商品，年销售额达两千五百万元，甚至超过了门票收入，近年来衍生商品的年均产值更是攀至四千万元。

2.苏州博物馆

苏州博物馆免费开放后，该馆与苏州市文化经济发展总公司合作，苏州市博欣艺术品有限公司（简称博欣公司），开发经营博物馆文化衍生产品，在实际过程中立足自身特色资源与优势，对博物馆文化衍生产品开发进行了一些探索，实现营业额一百二十四万元。实现营业额三百六十万元。如今苏州博物馆已开通网上商店，在线销售121种衍生商品，主要分为装饰画类、服装类、居家类、文具类、高档礼品类、书籍绘画类、银镶绣首饰类等7个大类和32个小类。

3.湖南省博物馆

湖南省博物馆设立"文化产业发展中心"。该中心设置多个子部门专门负责组织和开展特色衍生商品的开发与营销活动。以衍生商品的内涵和优质的服务延伸博物馆的展览、教育功用。中心的艺术品商店专营漆器、丝绸刺绣、青铜器、瓷器等文物的复仿制品和独具博物馆特色的纪念品，共计十几大类，千余种商品，购物环境优美，商品丰富，具有鲜明的楚汉地方特色。19 在展览大厅设有文化书屋，销售考古、文物、历史、地理、文学、艺术方面的图书及相关音像制品、书画作品。目前在其官方网站上设有网络商店和淘宝商店，衍生商品分为养生系列、漆器系列、丝绸

纺织品系列、玻璃琉璃系列、书籍系列、湘绣系列、纪念品系列、瓷器系列、其他系列等十大系列。目前在网络商店售卖的商品共 62 种。"湖南省博物馆仅"四羊方尊"题材的工艺品销售单项就达 17 万元之多",并成功打造"马王堆"品牌。

此外,武侯祠博物馆虽是小型博物馆,但该馆充分利用三国文化广为公众关注的特点,倾力打造文化品牌,数年间开发了 100 余种富有三国文化气息的衍生商品,其中约有 15%比较受游客欢迎,传播了三国文化品牌,带来了良好的社会效益和经济效益。秦始皇兵马俑博物馆衍生商品年收入达到 2000 万元。广州西汉南越王博物馆在 1 万件藏品中,精心挑选了最具南越文化和岭南文化特色的文物,研发了百余种文化产品。

故宫还做了很多小商品,把故宫元素融入小商品之中,设计可爱的 Q 版小人等,也广受网友的欢迎,成为大热 IP。

三、改善意见与未来展望

在精神经济和市场经济的时代背景下,我们应当抓住发展衍生商品的契机,加强博物馆衍生商品的开发与营销工作,学习和借鉴欧美发达国家,以及中国台湾地区的成功模式。为此,提出以下改善意见:

1.更新经营理念,实现"以文养文"。其实博物馆完全可以从事商业创收活动,也应该重视市场营销活动。事实上,博物馆营销的实质是一种管理手段,有利于博物馆以观众需求为导向,通过细分市场、市场定位、以及广泛的合作,制定观众驱动型营销战略,并通过产品、定价、分销、促销等策,略,向社会大众提供为之喜爱和追捧的优质衍生商品。进而实现博物馆与观众的"价值交换"。换言之,就是利用衍生商品的开发与营销,活化博物馆资源,实现博物馆精神内容的再释和传播,建立起博物馆与观众的互动关系,使博物馆在市场经济条件下"活"下去。中国大陆地区的博物馆从业者应当认识到发展衍生商品的重要性、必要性和合理性、合法性,并积极地付诸于实践。

2.建立博物馆衍生商品的发展联盟,实现"优势互补"。各个博物馆拥有资源不同,且各自的力量单薄,所以形成联盟,就可以有效的整合配置各方资源,使得博物馆衍生商品可以互相流通,形成规模和品牌。事实上,美国和法国早已建立起了相关的协会:

(1)"博物馆商店协会"

该博物馆商店协会是美国创建的一个非营利组织,旨在提供博物馆的衍生商品与教育服务的机会，并能增强大众对博物馆的学习动机，加深大众对博物馆藏品和展品的认知，以期能使大众更接近博物馆、喜爱博物馆，推动文化历史知识的传播。会址设在美国科罗拉多州的丹佛市，拥有 2000 多名会员。协会定期出版刊物《MUSEUMSTORE》，杂志会向博物馆会员传授一些有关商店经营的知识。协会规定，博物馆商店协会的会员必须每年缴纳超过 50 美元的税金。若不是该协会的会员，如果想要参加协会定期举办的年会，也可以自费前来。

（2）法国国立博物馆联合会

主要业务是统筹管理法国三十多间国立博物馆的图书出版、商店发行销售及举办特展事务三个方面。该联合会的宗旨是：艺术品征集、服务观众、策划展览及文化传播。联会统筹大型展览、出版品发行及衍生商品的开发销售，决定博物馆的分配金额，并受到行政委员会的指导，这个委员会成员包括政府代表、大型博物馆馆长（卢浮宫、凡尔赛宫）和外聘人员。该联合会虽是商业机构，但其存在却能透过衍生商品的开发与营销，服务大众，并将所得商业收入回馈给博物馆事业，缓解法国政府的财政压力。值得欣喜的是，在举行的"中华民族艺术珍品颁奖典礼暨中华民族艺术珍品流通中心开业庆典"上，旨在提高博物馆纪念品和旅游产品开发的专业机构"中国博物馆学会博物馆文化产品专业委员会"在北京成立，该委员会作为中国本土的研究机构，行使了国际通行的"博物馆商店联盟"机制，致力于打造专业博物馆文化产品研究、发行、宣传等平台，挖掘和建设博物馆这个庞大的艺术经济体系。江苏省博物馆展览联盟和博物馆商店联盟在南京博物院揭牌。未来江苏省将在十三个省辖市成立博物馆连锁商店，采用江苏博物馆商店联盟与文化创意企业跨界合作的方式，联合组建创意产品研发中心，依托全省博物馆的馆藏文物资源，开发兼具文化价值和实用价值的文化创意衍生商品。

3.组织内部法人化，实行"一馆两制"。博物馆该如何面对市场进行商业化、产业化运作？特别对于传统的国立博物馆，这是个棘手且急需解答的问题。国立博物馆一直是享有政府雄厚资金补助的非营利组织，但在欧美等国相继减少相关资金补助，以及博物馆界出现自谋经费的法人制度的影响下，博物馆自力更生的时代便已开启。中国大陆地区的绝大多数国立博物馆也不例外，需要面临自筹财源的处境。但国立博物馆因受限于各类法律法规，对直接产生经济效应的商店及商品，馆方都无法自行掌控，诸如经销的问题、采购的问题、产发的问题，如果没有一个公司的组织就很难去运作发展。于是，另外成立合作社、公司或是专业经理人的制度来运营，成为目前台北故宫博物院、北京故宫博物院、上海博物馆、湖南省博物馆等中国国立博物馆的解决方式。认为可以采用"一馆两制"的模式，对外博物馆仍然是公务体制，而内部组织则部分法人化，在开发生产上"把好关"，在营销推广上"不阻拦"，将公益机构管理体制和经营性企业管理体制相结合。但这种部分法人化的模式也有不妥之处，例如单独成立的公司在其衍生商品的开发营销上，是否真正与馆方的使命宗旨一致，或是专业经理人因未被馆方完全授权，可能导致运作管理上的困难等。所以，对于中国大陆地区博物馆组织架构的设置问题，有关事业与产业运作问题仍有待进一步的思考和研究。

4.建立数字化藏品图文资料库，建立"共享渠道"。通过上文对案例的分析，我们不难发现，博物馆若能透过数字化工程，建构一套更为开放性的藏品图文资源平台，不但可以加强版权保护，还可以打开一条共享渠道，便捷地向大众提供博物馆资源信息，达到文化推广的目的。

5.加强版权保护，塑造品牌形象，发展"艺术授权"。博物馆在建立数字化藏品图文资料库的基础上，可以进一步发展艺术授权产业，塑造和拓展博物馆的品牌形象。广泛地在各种商业或非商业领域授权，开发与营销各种类型的博物馆衍生商品。这实际上是对博物馆资源不断加值的过程，也是对文化遗产的精神内容不断传播的过程，更是对传统文化不断弘扬、传承和发展的过程。

6.多种开发与营销模式相结合，发展"关系营销"。首先，在开发模式上，可以采用自主研发为主，授权合作或公开市场采购的开发模式并用，来弥补博物馆自主研发能力的欠缺，以此获得更多市场认知度，创意设计资源和其他品牌厂商的力量。其次，在营销模式上，开拓多元化的营销推广渠道，使博物馆商店摆脱小商品零售店的负面形象。例如在馆内销售的同时，开设馆外专卖店、海外连锁店，提供直销、邮购、网购等多种营销渠道，弥补博物馆实体店营销的时空局限，尤其是利用网络销售平台，可以大大解决二、三线城市因无法接触到博物馆衍生商品而造成大量潜在消费群体流失的问题。另外，在宣传推广上，除了参加工艺品博览或衍生商品博览会来推销自己的衍生商品，利用传统报纸、杂志媒体进行宣传报道之外，还可以借助数字时代新媒体的力量，利用 facebook、Twitter、新浪微博、Pinterest 等社会化媒体进行营销，通过用户和用户的互动、用户和品牌的互动，将其行为分享到社交网站，产生广泛的传播效应。国外博物馆的成功案例告诉我们，博物馆应当在严格把控商品质量的基础上，加强对外合作，树立"关系营销"的理念，尤其应当注重与观众群、消费群建立长期信赖关系，与合作厂商、旅游社、媒体等组织或个人建立畅通高效的沟通渠道，借助商业市场的力量，互惠互利，达到共赢。使博物馆摆脱小商品零售店的形象，去适应激烈的市场竞争环境。

7.实现大众、博物馆和衍生商品在馆内外的"互动关系"。由于大众的受教育程度、生活环境、生活习惯、收入水平、价值观念、年龄、性别、身份和情感等主客观因素的不同，造成他们对于博物馆衍生商品的认知、理解、需求也各不相同，那么，如何让衍生商品成为沟通大众与博物馆的媒介，如何建立起大众、博物馆和衍生商品三者在馆内外的"互动关系"，就需要做到以下三点：

（1）通过市场调查，进行消费群及其需求分析，并建立资料库。

（2）根据消费需求，设定目标顾客，细分市场。

（3）塑造高质量、品牌化的衍生商品。所谓"高质量"和"品牌化"包含三个层面：

第一，博物馆衍生商品的开发应依托特色资源，尊重文化原貌。每个博物馆都有其独特的藏品，精美的展览，让观众收获艺术的熏陶、文化的体验和愉快的回忆。与此同时，观众也迫切希望能将这些"真善美"的精神回忆带回家，永久保存。于是，由藏品、展览延伸出的"可携带精神内容"—博物馆衍生商品，便成为实现观众这一心愿的法宝。同时，应尽可能地将文化原貌呈现给大众。于是，在博物馆衍生商品的作用下，博物馆跳脱出了原本的旧模式，进入精神内容再诠释与传播的全新模式。

第二，博物馆衍生商品应当利用创意设计，加强精神内容与物质形式的融合度。要生产出精神内容与物质形式融合度好的博物馆衍生商品，关键在于研发团队的调配协调，加强研究人员与设计人员、生产人员、销售人员、维护人员的沟通，实现馆内馆外的高效合作。

第三，博物馆衍生商品应当注意高、中、低价位和各种类别的设置，尽量做到雅俗共赏，兼顾审美性和实用性。既要满足高端礼品市场，又要满足普通大众的需求。

8.厘清博物馆衍生商品营销与一般市场营销的"两大差异"。其一，营销的根本目的差异：一般市场营销追求利润最大化；博物馆营销追求的是社会利益最大化，市场营销仅是其管理手段。其二，营销的目标市场差异：一般市场营销的目标市场有排他性；而博物馆并不具有排他性。厘清了两大差异后，再制定以社会效益最大化地面向最广泛大众消费市场的营销计划。

9.建立产学研一体化模式，充实"专业人才"。充实博物馆衍生商品的设计人才应当是重中之重，但博物馆衍生商品的设计不同于其他产品的设计，必须对博物馆资源有长时间的研究，要充分了解藏品的历史价值、艺术价值、工艺价值、科学价值等等。但现实情况是博物馆往往设计人才不足，此时可以结合高校师生的设计资源，专业设计公司的经验，或是手工艺大师、民俗传承人的技艺，共同研发衍生商品，形成一种动态的产学研一体化设计联盟，以适应多变的市场需求。这里所指的专业人才，不仅包括衍生商品的设计人才，也包括衍生商品营销和管理人才，那些接受过专业学习，懂得市场经济与商品销售规律的专业人员，他们能够利用自身的优势，积极开拓商品市场，拓宽营销渠道。大都会艺术博物馆就高薪聘请了精通经营业务的专家主持衍生商品营销工作。此外，对于馆外合作厂商的相关人员进行定期培训也是十分必要的。只有这样，才能在衍生商品的发展上，形成规范，统一标准，在馆内外形成发展优质衍生商品的强大"合力"。这些都需要得到中国大陆地区更多博物馆界从业者的重视，政府也应当给予博物馆经济支持、政策引导和宏观调控管理，并逐步提高博物馆的自主经营权。

第十三章 新元素、新技术在文化创意产品设计中的应用

博物馆文化创意产品主要以物质产品为载体，是一种社会公众更容易接受和获取的文化创新产品，是一种向社会公众传播博物馆文化的新型途径，有助于社会公众更加关注博物馆文化创意产品背后所蕴含的文化价值。

第一节 语义学在博物馆文化创意产品设计中的应用

博物馆文化创意产品是以博物馆馆藏（或展览）和文化为元素，通过设计开发的具有文化性与创意性的产品。现阶段，博物馆文化创意产品作为博物馆文化的重要衍生品之一，受到了越来越多的关注，而一些问题也随之暴露。

首先，市场定位模糊，博物馆特色不明显。虽然已有故宫博物院、中国国家博物馆为首的一批国家级博物馆将文化创意产品做得风生水起，但大多数博物馆缺乏自主研发能力，文化创意产品只是停留在简单的复制、微缩层面。其次，产品创意不足，缺乏吸引力。博物馆文化创意产品虽然品种繁多，但以纸本、围巾、杯子、钥匙扣等类似的产品居多，不足以吸引公众。而且，对博物馆临展以及特定节庆所推出的衍生品开发不足，文化创意产品更新慢，缺乏创意。最后，文化符号缺失，文化功能不足。博物馆文化创意产品的设计与开发是实现博物馆 IP 资源物化的过程。目前，很多文化创意产品只是通过对文物图案生硬地提取制作而成，未能对文化符号的内涵进行拓展和延伸，没有做到真正使"文物活起来"。

在这种背景下，要想改变博物馆文化创意产品的局限性，就要在设计中转变设计思维，使博物馆文化创意产品根植于中华文化，实现创新性的发展。

一、语义学在博物馆文化创意产品中的应用

（一）语义学的概念

语义学是符号学的重要组成部分，最早由美国符号学家莫里斯提出，他将符号学明确分为语构学、语义学和语用学这三部分。在博物馆文化创意产品设计中，语义学实际上是研究设计符号

与其象征意义之间的关系。根据索绪尔的二元关系论，就博物馆文化创意产品来说，其"能指"代表的是文化创意产品形式，主要为产品的造型、功能结构、材料肌理等物理存在；而"所指"则是文化创意产品的隐性内容，包括产品风格、产品的美学意义、产品功能、社会意识以及科学水平等，它所传达的是设计师对设计文化创意产品背后的博物馆文化、思想与价值观的表达。文化创意产品符号是借由能指与所指的关系来揭示博物馆文化创意产品的意义。

（二）语义学在博物馆文化创意产品设计中的重要性

博物馆文化创意产品是根据馆藏文化而进行设计，是将博物馆所蕴含的文化因素通过产品展示给受众。挖掘博物馆具有代表性的文化符号，是文化创意产品设计与开发的基础，而如何将传统文化符号或内容转化为现代的产品，为受众所喜爱，这就需要设计师在对博物馆文化进行深入研究的基础上，通过一定的载体和文化符号实现博物馆文化资源的物化。在文化创意产品设计中，结合语义学的主要目的是将文化符号作为博物馆文化的具象化的手段，利用语义学的形式与文化创意产品的功能语境，使用语境相配合，使文化符号与文化创意产品相得益彰。

二、故宫博物院文化创意产品语义学特征解析

关于语义学研究符号能指与所指的关系问题，在博物馆文化创意产品中，能指可视为产品的形式，所指可视为产品的内容。换言之，人们通过感觉器官来体验博物馆文化创意产品所反映的特征，继而通过对表现特征的认识来理解文化创意产品的内容。在皮尔斯的理论中，按能指与所指的关系，可以将符号分为图像符号、指示符号与象征符号三类，对应博物馆文化创意产品来说，它们具有不同的意义和特征。

（一）图像符号

图像符号指博物馆文化创意产品的形式与表达内容之间具有形象相似性，借用已具有意义的事物来表达文化创意产品的意义。在故宫博物院文化创意产品中，有些产品的装饰图像和结构形式通过对馆藏文物或历史人物形象进行引用、抽象、简化的处理，作用在文化创意产品形体上。例如，故宫文化创意产品中的太平有象书签，产品造型源于故宫博物院院藏清代錾胎珐琅太平有象，设计师选取珐琅器中宝瓶以及"太平有象"的吉祥形象进行几何抽象，使精密繁复的珐琅彩

被简化为色彩斑斓的几何纹样，在满足产品功能的同时传承了博物馆文化。

图像符号作为博物馆文化创意产品内容意指的主要方式，在故宫文创中得到广泛应用，这一类的文化符号主要是基于对形式美、视觉效果的考虑，利用图像纹样或其复合体来表达文化创意产品的意义。

（二）指示符号

指示符号指博物馆文化创意产品形式与意义的内容之间有实质的、因果的、空间的或逻辑的关系。皮尔斯指出："指示符号是这样一种符号，它之所以指称某对象，凭的是受此对象的影响。"指示符号是故宫文化创意产品中最基础的符号，也是设计师表达设计手法的重要展示元素。最典型的就是由故宫博物院出版社推出的《故宫日历》，后来《故宫日历》重新设计出版，以生肖图案为主题，并增加了文物赏析设计，串联各个日期、节气，强化了其时间性指示功能，体现了现实与历史的传承与演变，具有造型新颖、功能丰富的特点。另外，故宫博物院善用文字性指示符号，将文字书写在文化创意产品外观醒目的位置上，以诙谐幽默的方式意指文化创意产品的功能特点。

（三）象征符号

象征符号指博物馆文化创意产品形式和意义之间并无直接联系，而是依靠约定俗成的理解产生某种观念的联想，具有抽象或隐喻象征的作用。象征符号在博物馆文化创意产品中的运用，大大丰富了文化创意产品的内容，使它不再是一个纯粹的工业产品，而且具有文化意义。

1.产品造型的象征意义。这一类的象征属于抽象象征，指用某种可以直觉或想象的图像表示或暗示某种不可见的意蕴。在故宫博物院文化创意产品设计中，产品造型通过对博物院建筑、院藏等进行抽象、简化来表现故宫以及中国传统文化的意义。例如，"事事如意"茶具的造型源于故宫院藏文物《岁朝佳兆图》中的柿子形象，整套茶具饱满润泽，在壶盖处特地采用了柿蒂的造型，融入"事事如意，时时称心"的寓意，将福佑从宫廷向外自由延伸。

2.装饰图案的象征意义。故宫博物院文化创意产品中的装饰图案主要分为抽象性符号和寓意象征形象两种。抽象符号有牡丹纹、缠枝纹、龙云纹、花鸟纹、万字纹，以及福、禄、寿等吉祥文字，这些符号形式变化多样，且都带有祥兆之意。寓意象征形象有龙纹，象征神武与权力，凤纹象征祥瑞，云鹤纹有延年益寿之意，莲花纹象征着纯洁，葫芦纹有吉祥兴旺之意；此外，还有鸿雁、枝梅、鸳鸯、鹿、鲤鱼、双兽等。这些符号与形象通；过不同的变形与组合，使文创作品体现出独特的装饰特点以及意蕴。

3.色彩的象征意义。在中国传统文化中，色彩不仅是礼仪宗教、伦理哲学、文学艺术以及思想观念的反馈，而且也是中国传统文化的精髓之一。故宫博物院文化创意产品色彩的设计极为考究，正是对中国传统色彩美学理论的巧妙运用，以此来表达文化创意产品的思想，在满足使用功能的同时也满足着社会、文化的"隐形"需求。

三、基于语义学的博物馆文化创意产品设计

博物馆文化创意产品来源于文化，也代表着文化，是人们"带回家的博物馆"。基于语义学的博物馆文化创意产品设计，是在语义学的指导下，提取博物馆文化符号并将其编码与产品语义的能指和所指相匹配的过程。在这个过程中，应该结合语境将博物馆传统文化符号或内容转化为当代人所能接受和喜爱的产品，这样才能更好地体现文化创意产品的价值。

（一）提取博物馆标识性符号

博物馆作为中华传统文化的资源宝库，具有丰富性和独特性的特点，给予了文化创意产品丰厚的灵感来源。如何挖掘博物馆极具代表性的符号，是文化创意产品设计开发的基础。博物馆是以地域文化为背景，依托遗址以及馆藏而建立，因此博物馆明星馆藏以及建筑都可以成为其文化创意产品设计的标识性符号，如卢浮宫博物院利用其明星馆藏《蒙娜丽莎》开发了一系列的文化创意产品以及专题导览手册，使其深入人心。博物馆文化创意产品对博物馆的标识性符号进行强化与传播，明确了文化创意产品定位与自身特点，可以更好地将产品语义传达给受众。

（二）提取博物馆符号的"所指"

博物馆文化创意产品区别于普通文化创意产品的原因是将博物馆独有的历史文化注入产品之中，同时具备"能指"与"所指"的功能，成为沟通博物馆与受众之间的桥梁。中国传统文化底蕴深厚，无论是图形符号还是色彩符号都有其特殊的意蕴，因此对博物馆符号的提取，不能简单地理解为是对某个纹样或图案的提取与复制，而是对文化元素进行综合设计。

中国传统文化具有极为丰富的符号学内涵，因此根植于这种文化背景中的中国符号学研究，从起步就显示出与众不同的勃勃生机。在我国博物馆文化创意产品的设计过程中，更应充分考虑

其背后所蕴含中华文化元素，结合图像符号、指示符号和象征符号，使文化创意产品的语义得到充分表现。

（三）提取不同语境的符号

语境的不同，符号主体的不同以及解释者的不同都会导致符号所传达意义的不同，因此博物馆文化创意产品的设计要结合产品的使用语境、功能语境，将产品语义准确地表达出来。对博物馆来说，就是要利用语义学的原理，把自身的历史文化资源转化为现代文化创意产品，调和、衔接传统与现代之间的矛盾。例如，大英博物馆结合馆藏推出的小黄鸭系列文化创意产品，将博物馆文化元素与现代受众记忆点相结合，既满足了文化创意产品的语义功能，又为博物馆文创注入了新的生机与活力。

除这一类创新性的产品以外，也要注重情感类文化创意产品的开发，如在春节、情人节、母亲节等特殊节日里开发跟人们情感相关的博物馆文化创意产品，往往会激发受众的购买兴趣，同时也能传达文化创意产品的内涵，体现特定社会的价值取向和时代感。

当前，我国博物馆文化创意产品虽有所发展，但仍然在产品特色、创意、品质等方面存在不足。同时，也有利于博物馆传播自身的文化，发挥其教育、宣传功能，实现新的时代价值。

第二节 3D 打印技术在博物馆文化创意产品设计中的应用

设计是为人的生活各方面服务的，设计出来的产品带有设计师的情感态度以及美学内涵，但是现实生活中由于制作工艺的限制以及生产经费有限，设计师在做设计图时往往先考虑是否可以生产出来的问题。随着科学技术的进步，3D 打印技术的出现无疑是这一问题最好的解决办法。3D 打印技术可以实现超高难度的设计外观形态产品，同时可以个性化、小批量生产，此外具有不受地域、时间限制的特点。如果将此技术应用到博物馆产品设计中，将有利于提高博物馆文化创意产品设计水平和拓展博物馆的社会功能。

一、博物馆文化创意产品设计开发现状

《博物馆条例》，标志着我国博物馆建设、发展、管理进入法治阶段，明确了国家鼓励博物馆发展的思路。相继颁发了系列政策，鼓励博物馆多角度、多元化开发博物馆资源，为博物馆文化

创意产品设计开发提供了政策支持，使其成为一个完整、成熟的产业链。

近年来，政府相关部门大力支持博物馆各项工作，尤其是扩大博物馆的社会职能，因此推出一系列文化创意产品便成为首要解决的事情。近几年，具有代表性的是北京故宫博物院和台北故宫博物院开发的文化创意产品，其在开发模式、产品形式、宣传推广、营销渠道上都有很大进步，如故宫博物院的"朝珠耳机"，乾隆"朕亦甚想你"折扇，"故宫日历"；台北故宫博物院的"翡翠白菜钥匙扣""朕知道了"创意胶带等文化创意产品。但是从全国范围来讲，文化创意产品的设计开发应用水平普遍不高。

目前，国内博物馆文化创意产品在设计开发模式、产品形式、宣传推广和营销渠道四个方面逐渐形成一个完整的产业链阶段。具体来讲，设计开发模式有两种：一是博物馆与企业、公司、各高等院校合作；二是自主开发。产品形式有两种：一是实物，具有实用功能的日常文化用品；二是新媒体，采用博物馆文化元素或者符号进行 IP 形象、游戏、动画短片、视频等来推广博物馆文化。宣传推广有两种：线下和线上相结合。线下具体有展览、讲座、记者发布会等；线上利用微博、微信、客户端 App 等。营销渠道有两种：实体和"互联网+"模式相结合，如北京故宫博物院有淘宝店，文化创意产品定期更新，具体有文房书籍、生活潮品、卡通人物娃娃、宫廷饰品、文化衫等。理论上是比较完善成熟的，但是实际执行过程中也会出现各种问题。首先，文化创意产品种类单一，依旧采用传统模式，重复几种产品；其次，特色不够突出，和其他博物馆文化创意产品没有区别开；最后，实用性不强，质量参差不齐。

二、3D 打印技术以及应用领域

（一）3D 打印技术的定义及相关概念

3D 打印是快速成型技术的一种，又名增材制造技术，与传统的产品生产工艺有很大不同。借助 3D 打印机打印产品，类似普通打印机的制作方式，不过使用的是液态或者粉末状的塑料、金属、陶瓷等原材料，接着利用计算机辅助设计软件（3 DMAX/C AD 等）建好需要打印的物体 3D 模型，然后使用 3D 打印机开始打印，通常采用逐层叠加的方式黏合原材料，如果物体很大，可以分段打印，最终拼接出一个三维立体物体。

根据打印机的技术原理可将 3D 打印机分为三种：第一种是熔融沉积成型技术-FDM 3D 打印机，主要采用塑料为原材料，3D 打印机的配置和型号有多种选择，打印机的价格相对便宜，个人也可以负担得起。缺点是打印的产品不够精细，但是采用的原材料应用面比较广泛，产品可以回收再利用再生产，同时这种 3D 打印机是目前社会中使用最普遍的一种。主要打印尺寸在 10～1000mm 的产品，更大的产品可以选择拼接成型。第二种是光固化成型技术-SLA 3D 打印机，主要采用光敏树脂为原材料，这类打印机主要是从国外购买，打印机的价格相对高一些，在几万元到几十万元不等。缺点是脆，不易保存，但是打印的产品精度高，适合打印牙齿，戒指首饰等精细度高的产品。第三种是激光选区烧结技术-SLS 3D 打印机，采用金属粉末为原材料，目前我国生产这类打印机的工厂基本没有，打印机主要是从国外购买，价格很高，一般公司和企业不会购买，主要是大型工业企业选购。3D 打印机可根据自己要打印的产品成型尺寸、打印精细度、打印原材料，有针对性地选择适合自己的 3D 打印机。

（二）3D 打印技术的应用领域

世界上突然涌现出一股科技潮流，其中就有 3D 打印技术。近几年，我国 3D 打印技术快速发展，我们生活的各个领域都出现 3D 打印技术产品，尤其是在医学、工业设计、文化艺术、教育、航天科技、汽车行业、建筑、考古等行业。

在医学行业，使用 3D 打印技术打印牙齿和其他骨骼模型，以及制药，解决了药品发潮变质、过期等问题。在工业设计行业，可以使用 3D 打印技术打印一些传统工艺解决不了的工业机械零件。在文化艺术领域，艺术家借助 3D 打印技术创作出具有创新性的作品。在教育行业，可以利用 3D 打印技术开发更多实践体验课供学习者选择。在航天科技领域，可以使用 3D 打印技术制造高难度零件，同时可以降低生产成本。在汽车和建筑行业，借助 3D 打印技术可以解决不可再生资源问题。在历史文物领域，使用 3D 打印技术可以复原珍贵文物，尤其是易碎文物等。3D 打印技术已在多家博物馆用于复制文物和公益活动。例如，国内三星堆博物馆借助该技术对文物进行保护性复制；河南博物院则将 3D 打印技术应用于教育活动，让孩子们能动地体会到制作模型的乐趣。目前，博物馆文化创意产品制作也开始使用 3D 打印技术，如英国国家博物馆和 3D 公司合作，推出一项服务，消费者可以从博物馆网站中下载雕塑和艺术品的 3D 模型，使用 3D 打印机自行打印，可以打印自己喜欢的文物或者是平时不会展出的文物，留作收藏或者赠送亲友，为博物馆文化推广拓展指出新的方向。

三、3D 打印技术在博物馆文化创意产品设计中的应用分析

1.3D 打印技术在博物馆文化创意产品中的优势

首先是体验多元化，传统参观博物馆文物都是隔着玻璃看的，因为博物馆文物都是很珍贵的，文物一般都是在特定的玻璃罩里面供参观者观看。3D 打印产品消费者可以拿在手中观看抚摸，延伸了对文物的更多体验。其次是地域方面，传统的生产方式是开模生产，需要有大型生产线做支撑，我国东部明显比西部基础条件要好，同时开模工艺制作难度高，需要成本较高。3D 打印产品不受时间和地点的限制，各地区适应性强，灵活性高，只需要有一台电脑和一台 3D 打印机就可以满足生产需要。3D 打印产品即增材制造方式，可以先制作出小批量样品供消费者挑选，使用原材料少，降低了能耗，节约了人力、物力和生产成本。最后，也是很重要的一点，关于产品造型问题，设计师绘制一个效果图，传统制作方式会出现产品做不出来的尴尬情况；3D 打印技术可以打印出外观形态很复杂的产品，如跑车，公共空间灯饰、灯具。

2.将博物馆文物"带回家"

基于我国经济的快速增长，人们对精神文化需求量很大，节假日组团去博物馆看展览已成为社会潮流，看完展览很多参观者有把藏品"带回家"的冲动。假如博物馆或者参观者使用 3D 打印技术将这些文物复制出一个三维立体模型，立体文物模型这项服务将会带给参观者全新的观展体验，从而将博物馆的社会功能发挥到最大值。

3.3D 打印博物馆文化创意产品可选材质多元化

博物馆文化创意产品的材质选择是设计过程中的一个重要环节，不同的材质选择表达出不一样的设计效果，同时不同的材质选择会给消费者不一样的触觉体验。博物馆文物都是历史上流传下来的精品，制作工艺难度大且复杂，采用传统的制作工艺可能实现不了完美的复制，而且材料的选用单一。3D 打印技术可以选用多种原材料制作，不同文物可以选用不同的材料表达其内在精神气质。

4.3D 打印博物馆文化创意产品激发参观者的学习兴趣在教育体验活动中，3D 打印技术可以制作出一些拼装的文物模型，家长和孩子一起拼装完成，在这个过程中，增进了家长和孩子之间的感情。当然，博物馆文物模型需要设计师采用一些创新方法进行设计，如文物差异化设计、体验型设计等，让消费者体验到文化存在感和普遍性，进而产生情感共鸣，增强民族自豪感。

新时代产品设计需要新方法。当下私人订制已成为一种社会风尚，使用 3D 打印技术在博物馆文化创意产品设计制作中开发应用将会给消费者带来新的感受和体验。在博物馆角度下，如何利

用 3D 打印等新技术开发文化创意产品，同时在各方面有更多的创新，将是设计师和博物馆文化创意产品相关人员需要思考的问题。在博物馆文化创意产品设计开发中引入 3D 打印技术等新技术，人民群众将会对博物馆文物历史文化有更大兴趣，使博物馆文化真正走进人民群众中去。

第三节 激光雕刻技术在博物馆文化创意产品中的应用

目前，激光雕刻在机械制造和工业制造领域应用已经相当普遍，具体涉及金属加工行业、印刷包装行业，纺织服装行业、装饰家居行业、航空航天技术领域等。统计数据，我国激光雕刻设备规模保持稳步增长。我国激光雕刻设备市场规模仅为 5.07 亿元，我国激光雕刻设备市场规模为 12.35 亿元，同比增长率为 8%。

根据文物局"让文物活起来"和"把博物馆带回家"的指示精神，文博行业发展越来越红火，激光雕刻技术在博物馆文化创意产业也开始崭露头角。

一、激光雕刻在文创设计制作方面的优势

激光是原子核外电子受激光辐射经放大而形成的光辐射。激光雕刻是利用较高功率的聚焦激光光束，按照计算机参数信息对被照射物体在移动过程中进行熔融、烧蚀，实现非接触式的切割、蚀刻的工艺。它能有效地解决传统加工方法无法解决的问题，尤其是对那些高硬度、高脆性材料的切割加工，有逐步取代传统切割工艺的趋势。相比传统加工技术，它的优势主要有以下几个方面：

1.设计的数字化

激光雕刻主要依赖数字模型，激光切割机器的操作文件常用格式为 DXF 或者 DWG 格式。文件的绘制可采用如 CAD 和 Adobe llustrator.Corel Draw 等矢量制作软件，绘图中需设置单位，尺寸按照实际制作尺寸绘制。计算机所绘制数字模型中的线条实际是激光光斑切割材料的移动轨迹。因为数字建模的直观特点，除了在质感上的不同，切割后的文化创意产品几乎别无二致地还原了计算机设计文件中的图案—"所见即所得"。

2.产出的平板化

激光雕刻机床本身是个二维的平台，置于其上被切割的材料通常为板材—纸板、木板、亚克力板、铝板、钢板等，制造出的文化创意产品也大多呈平板化。即便一些被巧妙设计的激光雕刻文化创意产品经过制作后呈现三维立体，一般也是在平板的基础上多层叠加或拼插组合而成。

3.材料的适应性

激光雕刻机分为切割金属材料的光纤激光雕刻机及切割有机材料和合成材料的二氧化碳激光雕刻机。所以金属、纸张、木，头、布料、皮具、亚克力等大多数常用材料基本上可以被加工。

在纸张加工中，传统机械切割法磨砂轮的磨损可能导致"飞边"，手工剪纸又可能会因为刀具的磨损或者需剪掉面积的细小，容易使纸张产生折痕或者撕裂，激光切割制作纸质文化创意产品，其边缘干净、整齐、没有纸张残屑，更可保证均一、优秀的加工质量，方便快捷地做出雕花、镂空效果，用于生产制作贺卡、明信片、灯具灯罩。

在布料的传统加工工艺中，刀模会因为刀刃的变形变钝而导致布料的脱丝，这给后续的工艺带来了很多麻烦。激光雕刻解决了这一难题，化纤面料在雕刻后易烧熔收缩，可以自然形成不易松散且整齐的轮廓边缘；另外，激光可以在厚的布料和绒皮上进行蚀刻印花，蚀刻深浅变化时还能制作出渐变的效果，为产品雕刻出层次丰富的图案。

4.制作的高效化

激光雕刻技术主要依赖光斑直径、激光功率、切割速度和工件的位置等参数进行生产操作，切缝的形状大小随着材质的特性不同和参数的设置差异而发生变化。制作过程基本不依赖模具，其精度高、切缝窄、材料磨损少、工件变形小，无接触性，生产成本低、制作效率高，在参数设置与材料性能匹配时能一次成型。

5.排放的环保性

除高效经济之外，激光雕刻不可忽视的一大特点就是环保性。首先，激光光斑排放的热量小，因此可以减少热量过高时板材融化、变形所导致不必要的损耗；其次，切割时产生的噪声相对传统的机械加工较小；第三，切割过程中虽然会产生少量粉尘，但都有湿式或干式的除尘装置，因此对大气污染较小。

二、激光雕刻在文创设计制作方面的短板

1.材料厚度有限制

激光雕刻金属板材一般 200W 激光器的雕刻厚度在 1m~2.5 mm。500W 激光器雕刻厚度在 4mm 以下，1 000~2000W 的激光器雕刻厚度不会超过 15mm，具体取决于材料组成。木板、亚克力等材料的加工厚度一般也控制在 15mm 以内。

2.材料类别有限制

高反射率的铜和铝只有在光纤激光雕刻机系统上安装有"反射吸收"装置的时候才能被加工，否则反射会毁坏光学组件。雕刻诸如热塑性塑料、热硬化材料和人造橡胶的合成材料时要考虑加工的危险和可能排放的有毒气体。

3.特定材料会碳化"黑边"

竹、木、三合板、纸板等材料使用激光雕刻技术的时候容易炭化导致黑边。根据机器功率等参数的设置和被加工材料的成分构成、厚度特性不同，炭化黑边的颜色深浅也略有差异。一般情况下，功率低，速度快就不容易炭化黑边，但随之也可能导致效果不如预期，需要二次加工。

三、激光雕刻技术支持下的博物馆文创

博物馆文创的开发越来越巧妙灵活，从原来直接复制文物的"硬周边产品"转为借用一个馆藏形象与"衣、食、住、行、用、玩"等实用性功能相结合的"软周边产品"。激光雕刻技术契合了这种图案化的馆藏形象的表达，逐步成为当代博物馆文创设计制作的常用手段之一。

1.舌尖上的博物馆文创

苏州博物馆馆藏五代秘色瓷莲花碗，其通体施以青釉，晶莹润洁，造型宛如一朵盛开的莲花。因其为越窑青瓷中难得一见的秘色瓷珍品而成为苏州博物馆的镇馆之宝，为文创开发提供了灵感源泉。苏博文创团队研发"国宝味道一秘色瓷莲花碗曲奇"，将文物图案化、扁平化，并采用与青釉相呼应的绿色抹茶粉为原料制作文物曲奇饼干，使文创与文物的设色统一。

四川三星堆博物馆以馆藏古蜀文明时期的古蜀面具为原型，推出"古蜀面具饼干"，随即在网络上大火。随后，陕西历史博物馆也推出过一系列文物饼干，西汉皇后之玺玉印、汉代长乐未央瓦当、唐代开元通宝货币、银器舞马衔杯银壶等，纷纷成了饼干，上栩栩如生的图案。三星堆博物馆又推出"青铜面具月饼"，再次成了考古界和文创领域的"网红"。

文物饼干成了美食界的博物馆定制、博物馆界的美食新宠，可以被"品尝"的文创首次受到消费者的强烈关注。虽然饼干本身并不是激光加工，但这种图案化的饼干模具在激光雕刻技术的支持下可以被最简单快捷地制造，帮助我们用美食来传播博物馆文化。

2.文房内的博物馆文创

说到文房文创，不得不提及北京故宫。北京故宫博物院作为全国乃至全世界著名的博物馆，其文创的开发与经营在国内首屈一指，文化创意产品年营业额超 10 亿元。故宫博物院共计研发文化创意产品 8683 种，产品涵盖"家居陈设""文房雅玩""紫禁服饰""创意生活"等方面。其中

"文房雅玩"类文化创意产品应用到激光雕刻技术最为广泛。

"故宫建筑尺"采集了作为规模最大、最完整木结构建筑群的故宫中保和殿、午门、神武门不同的古代皇家建筑形式，从被设计师简化后雕刻出的尺子轮廓就能识别保和殿为圆攒尖、神武门为重檐顶、午门为三面环抱的"五凤楼"。不得不说图案化提升了博物馆 IP 的辨识度，强化其标志性。

"故宫窗棂尺"提取了乾清门窗棂、景仁宫窗棂、养心殿窗棂、太和殿窗棂的图案，透雕于尺上，将传统的建筑美学应用于产品设计。窗棂的框架结构设计，像是对中国传统木构建筑的微缩和侧写，但又不限于此，使其延伸到文房用品中，成为审美构成要素之一。

"故宫脊兽尺"借用太和殿的脊兽形象，依次是仙人、龙、凤、狮子、天马、海马、狻猊、獬豸、斗牛。脊兽的功能最初是为了保护木栓和铁钉，防止建筑漏水和生锈，对建筑屋脊的连接部起固定和支撑作用。后发展出了装饰功能，并有严格的等级意义，不同等级的汉族建筑所安放的脊兽数量和形式都有严格限制。尺子的巧妙处在于将建筑的三维装饰转换为文具的二维装饰，将故宫的古建美学和吉祥寓意赋予文化创意产品。

不管是"故宫窗棂尺""故宫建筑尺"，还是"故宫脊兽尺"，都充分利用了作为世界文化遗产的故宫最大的 IP-古建筑本身，并将其图案化、标志化，运用激光雕刻技术将图案或整体、或局部地运用到产品合适的位置上。

故宫文具类文创除了竹木材质的激光加工，还有金属材料的激光加工。故宫"千里江山书峰立金属书签"提取故宫馆藏文物宋代王希孟绘制的长卷《千里江山图》的 IP，将中国古代文人寄情山水的表达与现代读者纵情书海相结合，利用金属激光雕刻的虚实疏密来表达山石披麻皴、斧劈皴等不同的脉络肌理、明暗变化。设计师匠心独运，上山下水，山水交融的意境跃然签上。

3.童趣里的博物馆文创

中国海关博物馆开发的丝路通关棋将传统的追逐棋与报关通关情境相结合，形成一套兼具知识性和趣味性、寓教于乐的科普海关知识的通关棋。

这套通关棋在棋子的制作上也用到了激光蚀刻印花技术。激光雕刻除了可以对材料进行切断和透雕处理，还可以蚀刻雕花，处理出一些扁平化的图案和浅浮雕效果。

中国海关博物馆推出的丝路立体拼图也用到了激光切割技术。该拼图提取丝绸之路的符号元素，将之图案化设计，并用激光切割技术切块、层叠制作。木质拼图分为上、中、下三层，最内层为汉代丝路，张骞带领驼队跋山涉水出使西域；中间层为唐代丝路，玄奘西天取经途经敦煌；最外层为当代海丝远渡，中西贸易往来密切。立体拼图以古代著名丝路人物传说作为题材，让孩子们从游戏中了解一段历史，从故事中领略一路风情。

虽然拼图由很多小块的木板组成，但因为激光雕刻对材料断口缝隙的低损耗，只需用到三层20cm 见方的三合板，按设计图纸切割成型，并根据设色喷漆处理即可，是对材料最大限度的利用。

4.行旅中的博物馆文创

行旅便携类和行旅馈赠类文化创意产品中也不乏激光雕刻技术的支持。广东省博物馆文创商店代销的"邮历·广州"系列木雕明信片，以广州五羊雕塑、广州塔、广东省博物馆等知名景点为题材，展现岭南地标建筑及地域特色于明信片方寸之间。将不同色泽、不同质地的木板用激光雕刻的线元素搭配，激光透雕的面元素层叠组合，形成有立体感的城市地标形象。这样的文创作为旅游的手信或纪念都是不错的选择。

激光雕刻为博物馆文创设计思维和设计语言提供了技术支持，它提供了一种图案化的设计策略，使博物馆文化创意产品不再只是一件摆设。狭义地说，它是"馆藏 IP 的符号"和"使用功能"的叠加。广义地说，它是识别性和实用性的复合。

第四节 互联网思维在博物馆文化创意产品中的应用

互联网从无到有，从弱到强，从单个领域到社会的方方面面，人们的生活方式被这张"网"所改变，社会运行模式因为它的存在而不断优化。那么，驱使互联网不断变革而产生深远影响的核心动力是什么？是互联网思维，思维影响行动，行动影响结果。我国网民数量突破 8 亿，超过美国、日本、德国、英国等发达国家之和，"互联网+"的理念成为国家战略，互联网真正地对传统行业进行了全方位的变革。

一、互联网思维

互联网思维，是指在互联网（移动互联网）、大数据、云计算等科技不断发展的背景下，对用户、员工、产品、市场和组织乃至整个价值链和生态系统重新审视的思维方式。本节借助互联网思维的用户思维、大数据思维、平台思维以及跨界思维对博物馆的文创工作进行深度改良，以达到优化产品和运营模式的目的。

用户思维。一切产品和服务均以用户的思维和使用习惯进行设计开发，是用户思维的核心。通过与用户的大量接触，全方位获取用户使用习惯和反馈，站在用户的角度去考量产品，注重用户体验，在此基础上用更加人性化的方式实现产品畅销。

大数据思维。大数据思维有三个维度一定量思维、相关思维和实验思维。第一，定量思维，即提供更多描述性的信息；第二，相关思维，一切皆可连，消费者行为的不同数据都有内在联系；第三，实验思维，一切皆可试，大数据所带来的信息可以帮助制定相应策略。

平台思维。平台思维的核心是通过汇集各类元素构建生态圈，以线连接成面，以开放的心态，以共赢的方式，发挥各方所长，实现优势资源的聚合，从而发挥巨大的能量。

跨界思维。随着互联网商业活动不断对人们生活的影响，产业的边界不再完全明确，很多行业应用"互联网+"的概念，实现了传统业务的优化，变得更加蓬勃发展。跨界思维应运而生，它是一种突破了传统观念和模式，以其他行业的规则和理念，通过创新，对传统行业实现变革的思维方式。

二、互联网思维如何在博物馆文化创意产品中应用

互联网思维已经在各行各业应用，如应用在交通领域，出现滴滴打车，方便人们出行；在支付领域，出现了二维码付款，省去携带现金的麻烦等。传统行业通过互联网思维的优化，实现了业务的提升，便利大众的同时，实现了自身的发展。

1.用户思维帮助博物馆管理者改变传统观念

互联网思维在博物馆文创中的应用，首先是改变博物馆人的思想观念，不是静待游客，而是通过不断地自我优化，以游客体验为中心，进行全面的业务梳理，从原本的坚持以物为本，转变为以人为本的理念，所有开发的文化创意产品要以实用性和趣味性为前提，结合藏品的文化元素，以游客喜闻乐见的形式进行工艺化设计开发，以接地气的形式进行展现营销，主动融入游客中，让游客有互动感、参与感以及深入的体验感，这才有可能做出与游客需求相符合的文化创意产品。

2.大数据思维让文创工作者全面掌握游客消费动态

博物馆文创的大数据分为两类：一类是线上数据；另一类是线下数据。线上数据通过编程开发，可以获得极度精细的数据信息，每条信息都有数据跟踪，这样的数据便于文创人员知晓产品的消费动态，及时进行产品的更新。线下数据收集相对线上麻烦，通过一定周期的销量，进行数据分析，依旧能够知晓当前阶段具体文化创意产品的销量，根据数据同步进行产品调整，实现库存的灵活处理，销量好的及时补货，销量差的采取营销活动打折处理，可以最大限度地减少囤货现象。

3.平台思维是博物馆文创实现专人做专事的保障

平台化的思维在文创工作的应用就是以博物馆为平台核心，通过合作或授权模式实现各自优势资源的发挥，让专业的设计公司做设计、电商公司做线上运营，让生产商制作质量过硬的产品，通过优势互补，专业人员做专业事，博物馆的文创人员做好相应工作的监督和审议工作，同时这是一个高难度的工作，需要博物馆的文创员工具备良好的平台思维、审美、市场判断的综合能力。

4.跨界思维让博物馆文创工作做大做强

IP 是一种宝贵的资源，而博物馆作为征集、收藏、陈列和研究代表人类文化遗产实物的场所，有着得天独厚的优势-任何一个有特点的藏品、人物、品牌形象均有极高的历史文化意义和 IP 价值。通过强强联合的方式，将品牌双方的固有粉丝进行融合，实现品牌影响力的互相渗透，实现产品销售最大化。博物馆跨界是博物馆扩大影响力和做大做强的必由之路，要在原产品的基础上实现做工创新和彼此文化的融合，这样才能最大限度地体现跨界的展示效果，跨界时需要结合彼此情况，制定长期、共赢的合作条款，跨界不是一次单纯的产品售卖，而是以此为契机，建立长效的合作机制，共同长期的实现品牌共生。

互联网思维随着 5G 技术的普及可能会有一定的变动，但其开放、平等、协作、分享的精神不会发生变化，唯有深刻理解和应用互联网思维才能够在博物馆文化创意产品遍地开花的当下，开发出有特色、有温度、有故事的产品以及走出符合自己馆情的运营之路。

第五节 中国古代书画元素在故宫文化创意产品设计中的应用

一、文化创意产品设计与传统艺术结合的必要性

随着互联网市场的冲击以及国民经济水平的提高，人们对文化创意产品的诉求，不再是仅满足基本的物质需求即可，而是要求有文化性、娱乐性、精神性的产品。因此，文化创意产品设计与中国传统艺术相结合成为必选的命题。艺术设计与文化创意的结合，是提升中国文化软实力和产业界综合竞争力的重要举措。在加快实现由"中国制造"到"中国智造"转变的背景下，文化创意产品设计与中国古代书画艺术相结合，不仅是对传统文化的创新与传承，而且顺应时代发展潮流，有望为中国文创产业的未来带来巨大的经济效益和广阔的发展前景。

在时代号召下，故宫博物院走出了崭新的创新路径。在故宫网店销售的文化创意产品中，中国古代书画元素系列文化创意产品的销量遥遥领先。这种现象的主要功劳在于故宫文创的设计思想及产品类别，不仅能给予消费者传统美感的熏陶，同时种类丰富、美观实用，满足人们日常所

需。当代文化创意产品的设计关键是要实现与受众精神和情感层面的互动，这样才能广泛传播。

二、博物馆文化创意产品设计应考虑的要素

1."文化、流通、互动"三要素；

博物馆文化创意产品的设计须考虑到：文化、流通和互动。文化创意产品的设计应在满足欣赏的基础上，努力走到群众生活中去。博物馆的社会职能主要是文化传播教育，在设计上只有考虑到产品的传播流动性，与消费者形成良性"互动"，文化的"流通"才能实现可持续性增长。成功的文化创意产品不仅是传统文化行走的代言人，也能弘扬与增强国民的民族自信心。文化创意产品要有实用性，也应是传统与创新融合的产物。

2.对 IP 感与主题系列的应用

创意产业是一门风险产业，当今文化创意产品的时代性、精神性已经超越过去的时代。文化创意产品的设计与生产要更加关注时尚潮流、个人嗜好、传播炒作、社会环境等不可忽略的因素。近年来，随着《国家宝藏》《上新了故宫》等综艺节目的播出，故宫文化创意产品趁着这股传媒热潮，推出了一系列 IP 合作，并且取得巨大成功。例如，"千里江山系列""清明上河图系列"等。故宫文化创意产品设计的主题也根据节庆日分为了"宫里过年""金榜题名""九下清凉"等，且都取得了比较可观的社会反响。

三、中国古代书画艺术在故宫文化创意产品中的应用

1.古代中国画元素的应用

故宫文创中的"创意生活"类多为实用型产品，其设计元素不仅涉及世人皆知的《清明上河图》等，还多选取一些色彩搭配古朴典雅、大气经典且绘画题材寓意吉祥、立意高远的小众传统书画作品。例如，故宫博物院藏清王时敏作《杜甫诗意图》册中，一幅绘苍松挺拔，山崖巍峨，一幅绘高山清溪，幽舍掩映，就非常适合用于文人学习用具设计，故宫"艺想丹青"书签的设计灵感就来源于此。文创系列帆布包的设计取材多选于图案洞明可爱、匠心独运、朴拙有趣的书画精品，譬如南宋画家林椿的《枇杷山鸟图》《果树来禽图》等。为适应不同年龄及性格的消费者，还应用有祥瑞福寿之意的《桃兔图》，清新淡雅的《荷花图》等。值得一提的是，故宫文创专题推出了"千里江山"系列，文化创意产品的设计从书签、杯垫到手提袋、镇纸、手机壳等应有尽有，灵感源自中国画中的金碧山水：王希孟的《千里江山图》。

2.故宫文创中的中国书法元素

文化创意产品一定要使消费者能够感受到传统文化和艺术的魅力，故宫文创中运用书法篆刻元素进行设计的印章正满足了消费者这个夙愿。篆刻与印章的使用，在中国书法史上历史悠久。在历代帝王中，以清代的乾隆皇帝最为嗜印，他酷爱珍藏书画，凡珍藏书画珍品，都要盖上一章。世人常见清宫旧藏书画作品中，乾隆皇帝是无画不衿，无书不盖，乾隆皇帝的印章数量高达 1800 多枚。故宫文创选取乾隆皇帝的典型印玺，设计出了一套"乾隆的百宝箱"印章组合，以榉木和塑胶为材质，便于携带和保存。购买者不仅可以体会到乾隆皇帝热爱盖章的乐趣，同时也能对书法中的篆刻文化有所了解。

文化创意产业发展的核心竞争力是文化，所以文化创意产品在设计时要保持高度的文化自觉性。设计本身是一门交叉学科，艺术设计与文创产业的跨界交叉，突破了行业的羁绊，激发出新的创作灵感和活力。故宫文化创意产品设计与中国传统书画元素相结合，兼具中华民族文化的独特性、创新性和原创性，是未来文创设计取向的必然。

结语

  综上所述，博物馆是人类历史发展与文明成果的重要展示场所，对于人们现代化生活起着关键作用。博物馆文物展陈方法不单是文物展陈艺术性的展现载体，还传达出了历史情感。所以，在博物馆文物展陈过程中，需要将文物作为基础，使用多种辅助展品配合，充分表达出文物的思想情感，进而给观展者提供审美欣赏和传递历史文化知识教育。博物馆文物展陈旨在满足现代人精神文化需求，如若要办好文物展陈，那么必须严格围绕文物历史和艺术等全面阐述，科学使用多种表现方式，彰显出文物色彩，于造型和内容上积极思考，提升展陈空间美观性，改善服务水平，得到观众的支持，发挥博物馆文化功能，提高社会和经济效益，促进博物馆可持续发展。

  文物中包含较为丰富的历史和文化信息，通过研究和深化分析文物中蕴含的信息内容，便可形成更为浓厚的民族自豪感，全面提升群众对民族的热爱之情。在对文物蕴含文化的研究中，人们也会同步受到文物的文化熏陶，坚定认同我国社会发展的核心思想，形成更为端正的精神态度。扎实推进博物馆文物的保护工作，可有效降低对文物的破坏性影响，利于保护文化遗产的价值不受侵害，提升我国在国际范围内的文化影响。文物真实地记录了历史，因此，保护文物也可更为准确地反映历史的原貌，促进我国在国际文化竞争中掌握更高的主动权。希望通过以上分析，能进一步加强实践研究水平。

参考文献

[1]谢友宁.典藏遗产:博物馆、美术馆与图书馆[M].镇江：江苏大学出版社,2020.10.

[2]吕建昌著.近现代工业遗产博物馆研究[M].北京：学习出版社,2016.03.

[3]教莹著.法国博物馆印象[M].北京：紫禁城出版社,2014.07.

[4]朱顺龙主编；复旦大学文物与博物馆学系编.复旦大学文物与博物馆学系论文选集 1[M].上海：复旦大学出版社,2014.06.

[5]谢晓昱编著.数字艺术导论[M].南京：江苏科学技术出版社,2009.08.

[6]刘爽著.文物保护概论[M].沈阳：辽宁教育出版社,2016.07.

[7]汪磊主编.文物保护学概论[M].武汉：武汉出版社,2018.05.

[8]李季梅，宁利君，李海鹏，张殿军作.文物保护单位安全与应急管理概论[M].北京：文物出版社,2019.12.

[9]李宏松著.不可移动石质文物保护工程勘察技术概论 2020 年[M].北京：文物出版社,2020.08.

[10]林春，郑志刚著.体育文物与考古学[M].兰州：甘肃教育出版社,2016.05.

[11]魏丽英，路科.中国旅游资源概论[M].北京：冶金工业出版社,2019.10.

[12]蒋友财，邹雪著.黔东南文化旅游概论[M].北京：中国旅游出版社,2019.12.

[13]乌丙安著.非物质文化遗保护理论与方法[M].北京：文化艺术出版社,2016.06.

[14]郑茜主编.人类学视野下的博物馆收藏、展示与诠释[M].北京：民族出版社,2019.07.

[15]陈建明主编；李建毛副主编.湖南省博物馆馆刊[M].长沙：岳麓书社,2013.04.

[16]顾群主编.中国民族博物馆研究 2014 上[M].北京：民族出版社,2014.09.

[17]张礼智编.陕西博物馆学百年论文集[M].西安：三秦出版社,2014.04.

[18]王文帅著.当代博物馆展陈设计研究[M].吉林出版集团股份有限公司,2020.04.

[19]薛璟著.博物馆展陈设计探索与实践[M].辽宁美术出版社,2019.05.

[20]李星丽著.叙事理论视野下的民族类博物馆展陈设计研究[M].北京：中央民族大学出版社,2019.08.

[21]李倩倩著.从空间到风格历史类博物馆展陈设计研究[M].中国建筑工业出版社,2017.12.

[22]陈涛著.博物馆展陈艺术设计研究[M].长春：东北师范大学出版社,2018.08.

[23]王雪莲编著.博物馆展陈空间设计[M].北京：中国建筑工业出版社,2014.07.

[24]李凯华著.设计美学与展陈设计[M].长春：吉林美术出版社,2019.01.

[25]陈剑秋，杨晓琳，贺康著.上海自然博物馆设计与技术集成[M].上海：同济大学出版社,2018.01.

[26]王伟，王雄编著.展陈设计实践系列丛书展示设计[M].沈阳：辽宁美术出版社,2016.02.

[27]吴云一著.新博物馆学语境中的当代博物馆建筑设计[M].上海：上海人民出版社,2016.12.

[28]刘新阳著.展览的艺术博物馆陈列操作与思考[M].武汉：武汉出版社,2016.12.

[29]单霁翔著.博物馆的藏品保护[M].天津：天津大学出版社,2017.09.

[30]周天游主编；陕西历史博物馆编.陕西历史博物馆馆刊第 11 辑[M].西安：三秦出版社,2004.12.